Controles democráticos no electorales y regímenes de rendición de cuentas en el Sur Global

Sociología política para los desafíos del siglo XXI

Series Editors:

Karina Ansolabehere
Luis Daniel Vázquez Valencia

PETER LANG
Oxford • Bern • Berlin • Bruxelles • New York • Wien

Controles democráticos no electorales y regímenes de rendición de cuentas en el Sur Global

México, Colombia, Brasil, China y Sudáfrica

Ernesto Isunza Vera

y

Adrián Gurza Lavalle (eds)

PETER LANG
Oxford • Bern • Berlin • Bruxelles • New York • Wien

Bibliographic information published by Die Deutsche Nationalbibliothek. Die Deutsche Nationalbibliothek lists this publication in the Deutsche Nationalbibliografie; detailed bibliographic data is available on the Internet at http://dnb.d-nb.de.

A catalogue record for this book is available from the British Library.

Library of Congress Cataloging-in-Publication Data
A CIP catalog record for this book has been applied for at the Library of Congress.

Cover image: © Memoria interconectada. Mujeres buscando justicia en Guatemala. Foto: Ricardo Ramírez Arriola / 360°.

Cover design by Peter Lang Ltd.

ISSN 2297-9115
ISBN 978-1-78707-364-7 (print) • ISBN 978-1-78707-609-9 (ePDF)
ISBN 978-1-78707-610-5 (ePub) • ISBN 978-1-78707-611-2 (mobi)

Published by Peter Lang Ltd, International Academic Publishers,
52 St Giles, Oxford, OX1 3LU, United Kingdom
oxford@peterlang.com, www.peterlang.com

This publication has been peer reviewed.

Índice

Lista de Elementos Gráficos

Prefacio[1]

En la primavera de 2012 el Programa CCiudadano-CIESAS[2] y la Fundación William y Flora Hewlett llegamos al acuerdo de realizar un estudio comparativo entre cinco países "del Sur", en términos de la situación actual de experiencias de controles democráticos no electorales (CDNE) y su inserción en el régimen de rendición de cuentas de cada país.

Esta reflexión comparativa, además de producir un resultado de interés para investigadores, activistas y autoridades comprometidas con el fortalecimiento del papel del control ciudadano en las democracias, debería ser un insumo para la reflexión sobre los cinco años de trabajo del CCiudadano-CIESAS (2007–2012), el contexto nacional de su actuación e impactos (régimen político y de rendición de cuentas) y las vías más adecuadas para aportar en las reformas necesarias para la construcción democrática en México.

El proyecto se prepuso tres objetivos: i) sistematizar, analizar y comparar las prácticas más relevantes de CDNE en cinco países (México, Brasil, Colombia, China y Sudáfrica), así como el conjunto de experiencias localizadas en la literatura y a partir de entrevistas con informantes clave de cada país utilizando un marco analítico común; ii), documentar con mayor detalle los tipos y experiencias de CDNE más relevantes[3] de los cinco países, en el contexto de su respectivo régimen de rendición de cuentas, para analizar comparativamente los factores de esas experiencias más favorables para

1 Agradecemos el generoso apoyo de Constanza López-Caparrós, Andrea Isunza, Paulina Gutiérrez, Ivonne Ortuño y Lourdes Gallardo en las tareas finales de edición y revisión de los textos que forman parte de este trabajo.

2 "CCiudadano. Construcción y articulación de lo público" es un Programa Especial del Centro de Investigaciones y Estudios Superiores en Antropología Social (CIESAS). Se fundó en septiembre de 2007, como Centro de Contraloría Social y Estudios de la Construcción Democrática del CIESAS (CCS-CIESAS).

3 La relevancia en el objetivo general remite tanto a una visión panorámica de los tipos de experiencia por país (Objetivo específico 2) como a la profundización de algunas de esas experiencias que los ejemplifiquen (Objetivo específico 1).

su adecuado funcionamiento y para el fortalecimiento democrático; y, iii) elaborar una explicación del contexto sociopolítico y cultural necesario para entender las especificidades de las experiencias y tipos de CDNE, así como generar conocimiento comparado, basado en experiencias internacionales, significativo para la toma de decisiones de actores interesados en este tipo de prácticas. Se buscó que la comparación ayudara a iluminar los obstáculos que enfrentan los CDNE para ampliar su presencia y efectividad en la vida democrática de las sociedades en las que son implementados.

El marco analítico fue desarrollado a partir de una interlocución permanente entre los equipos de investigación de los cinco países, afinando las distinciones analíticas que hicieron posible la comparación entre CDNE en términos de su importancia en cada contexto (nacional, estatal y local), sin arriesgar el carácter comparativo del análisis. Además del uso intensivo de las nuevas tecnologías de información, en junio de 2013 se realizó un taller de trabajo en la Ciudad de México para discutir los principales resultados de los informes preliminares e incrementar la comparabilidad entre los estudios de cada país.

La primera versión del volumen que presentamos a continuación fue el informe final de aquella investigación. A partir del avance del conocimiento construido desde entonces, los coordinadores propusimos en 2016 a los grupos de investigación la actualización de los textos, tomando en cuenta no sólo las transformaciones ocurridas en los casos por país, sino también las adecuaciones analíticas que hemos considerado claves para la mejor comprensión de los CDNE desde una visión panorámica.

El lector encontrará en este volumen los resultados de este esfuerzo comparativo. Esperamos que sean instigadores de un diálogo y debate entre actores sociales, académicos y funcionarios públicos, y que aporten la suficiente materia prima para repensar nuestras realidades cotidianas presentes, su proceso de formación, pero, sobre todo, para la construcción de los caminos que necesitamos para el futuro.

Ernesto Isunza Vera
Adrián Gurza Lavalle

Barcelona y São Paulo, septiembre de 2017

ERNESTO ISUNZA VERA Y ADRIÁN GURZA LAVALLE[1]

1 Develando cauces recurrentes. Los controles democráticos no electorales como prácticas de resignificación en la construcción democrática

Introducción: avistando los contornos de nuevas configuraciones democráticas

En los estudios de las realidades sociopolíticas contemporáneas, una fuente fértil de reflexión es encontrar regularidades de lo que se conoce comúnmente como *gobierno representativo*; así, en su contrastación comparada en el tiempo y el espacio, se pueden reconocer sus relaciones peculiares con los principios democráticos (Manin 1997). La fuerza de la idea, con su método histórico-comparativo, radica, entre otras virtudes, en la claridad que aporta para ver algo que estaba frente a los ojos, pero, a falta de las herramientas analíticas adecuadas, permanecía entre brumas: el gobierno representativo y la democracia no son sinónimos, y el primero tiene un linaje institucional propio que, en cierto momento de su evolución histórica, quedó asociado a la democracia.

En cierto sentido análogo, la realidad sociopolítica contemporánea de varios países expresa algo que somos incapaces de decodificar adecuadamente: una proliferación de instancias de institucionalización de la desconfianza que, más allá de la división tradicional de poderes, realizan y propician

1 El capítulo fue escrito gracias a la colaboración entre el Centro de Estudios de la Metrópoli (CEM) y el Centro de Investigaciones y Estudios Superiores en Antropología Social (CIESAS). El segundo autor agradece el apoyo del CEM mediante el financiamiento de la Fundação de Amparo à Pesquisa do Estado de São Paulo (FAPESP, proceso núm. 2013/07616-7). Las opiniones, hipótesis y conclusiones o recomendaciones aquí expresadas son responsabilidad de los autores y no reflejan necesariamente la visión de la FAPESP.

el ejercicio de funciones de control interno (estatal) y externo (social) de autoridades, procedimientos y decisiones públicas. La diversificación de tales funciones y la proliferación de instancias responsables por su ejecución nos planta en el rostro algo deslumbrante (nos *confronta*) sin que podamos reconocer de qué se trata. Ciertamente existen categorías en uso que nombran aspectos parciales y frecuentemente sobrepuestos del fenómeno: participación, fiscalización, rendición de cuentas social, cogestión, transparencia o acceso a la información pública. Sin embargo, en conjunto es algo que con las herramientas analíticas del pasado puede percibirse apenas en alguna de sus dimensiones y, por lo tanto, se pierde la oportunidad de reconocer y aquilatar su riqueza. Es participación ciudadana, pero no sólo eso. Nos remite a lo que llamamos rendición de cuentas (*accountability*), especialmente la de carácter social, pero tampoco es exactamente eso o no nada más es eso. Por supuesto tiene que ver con el gobierno representativo y la construcción democrática, aunque, en rigor, es otra cosa. Finalmente, es una forma de expresión de la soberanía popular, aunque no en los términos unitarios y afirmativos en los que ha sido tradicionalmente pensada, sino en la clave polifónica, de vigilancia y expresión de desacuerdo sintetizada bajo la idea *contrademocracia* (Rosanvallon 2007).

Y entonces, mirando una y otra vez las propias realidades que tozudamente "nos hablaban" (sin que pudiéramos entenderlas) e identificando las regularidades que nos permitían asir "eso" (que no sabíamos cómo nombrar), buscamos trazar los contornos de un conjunto amplio de experiencias que, en el mejor de los casos, figuran de forma separada como fenómenos ajenos entre sí en diversos campos disciplinarios. Decidimos llamar a estas experiencias Controles Democráticos No Electorales (CDNE, en lo que sigue, para abreviar), a pesar de las diferencias espaciales y temporales.

Los CDNE son "controles" porque remiten a la posibilidad de incidir y, a veces, cambiar el curso de acción de una autoridad pública en cualquier instancia de los tres poderes (ejecutivo, legislativo y judicial). Son "democráticos" en virtud de que el agente del control es el *demos*, bien de forma individualizada, bien de modo colectivo e informal o bien mediante organizaciones civiles. Así, son controles *demotikós*, si se prefiere, no por alusión al voto, al gobierno representativo ni al régimen democrático, sino por referencia al agente o los actores que son sus protagonistas. Por supuesto, pensar que sólo en el régimen democrático existen controles *demotikós* de alguna especie sobre los tres poderes (en cualquiera de sus ámbitos) es una de esas ideas preconcebidas que obstaculizan el pensamiento: es posible observar CDNE en contextos con gobiernos autoritarios.[2] Son "no electorales" porque la principal razón de la dificultad de observarlos y comprenderlos es que suelen permanecer eclipsados por la atención que las elecciones merecen como el dispositivo vertebral que hace a las democracias merecedoras de ese nombre. Sin duda, esa atención es más que justificable, pero hoy lo novedoso es lo que ocurre fuera del espacio central de la vida política. Así, señalamos con la definición CDNE un universo de dispositivos donde se articulan la acción ciudadana (participación individual o colectiva, y acción mediada por organizaciones civiles) orientada al control (incidencia sobre el curso de acción) de los representantes y autoridades públicas y, al final de cuentas, de la cosa pública, sea por la movilización y la denuncia (rendición de cuentas societal), activando dispositivos de control estatal (rendición de cuentas horizontal) o ejerciendo directamente la soberanía popular de modo individualizado, colectivo o mediante organizaciones (cogestión, instituciones informales de rendición de cuentas).

Como se podrá observar a lo largo de este volumen, los CDNE se han expandido y sus formas se han multiplicado en contextos muy diferentes. ¿Son los CDNE exclusivos de un derrotero histórico inequívoco? No lo parece. Son más bien procesos históricos que han podido prefigurar procesos de democratización en la sociedad y en el Estado, pero también son resultado de trayectorias de "modernización administrativa" impulsadas "desde arriba". Por las características de la definición sabemos que las experiencias de CDNE tampoco son exclusivas de regímenes democráticos (o "poliarquías"), y también es posible afirmar que su abanico de implantación no se limita a un área de política pública específica. Y, aunque algunas de las formas más desarrolladas y sofisticadas de CDNE se observan en países del "Sur", estos dispositivos (a partir de diversas matrices políticas, claro está) también se multiplican en naciones del "Norte". A pesar de que son varios los derroteros históricos que han llevado a la ampliación de los

2 En todo caso, los antagonistas serían los funcionarios públicos o prestadores de bienes y servicios, que cumplen funciones de realización de la volición (como representantes) de los representados.

CDNE, existe un telón de fondo común, en el que diferentes trayectorias históricas coinciden en la definición de ciertos trazos comunes de época.

Antes de sintetizar esos trazos, en un plano más abstracto y aplicando esta forma de enfocar la lectura de las realidades sociopolíticas concretas, vemos que las experiencias de CDNE mantienen una peculiar relación con las elecciones y las certezas político-culturales de una época tal vez en fin de ciclo. En primer lugar, la lógica de la representación por autorización continúa manteniéndose en diversas escalas, discursos y espacios, pero cada vez menos veces es suficiente para sostenerse como única fuente de legitimidad del ejercicio del poder: bajo diversas denominaciones, los CDNE reconectan el cauce (a veces perdido, otras olvidado, a veces disminuido, muchas otras inexistente) del continuo democrático representantes/representados. En otro sentido, los CDNE se muestran como prácticas multifacéticas que lo mismo obligan al léxico de la política a reinventarse e innovar, como a los actores estatales y societales a recuperar experiencias de otras latitudes y épocas, con tal de reajustar sus certezas culturales, normativas y políticas: los dispositivos de CDNE desafían tanto a quienes quieren comprenderlos como a los actores que los inventan, los enarbolan, los hacen realidad. En tercer lugar, la tensión ya vivida en otras narrativas, entre autonomía y autolimitación toma un nuevo cariz en la práctica de los actores involucrados en las experiencias de CDNE: son mínimas las experiencias observadas que buscan romper con la autolimitación de lo que es la noción del control (definir un curso de acción del "otro", pero no realizar dicha acción) y al mismo tiempo se reafirma, en dichos actores ciudadanos y organizaciones civiles, una resignificación de la noción de autonomía.

Esto es, en una visión panorámica y fugaz, lo que nos muestra ese campo enorme de experimentación social, innovación democrática, rediseño institucional y reconfiguración de las relaciones sociedad/Estado: los controles democráticos no electorales emergen como fenómenos que, en gran medida, están configurando los contornos de una nueva época.

Rasgos comunes en contextos políticos y sociales diversos

Se partió de la necesidad de comparar el caso mexicano con los dos países latinoamericanos más importantes en términos de tamaño de su población y experiencia significativa en cuanto al tema de interés (Brasil y Colombia). Pensando México como país con una transición política dilatada e inconclusa, con una mezcla importante de enclaves autoritarios e innovaciones institucionales y acciones societales pro-democráticas, se decidió incluir en la comparación los casos de Sudáfrica y China (países relevantes por sí mismos regional e internacionalmente). Así, la comparación contempla cinco países con transiciones: tres pasaron por una reforma política del Estado mediante Asambleas Constituyentes (Brasil, Colombia, África del Sur), dos cuentan con sistema de partido único o dominante (China e África del Sur) y tres países vivieron transiciones que dejaron en pie o crearon nuevos enclaves autoritarios (México, China y África del Sur).

A pesar del común denominador de las transiciones, no se trata de cinco países que suelan aparecer reunidos en exámenes interesados en la profundización democrática; no obstante, presentan semejanzas sorprendentes. La primera semejanza es el reconocimiento de los municipios o gobiernos locales como una pieza central de la vida política de los países, consubstanciado de manera emblemática en procesos de municipalización. En el caso de Sudáfrica, con la política de "municipios de pared a pared" y la definición del municipio como célula básica del desarrollo. Aunque la extensión territorial de las municipalidades es grande y su número no pasa de dos centenas y media, la *Municipal Structures Act* (1998) dispuso la creación de los *Ward Commitees* para conectar la participación en el ámbito de las comunidades con la estructura administrativa municipal. En Brasil, con la institucionalización de los municipios como miembros del pacto federal, en pie de igualdad a los Estados, lo que llevó a un incremento substancial del número de municipios después de la promulgación de la Constitución de 1988 (ahora son 5,564). En el caso de Colombia, la Constitución de 1991 consagró los municipios como célula básica de la estructura política nacional y aumentó las funciones de los Departamentos. En México, a su vez, desde las transformaciones administrativas de los años 1980, aunque no como resultado de una transición política, la vida local, por primera vez en siglos, dejó de exportar recursos para empezar a recibirlos a través de transferencias fiscales de los estados (Dehouve 2001) pero, sobre todo, de la federación; esto, sin embargo, no resultó en una descentralización efectiva y sostenible de políticas y servicios públicos (como en los casos brasileño y colombiano).

Inclusive en China, las autoridades locales han creado espacios de participación y deliberación en las comunidades con el propósito de permitir que los ciudadanos participen en la supervisión y definición de políticas públicas, así como consultas públicas regulares y, lo que es más sorprendente en ese contexto, elecciones directas en los pueblos. A ello se suman procesos acentuados de descentralización en casi todos los países que integran el estudio.

El segundo rasgo común se refiere al reconocimiento de los déficits de rendición de cuentas apoyado en la división tradicional de los tres poderes y la multiplicación de nuevas instituciones con funciones de control interno, legal o institucional del Estado y sus agentes. En el caso de Sudáfrica la Constitución consagró un conjunto de dispositivos de rendición de cuentas bajo lo que se conoce como las Instituciones del Capítulo 9 (las Comisiones de Derechos Humanos, de Promoción y Protección de los Derechos de Comunidades Culturales, Religiosas y Lingüísticas, de Género y Equidad, Electoral, el Auditor General, y la Autoridad Autónoma de Comunicaciones). En el caso de Brasil, y por vías no exclusivamente constitucionales, el Ministerio Público, la Policía Federal, la Oidoría General, y el Tribunal de Cuentas de la Unión vienen desarrollando un activismo institucional notable en el control interno del Estado. En el caso de México, el caso excepcional del Instituto Federal de Acceso a la Información (IFAI) y el Instituto Nacional Electoral (INE; antes Instituto Federal Electoral -IFE), así como la Auditoría Superior de la Federación (ASF), el Instituto Nacional de Estadística y Geografía (INEGI) y el Consejo Nacional de Evaluación de la Política de Desarrollo Social (Coneval) asumen la misma tendencia. En Colombia, la Constitución consagró las acciones de tutela, de cumplimiento y popular, las cuales permiten al ciudadano acudir al poder judicial para demandar la protección de sus derechos fundamental, de la ejecución de un acto administrativo o de la protección de derechos colectivos. Además, la Constitución garantiza al ciudadano el derecho de acción como parte proponente ante cualquier autoridad para demandar la punición y el debido ejercicio de las funciones de otras autoridades públicas. Por esa vía, la Constitución, además de introducir una serie de garantías innovadoras para salvaguardar los derechos de los ciudadanos, hizo del mismo ciudadano común el agente más activo de la operación de las modalidades de rendición de cuentas horizontales. En China, no es común la presencia de nuevas instituciones de control horizontal del Estado, pero el reconocimiento de que es necesario combatir el déficit de rendición de cuentas de las autoridades y funcionarios hizo no sólo que, después de la promulgación de la Constitución revisada en 1982, fuera aumentado el número de cortes, sino que el Estado promovió el uso de la ley por los ciudadanos como una herramienta para protegerse de abusos de autoridad mediante la Ley Administrativa de Litigios. Además, el sistema de cartas y visitas (*xinfang*) ganó nueva vitalidad en los últimos años y opera como un sistema paralelo de control interno del Estado.

Por último, el tercer rasgo consiste en el compromiso con la ampliación de los canales de participación social y de los derechos sociales, y con la protección de los derechos fundamentales. En el caso de África del Sur, la constitución mandata a todos los niveles de la federación a ampliar las posibilidades de participación de los ciudadanos. Y en el ámbito municipal, la *Municipal Systems Act* orienta a completar el sistema de representación local con un sistema de gobernanza participativa. La constitución garantiza los derechos de los ciudadanos al bienestar material (vivienda) y social (servicios públicos). En Brasil, la Constitución reconoció la participación como un principio constitucional y consagró su obligatoriedad en un conjunto de áreas de políticas consideradas estratégicas. En los dos casos, la planeación urbana consigna la participación como un derecho. En Colombia, se trata de una constitución que localmente es denominada "garantista", en la que no sólo se definió la participación como un derecho fundamental de los ciudadanos de ese país, sino sobre la cual quedó responsabilizado el Estado. Aunque la característica más notable de la China de hoy, desde el punto de vista de los CDNE, es la proliferación de la participación en instancias no inscritas en el Estado ni por él sancionadas, también es notable el esfuerzo de actualizar, promover y flexibilizar las condiciones de participación en los canales sancionados o bajo el control del Estado, desde las asociaciones de masas, el *xinfang*, el sistema de justicia o los comités residenciales, por citar tan sólo algunos ejemplos. México ha experimentado una serie de transformaciones normativas e institucionales que van desde el reconocimiento del derecho de acceso a la información pública gubernamental hasta la modernización de su sistema de ombudsman e instituciones con participación ciudadana para arbitrar las elecciones, pasando por algunas reformas que implican la protección de derechos ciudadanos ante los agentes públicos (nueva ley de amparo, innovaciones en los juicios contenciosos administrativos, etc.).[3]

Este telón de fondo sirve para conocer las condiciones que ayudan a entender la magnitud alcanzada por los CDNE. Esto ha supuesto cambios sobre la participación no sólo en el plano institucional, sino también en el simbólico. Especialmente en América Latina la participación pasó de ser una idea-fuerza históricamente anclada en un proyecto político (democrático-participativo) a servir como referencia común de diversos proyectos e instituciones.[4] La contradicción entre participación y representación dentro del campo democrático-participativo se transformó en una nueva forma de articulación de la auto-organización social y la institucionalidad del gobierno representativo, lo que no sólo ha generado una serie de innovaciones democráticas (Gurza Lavalle e Isunza 2010), sino también reclamos por dispositivos de democracia directa y experiencias de autogestión respecto a las instituciones estatales.

Pero estos cambios no fueron exclusivos de los países del "Sur" que transitaban políticamente desde gobiernos autoritarios. En el "Norte", desde la estabilización institucional de la Segunda Posguerra, el gobierno representativo utilizó cada vez más nuevos mecanismos de consulta y de toma de decisiones en los diversos ámbitos de la gestión de lo público (Dalton y Gray 2006). En el caso de Europa, el impulso de un primer ciclo de articulación entre políticas públicas y participación ciudadana corrió paralelo a la creación de la institucionalidad de la Unión Europea, que concedió centralidad a la gobernanza multinivel. Más recientemente, se experimentó un segundo ciclo asociado a la crisis de 2008, que inaugura una nueva etapa

3 No obstante, la debilidad evidente para la mayoría de los expertos es la incapacidad de articular un sistema coherente de estas reformas y dejarlas sin "aterrizar" en la vida cotidiana de los ciudadanos.

4 Este fenómeno fue descrito con una claridad contundente por Evelina Dagnino como la "confluencia perversa", noción que en adelante sería retomada por varios analistas a partir de estudios de la realidad de muy diversos contextos. Véanse, Dagnino 2002, 2004 y 2007; Contreras 2003; Ochoa 2004; Delamaza 2005; Dagnino Olvera y Panfichi 2006; y Cornwall y Coelho 2007.

en que, después de las reformas ortodoxas neoliberales y de la limitación de derechos sociales, actores sociales reivindican la participación articulada a políticas dirigidas a la lucha contra la desigualdad o a enfrentar las consecuencias de la crisis en el plano de las comunidades locales. Así, en su conjunto, el mundo contemporáneo vio surgir en las dos últimas décadas una serie de CDNE cuyos ámbitos y propósitos resumimos en otro trabajo (Gurza Lavalle e Isunza 2011: 111) de la siguiente manera:

> [se trata de] instancias colegiadas para la definición y fiscalización de políticas, para la definición de prioridades en el terreno de la planeación o de la asignación de gasto público, comités participativos en diferentes instancias de la administración pública, *ombudsman*, leyes de transparencia, instituciones electorales de carácter civil, observatorios ciudadanos, comisiones de vigilancia, oidorías, veedurías y comités ciudadanos, paneles ciudadanos, jurados ciudadanos, por mencionar sólo algunos casos (Ansell y Gingrich, 2006; Isunza y Gurza Lavalle, 2010). Algunas de las innovaciones han alcanzado incluso notoriedad mundial: comenzando con las Enmiendas Constitucionales 73 y 74 en India —especialmente la conocida como *People's planning campaign* en el estado de Kerala, en el sur del país (Chaudhri y Heller, 2002)—, los Consejos gestores de políticas públicas, las experiencias de Presupuesto participativo y las Conferencias nacionales en Brasil (Tatagiba, 2002 y 2010; Lüchmann, 2007 y 2008; Avritzer y Navarro, 2003); la participación y control ciudadanos en el sistema electoral mexicano (Alonso y Aziz, 2005; Aziz e Isunza, 2007; Isunza, 2006a y 2006b), así como del sistema de protección del derecho a la información pública gubernamental en este país (Alonso, 2007; Ackerman, 2007); el *Local Government Code* en Filipinas, la Ley de participación popular en Bolivia o el *New Localism* en el Reino Unido (Gaventa, 2004), la vigilancia policial comunitaria de Chicago, así como la proliferación de instancias colegiadas de participación —y representación— ciudadana en toda Latinoamérica (Grindle, 1999; Albuquerque, 2008) —instancias consagradas explícitamente en los textos constitucionales de la mayor parte de los países de la región. (Hevia, 2006)

¿Cómo asir esta diversidad y cómo comprender sus diferentes características internas con algún grado de confianza de que, de hecho, se trata de "especímenes" de la misma "especie"? La definición de los CDNE es el punto de partida, y trabaja como una lente que permite apreciar semejanzas en donde usualmente suponíamos que existían diferencias o más llanamente ausencia de relaciones. Pero al mismo tiempo exige el desarrollo de herramientas analíticas para avanzar más allá de la posibilidad de percibir semejanzas "de familia". A su vez, las herramientas analíticas descansan en presupuestos que hemos asumido como sedimentación paulatina de nuestros trabajos previos.

Presupuestos y posibilidades lógicas de los CDNE

El control de las autoridades públicas es el núcleo básico de idea de rendición de cuentas, también conocida como *accountability*, y asociada a la presencia de pesos y contrapesos (*checks and balances*) en la tradición del pensamiento político norteamericano. El control, en la rendición de cuentas, implica la realización de acciones de información y justificación de lo hecho por parte de los representantes, autoridades públicas y burócratas, frente a los representados. Supone también que los primeros sean sujetos a alguna sanción si las cuentas que entregan no corresponden con las expectativas de los segundos. En otras palabras, la rendición de cuentas implica su exigibilidad por parte de los representados (para cuyo mejor interés se supone actúan los representantes) y, como es bien sabido, sólo se puede exigir a aquello a lo que se tiene derecho, o por lo menos se considera corresponde en derecho (Isunza 2002; Gurza Lavalle e Isunza 2010).

Sin embargo, la comprensión tradicional de la rendición de cuentas se encuentra asociada a la democracia y al gobierno representativo y por ello es necesaria una comprensión de "control" precisa, que no extraiga su significado de su inserción en un régimen político (democracia), aunque empíricamente, es claro, los controles sean afectados precisamente por su inserción en estructuras institucionales más amplias. Por ello es conveniente explicitar los presupuestos analíticos que, primero, permiten operar con una categoría de control ampliada (más allá de las elecciones y de la división de poderes) y, segundo, remiten al agente (*demos*) y a los posibles intermediarios que pueden ejercer control en su nombre.

Para elaborar el primer presupuesto cabe traer a la reflexión a Robert A. Dahl (1991 [1982]: 26), quien permite entender el control en términos relacionales, causales y direccionales claros. Él define el control como

> una relación entre actores tal que las preferencias, deseos o intenciones de uno o más actores provoquen acciones de ajuste, o predisposiciones a actuar, de parte de uno o más actores. El control es así una relación causal: las acciones de un actor se interpretan como ocasionadas, o causadas por, las preferencias de otros actores. Por ejemplo, los deseos de Alfa ocasionan que Beta haga *x*, o tenga la intención de hacer *x*, o adquirir una predisposición para hacer *x*.

Esta definición relacional del control permite identificar relaciones de control independientemente del contexto institucional más amplio, establecer que son, en principio, causales (aunque no necesariamente intencionales),[5] y que la efectividad del control significa que, en algún grado, las acciones del actor controlado deben coincidir con la volición del controlador. No obstante, a la definición le es indiferente el sentido del control, y éste, sin duda, puede ejercerse desde los representantes sobre los representados en "sentido contrario" o como *control inverso* (desde el punto de vista de la teoría democrática), pero también dentro de empresas privadas o en el seno de regímenes no democráticos (Gruber 1987: 5).

Limitamos el objeto de interés de los CDNE a la relación causal directa o indirecta en la que los ciudadanos, el *demos*, inciden en el curso de la acciones de los servidores y autoridades públicos, independientemente de la forma como éstos hayan llegado a ocupar sus cargos (elección, indicación o imposición). Esto incluye también a los representantes electos y a los agentes que ejercen funciones inherentes a las acciones de dichos representantes; estos agentes pueden ser empleados públicos (burócratas) o empresas privadas que proveen bienes y servicios públicos, o ejecutan políticas y programas públicos.

Un segundo presupuesto, que se suma a la delimitación del control democrático y al carácter relacional-causal y la dirección de esta relación,

5 Así mismo, Dahl abre la opción de pensar el control de manera compleja, desembarazando a la relación de su carácter explícitamente intencional (que no causal), ya que, afirma "... también puede ser no intencional. Aun cuando la acción x de Beta debe tener lugar por las preferencias, deseos o intenciones de Alfa, Alfa no necesita desear específicamente o tener la intención de que Beta haga x. Lo que es crucial es que Alfa quiere que ocurra x (o quiere los resultados de x), y que, como resultado, Beta hace x (Dahl 1991 [1982]: 27).

se refiere a la posibilidad del control indirecto o de quién ejerce ese control en nombre de los ciudadanos. Los CDNE contemplan pero no se reducen a las posibilidades de la participación o acción directa por parte de los ciudadanos, pues también son considerados controles democráticos aquellos ejercidos por intermediación de asociaciones, o a través de otros ciudadanos que, si bien fungen como representantes, no han perdido su condición de ciudadanos y, por lo tanto, no han asumido funciones como agente estatal.[6] La línea divisoria entre los agentes estatales y el campo de la acción y movilización sociales evitan que, en principio, las relaciones de control ejercidas por agencias del Estado, las denominamos *controles estatales*, puedan ser entendidas como CDNE. Esto, aun y cuando se asuma que ejercen sus facultades no sólo en nombre de la debida gestión administrativa, del respeto a los marcos jurídicos, sino de otros conceptos deontológicos como el bien común. El control interno, legal, institucional, estatal u horizontal del Estado es crucial para el sistema de rendición de cuentas, y autores como O'Donnell (1994) lo consideraron un componente clave de la democracia. En nuestra perspectiva, los controles estatales (también existentes en los regímenes autoritarios) se vuelven democráticos no por el contexto general del régimen, lo que es un entendimiento común pero tautológico, sino cuando son activados directamente gracias a la solicitud específica de control emitida por los ciudadanos o indirectamente gracias a la presión por la vía de recursos contenciosos y efectos sobre la opinión pública.

Los dos presupuestos predefinen un universo de posibilidades lógicas de carácter topológico de los CDNE, ordenando en función de la

6 Esta definición más restrictiva de las características del sujeto controlador, para hablar de controles democráticos, difiere de la propuesta por Judith Gruber. Ella asume que los controles democráticos sobre los burócratas son precisamente democráticos porque los ejercen "actores políticos democráticos —sean los ciudadanos o sus representantes electos" (Gruber 1987: 12), refiriéndose expresamente a los representantes que forman parte de los poderes ejecutivo o legislativo. Sin embargo, esta definición nos impide diferenciar dos tipos de relación de control claves en los regímenes de rendición de cuentas contemporáneos: primero, el que los ciudadanos ejercen, por vía del voto o formas no electorales, sobre los legisladores y ejecutivos electos, y, segundo, el que estos ejercen entre sí, o sobre ellos otros agentes estatales.

combinación de posiciones que ocupan en las dimensiones vertical y horizontal, lo que frecuentemente ha sido explorado en la literatura desde la noción de *accountability*. Para entender este universo es conveniente insistir que en los CDNE los potenciales agentes controlados son los servidores públicos electos, los burócratas (servidores públicos no electos), las agencias públicas y los agentes privados que fungen como proveedores de bienes y servicios públicos. En las experiencias de rendición de cuentas electoral los agentes controlados son sólo los servidores públicos electos (los depositarios del poder ejecutivo y legislativo), mientras que los demás mencionados sólo son, en la mejor de las hipótesis, objeto de control indirecto. Los controles estatales sujetan a los mismos agentes que los CDNE.

Visto desde la perspectiva de los posibles tipos de control y los agentes controlados que les corresponden, el mapa sinóptico podría ser representado en los términos del Cuadro 1.1. El universo de los controles públicos excluye las modalidades de control ejercidas de forma subrepticia y que no serían defendibles mediante el uso público de la razón. La política a menudo echa mano de estas modalidades de control, pero escapan al universo de experiencias que nos interesan. Los controles públicos pueden operar internamente en el Estado o conectando al Estado y sus agentes con la sociedad (controles Estatales y democráticos, respectivamente). Por fin, los controles democráticos se subdividen entre los electorales y los no electorales.

Este mapa taxonómico y relacional puede ser complementado con otra visión de conjunto de los CDNE, desde el punto de vista de los *actantes* potenciales de un régimen de rendición de cuentas (Latour 2008), es decir, representando una red entre actores y posiciones para actuar. Las arquitecturas institucionales suelen inducir el acoplamiento en redes de control entre actores y posiciones para actuar destinadas a cumplir determinadas funciones, buscando, en un sentido, hacer responsables a los servidores públicos electos y no electos, y, en otro sentido, actualizar el control que ejercen los ciudadanos sobre ellos.

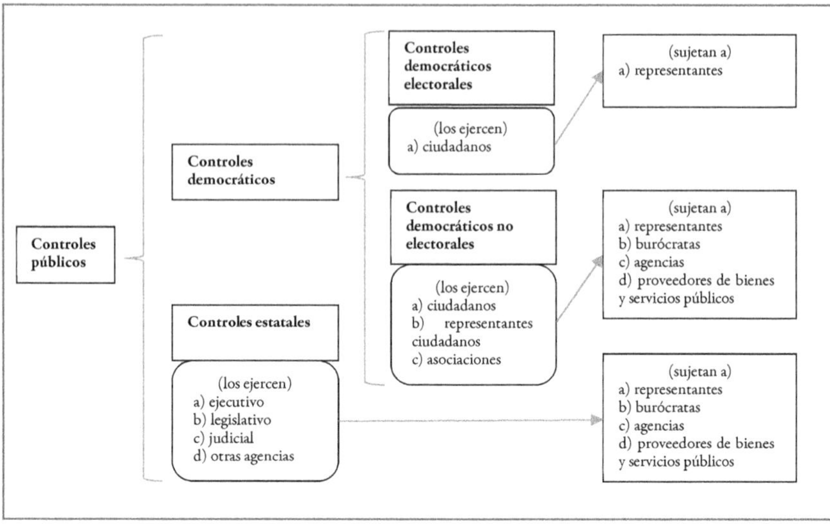

Fuente: Isunza y Gurza 2014

Cuadro 1.1: Mapa de controles públicos

En el mapa general (Cuadro 1.2) cinco vectores describen todas las posibilidades lógicas de los CDNE. En él constan posibilidades de experiencias donde la ciudadanía ejerce control de las autoridades públicas y agentes del Estado (rendición de cuentas vertical, transversal ciudadana, y transversal societal, vectores 2, 6 y 5 respectivamente) o a través de la activación de mecanismos de control intraestatal (rendiciones de cuentas social y societal pro-horizontal, vectores 7 y 3 respectivamente). En conjunto, las posibilidades de control contenidas la red de relaciones y posiciones para actuar formadas por esos cinco vectores constituyen lo que denominamos CDNE. Por otro lado, los diversos mecanismos de control entre agentes del Estado (rendición de cuentas horizontal, vector 1), así como los mecanismos de control entre las asociaciones o agentes societales y los ciudadanos, en donde los primeros actúan en nombre de los segundo o gestiona algún bien público intermediando su relación con el Estado (vectores 4 y 8) completan un cuadro general de lo que serían tipos de relaciones que potencialmente forman parte del régimen de rendición de cuentas (Gurza e Isunza, 2010).

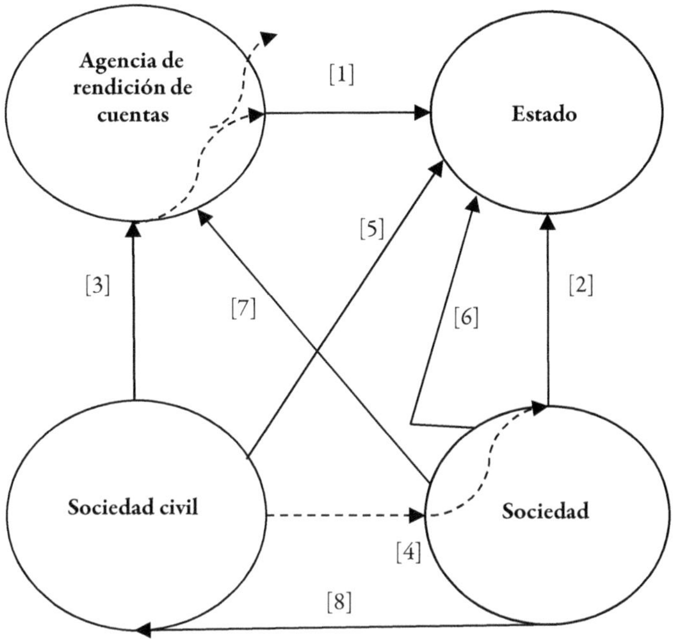

[1] Rendición de cuentas **horizontal**
[2] Rendición de cuentas **vertical**
[3] Rendición de cuentas **societal pro horizontal**
[4] Rendición de cuentas **societal pro vertical**
[5] Rendición de cuentas **transversal societal**
[6] Rendición de cuentas **transversal ciudadana**
[7] Rendición de cuentas **ciudadana pro horizontal**
[8] Rendición de cuentas **societal ciudadana**

Fuente: Isunza y Gurza Lavalle 2014

Cuadro 1.2: Rendición de cuentas: visión integral desde los actantes

Herramientas analíticas para la comparación de CDNE

Los tres presupuestos explicitados en la sección anterior subyacen a las herramientas analíticas desarrolladas para permitir la comparación entre los CDNE de los diferentes países contemplados: la distinción entre CDNE y controles estatales tenían que ceder paso a la clarificación de las formas en que los primeros son ejercidos conectando agentes sociales y estatales; las posibilidades topológicas, a su vez, abrieron un camino para pensar la temporalidad y la espacialidad de las diferentes experiencias de CDNE; la definición relacional-causal del poder dejó lugar a la especificación de los mecanismos causales o lógicas causales que animan la efectividad del control y del objeto sobre el que recae el control, así como a la evaluación de la relevancia local de las experiencias. En donde fue considerado pertinente, las definiciones formalizadas fueron privilegiadas para inhibir clasificaciones indeseables en la clasificación y descripción delas experiencias de CDNE en cada contexto.

Dimensión Estado/sociedad: actores y tipos de CDNE

Los diversos actores de los CDNE pueden clasificarse, preservando un nivel de abstracción que permita la comparación entre los casos, como quienes fungen en alguno de los siguientes cuatro roles y, una vez avanzada la definición de los papeles mínimos que juegan los actores, es preciso pensar de manera relacional, para poder dar cuenta de la diversidad empírica de dispositivos en los que los CDNE toman cuerpo.

(A) Agencia/Institución de control interno del Estado (ejemplos: ombudsman/judicial/ tribunal de cuentas/oidoría, etc.)
(a) Representante del Estado en dispositivos mixtos, es decir, con participación societal (ejemplos: consejos gestores de políticas públicas brasileños/Instituto Federal Electoral mexicano, etc.)

(E) Estado (ejecutivo y burocracia pública en los tres niveles de gobierno, legislativo en tres niveles de gobierno, instituciones estatales autónomas: *autarquías* en Brasil)
(S) Sociedad civil y ciudadanía
(—) División Estado/sociedad

En primer lugar contamos con los controles democráticos no electorales institucionales (*CDNE-I*)[7] que son modalidades de rendición de cuentas (*accountability*) horizontal activadas por los ciudadanos o, en términos de Isunza y Gurza Lavalle 2010, "accountability social/societal vertical pro transversal".

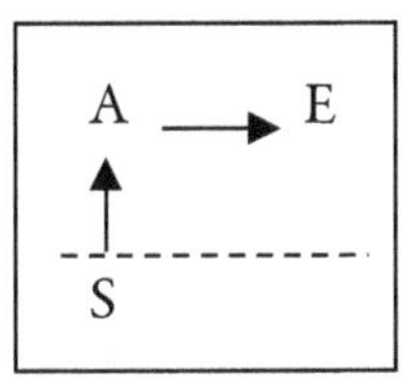

Grafo 1.1: Representación de CDNE Institucionales

A→E constituye sólo una posibilidad institucional o un ejercicio de facultades institucionales, que la literatura identifica como "accountability horizontal" o "accountability legal" y que fue descrita en la sección anterior como controles estatales. Como sabemos, es la presencia de S que transforma a A→E un CDNE. En la lectura de los casos empíricos interesa la relación A→E como descripción del formato institucional, ya que los casos son experiencias del uso social/societal de las posibilidades de "accountability horizontal" tomando en cuenta las características institucionales.

Son casos de CDNE-I la acción civil pública de la defensoría pública y del ministerio público en Brasil, así como las investigaciones civiles (*inquérito civil*) a servicio del ministerio público, o la investigación parlamentaria (*inquérito parlamentar*) de las cámaras estatales, municipales y federal de

7 En la terminología que usaremos a partir de este momento, definimos los dispositivos Institucionales como (I), los Institucionales Mixtos como (IM) y los Extra Institucionales como (EI).

diputados del mismo país. En México, las quejas ante los Ombudsman, los procedimientos administrativos y los juicios contencioso-administrativos.

El segundo tipo de controles democráticos no electorales son los institucionales mixtos (*CDNE-IM*) que suponen la institucionalización por parte del Estado de reglas que reconocen, instituyen y regulan la participación social en instituciones con funciones de control (supervisión, deliberación, información, decisión, gestión, etc.). Iniciativa popular, referéndum y plebiscito son las modalidades de CDNE más próximas a las elecciones. Ejemplos más distantes son las conferencias nacionales de políticas, comisiones legislativas participativas y planes directivos implantados en Brasil, o las organizaciones de masas en China o el presupuesto participativo en Colombia y en Brasil.

En las experiencias analizadas la realidad nos muestra tres formas principales en las que toma cuerpo este tipo: (1) CDNE institucionalizados en el Estado como interfaces híbridas que cuentan con la participación permanente de la sociedad, como en el caso de los consejos brasileños ([a+S→E]), (2) formas menos institucionalizada en las que los actores gubernamentales y los actores sociales/societales "se encuentran", como las mesas de diálogo colombianas (a+S→E) y (3) formas reguladas de participación sin presencia de representantes del Estado, como la iniciativa popular (S→E). De esta manera, aquí caben tanto los CDNE que dependen de la movilización social para su activación como aquellos que están a tal punto institucionalizados que funcionan de forma rutinizada.

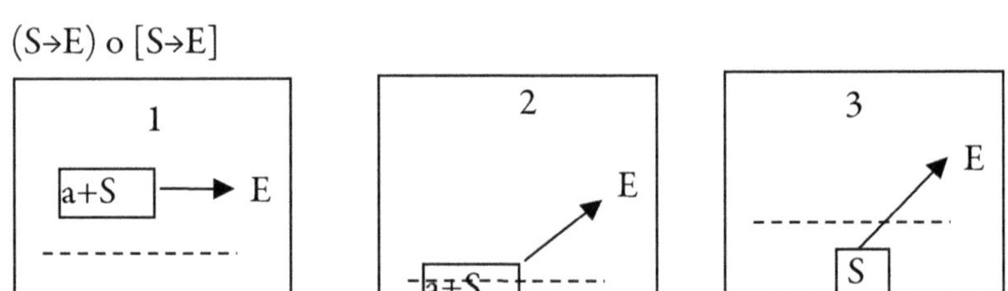

Grafo 1.2: Representación del CDNE Institucionales Mixtos

Finalmente, el tercer tipo es el de control democrático no electoral extra institucional (*CDNE-EI*) que son modalidades de *accountability* vertical no electoral cuya versión más típica en la literatura es la protesta, pero que incluyen redes, foros de la sociedad civil, desobediencia civil, etc. La característica central en este tipo es que los efectos esperados sobre el Estado no se dirigen a un canal preestablecido o regulado, sino que operan normalmente con lógicas movilizatorias, de política contenciosa o de presión directa o vía medios masivos de información y opinión pública (tal y como definen "social accountability" Peruzzotti y Smulovitz, 2002).

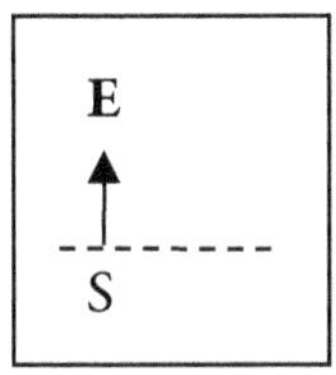

Grafo 1.3: Representación del CDNE Extra Institucionales

Por economía de lenguaje, los diversos tipos de controles son referidos por su abreviación (CDNE), la cual es utilizada indistintamente en relación al número, es decir, se mantiene igual en singular o en plural. La abreviación puede utilizarse igualmente para calificar experiencias, instancias, mecanismos o dispositivos de CDNE, o para denominar directamente, como substantivo, los controles democráticos no electorales en sí.

Dimensiones espacio y tiempo

Los diferentes tipos de CDNE (I, IM, EI) introducen implicaciones relevantes para pensar en la temporalidad de las diferentes experiencias, visto que el significado del tiempo varía en función de la modalidad de CDNE en la dimensión Estado-sociedad. En el caso de los CDNE-I, y ya que por definición se encuentran institucionalizados dentro del Estado, abriendo oportunidades de acceso a S, la dimensión temporal sólo puede interpretarse como *frecuencia.* Determinar la frecuencia equivale a responder qué tan común es el uso de un CDNE-I (por ejemplo, la investigación civil del Ministerio Público y la Acción Directa de Inconstitucionalidad brasileñas).

En el caso de los CDNE-IM, la participación/representación se encuentra institucionalizada, y por lo tanto la dimensión tiempo debe considerar la *continuidad del ciclo institucional*, cuando existe. Por ejemplo, la acción de tutela colombiana, las cartas y visitas chinas, o la iniciativa popular presente en casi todos los contextos democráticos. En algunos casos, las experiencias son permanentes, en otros, cíclicas (los consejos brasileños son permanentes, pero el presupuesto participativo puede ser bianual y las conferencias mandatarias son anuales o bienales). También es posible considerar la frecuencia cuando el CDNE-IM no está sujeto a ningún ciclo (las iniciativas populares de ley, por ejemplo).

En el caso de los CDNE-EI, la dimensión tiempo remite de nuevo a la frecuencia. No hay ciclos institucionales, sino el uso más o menos frecuente de ciertas modalidades de CDNE-EI.

La espacialidad de los CDNE no se refiere a la escala político-administrativa en sí, esto es, si son nacionales, estatales o municipales, sino a la cobertura territorial real, tomando en cuenta la división territorial menor (municipios o sus equivalentes). De esta forma, es posible diferenciar entre coberturas territoriales altas (consejos), medias (presupuestos participativos) o bajas (red de ciudades sustentables).

Perspectiva panorámica relacional: avances y retos

La propuesta analítica que guio el conjunto de la investigación, así como las indagaciones sobre experiencias concretas en los cinco países, se basa en un abordaje relacional multinivel que permite lograr una traducción de escalas entre, por un lado, las relaciones "cara a cara" de los actores involucrados en la interacción sociedad-Estado y, por el otro, la mirada panorámica que integra la visión "de conjunto" del régimen. La configuración histórica de cada país, con su diversidad interna, sirve de referencia para entender la dinámica que configuró los principales actores y sus relaciones. La arquitectura institucional, así como los modos de relación multidimensional entre los actores (es decir, en los "canales" de participación, representación y control) permiten identificar lógicas generales de articulación (regímenes), peso específico de diversos dispositivos y lógicas que permiten (o no) el ejercicio del control democrático no electoral.

El argumento de los CDNE como ventana privilegiada a la observación, descripción y crítica de los regímenes concretos, está centrado más en una noción relacional (Estado/sociedad) que en las versiones o perspectivas de los actores societales. La participación y la representación, de esta forma, se retoman en un registro ampliado que no es enteramente estatal ni puramente societal, sino que contempla configuraciones generales de interrelación entre ambos, unificadas conceptualmente, gracias al peso del "control" en la ecuación analítica general.

Es verdad que los diversos referentes empíricos abordados desde esta mirada pueden ser entendidos en otras claves analíticas. De hecho, algunos de ellos como las protestas, movilizaciones y formas variadas de presión y denuncia contenciosa contra las autoridades públicas, ocupan un lugar privilegiado en el campo de estudios de los movimientos sociales y han sido teorizados como recursos tradicionales de los repertorios de acción de dichos actores. Aunque empíricamente se trate de "los mismos" fenómenos, en realidad son construcciones analíticas distintas que obedecen a propósitos de conocimiento diferentes. Cuando son entendidos desde la perspectiva de los CDNE, lo que interesa es entender su recurrencia y potencia (es decir, su relevancia) en función de las posibilidades abiertas o canceladas por las diversas formas de control estatal, democrático electoral y no electoral con las que se articula. La perspectiva es relacional no sólo porque enfoca las interfaces Estado/sociedad, sino porque busca entender las posibilidades de control gracias a la posición de las experiencias examinadas en una estructura de controles mayor. En otras palabras, la propuesta permite aproximar fenómenos considerados distintos en otros campos de conocimiento, gracias a que la propuesta analítica que desarrollamos aquí los presenta en términos de equivalencias funcionales. Apostamos que así es posible ampliar las fronteras analíticas.

Un posible flanco de ampliación de las fronteras analíticas permite mostrar el potencial de la perspectiva de los CDNE. Nuestra propuesta, en el desarrollo que alcanzó en esta etapa y presentada con un ejercicio colectivo de reflexión comparada, puede ser pensada en el terreno de las categorías de la teoría democrática como un avance para entender el poder concreto en las sociedades contemporáneas, a partir de la perspectiva de actores relacionados en dos modos principales. Por un lado, aquel que se sintetiza con la noción de "gobierno representativo" y, por el otro, el de la participación y mediación política ciudadana. En ambos casos, la incidencia de estos dos flujos organizados de ejercicio del poder, en última instancia, remiten (normativamente) al ejercicio de controles democráticos (y su conexión normativa con el principio de la soberanía popular). Al promover el desarrollo de la idea de CDNE, esta investigación permite avanzar diagnósticos integrados de formas de construcción de controles democráticos. Pero, finalmente, el siguiente paso de este recorrido de largo aliento también señala hacia la posibilidad de incorporar la comprensión (desde esta visión articulada) de controles de lo público *no democráticos*: los poderes fácticos y los poderes criminales. Nuevamente, es la equivalencia funcional operada por la clave analítica del control que permitiría esa operación. Así, un próximo paso que amplía las fronteras analíticas (y, en el mejor de los casos, ilustra agendas de transformación hechas evidentes por este conocimiento) puede aspirar a comprender, a partir de un arsenal conceptual articulado, el peso de estos tres modos de relación y de ejercicio de poder en escenarios empíricos tan diversos como los que aquí abordamos.

Lógicas y objetos del ejercicio del control democrático: equivalencias funcionales y fronteras analíticas

Las dimensiones anteriores permiten comparar experiencias por su posición en la dimensión Estado/sociedad y cobertura territorial, así como adecuar los criterios de su temporalidad en función del tipo de CDNE. Obviamente, eso no garantiza que la instancia comparada sea igual o analíticamente equivalente. Como no existen censos de los CDNE por país y el acceso al universo total de esas experiencias es una imposibilidad fáctica, la comparación de conjuntos de experiencias impone el problema de los sesgos en la composición de la selección de casos examinados. Además, las variaciones contextuales son suficientemente grandes y la información demasiado escasa para adoptar un criterio mensurable común (número de personas involucradas, consecuencias presupuestales sobre el gasto público). Decidimos utilizar un criterio común, adaptable para permitir la documentación de las experiencias más interesantes de CDNE en los diferentes contextos. Adoptamos el *criterio de relevancia*, es decir, inducimos un sesgo común y adaptable a la especificidad de cada contexto, que llevó a documentar las experiencias más relevantes para la realidad de cada contexto, definiendo relevancia como la incidencia y valorización social local de un determinado CDNE. La evaluación descansó en el conocimiento experto de cada contexto nacional. El criterio de relevancia opera simultáneamente en los planos analítico y metodológico. En el primero, obedece al objetivo de diagnosticar los rasgos comunes que, presentes en un determinado país, eventualmente prefiguran un régimen de controles democráticos. El hecho de que ciertas experiencias compongan un conjunto considerado localmente relevante es, en sí mismo, indicativo del tipo de CDNE prevalente. En el segundo, permite operacionalizar la selección de las experiencias sin recurrir a criterios innecesariamente homogeneizantes, pero respetando su equivalencia funcional para los propósitos de la investigación.

Aunque la relevancia de cada CDNE contemplado en este estudio depende de factores propios de cada contexto y sus coyunturas, es posible identificar los mecanismos causales, por fuerza abstractos, que animan la efectividad. A partir de estudios comparados recientes (Isunza y Gurza Lavalle 2010; Hernández y Arciniegas 2011; Hernández y otros 2011), definimos tres dinámicas o mecanismos que ordenan las lógicas del control democrático que diversos regímenes han construido como efectivas:

> la de *sinergia* que implica la cooperación entre agentes que logran así un efecto mayor a la simple suma de las individualidades; esta lógica de sinergia es afín a las experiencias de "compartir proyecto" [o a alineamientos de afinidades sobre el control democrático derivadas de proyectos diferentes] entre agentes que se ubican en principio en la sociedad y el Estado.
>
> La segunda lógica es el *equilibrio entre intencionalidades* que puede pensarse como el resultado de la interacción entre fuerzas representadas por vectores no sinérgicos (es decir, que se dirigen a metas diferentes); este tipo de lógica necesita de la existencia de ciertas condiciones institucionales en las que los contrapesos jueguen un rol eficiente.

> La tercera lógica es la del *costo reputacional*, por la que los representantes (o actores que deben rendir cuentas) asumen (por el cálculo de pérdidas y ganancias) que deben modificar su curso de acción en un sentido que sea compatible con la presión ejercida por los representados. (Isunza 2011b: 21–2)

A estos tres mecanismos debemos sumar uno que es intrínseco a la lógica de funcionamiento del aparato estatal: la *coerción*. Cuando se ejecuta correctamente, la capacidad normativa e institucional permite someter la acción del controlado sin que medie otra razón que la subordinación del controlado. La coerción no suele figurar entre los mecanismos que favorecen la capacidad de control social sobre las autoridades públicas, pero la expansión y escalada institucional de los CDNE-IM hacen posible que ese recurso distintivamente estatal esté, en algunas experiencias, a disposición de los actores sociales que participan de experiencias institucionales mixtas.

En su calidad de mecanismos, la sinergia, el equilibrio de intencionalidades, el costo reputacional y la coerción no operan necesariamente de forma aislada; de hecho, la efectividad de un CDNE puede descansar en la forma como se combinan diferentes mecanismos en distintos momentos. Los mecanismos, por supuesto, no son los únicos factores causales que favorecen la efectividad de los CDNE, pero su peculiaridad es que trabajan claramente en el plano micro modelando las dinámicas de interacción y capacidad de acción de los actores. Existe un factor de especial importancia para la capacidad de los CDNE que, en virtud de que opera en un nivel más agregado, no es definido como mecanismo (aunque desde ciertas perspectivas podría serlo). Se trata de la *articulación* entre diferentes CDNE, y entre ellos y diversos agentes estatales, sociales o del mercado. La articulación refuerza los CDNE porque potencia los mecanismos, vinculando más costos reputacionales y facultades de coerción, o alterando el equilibrio de intencionalidades o la sinergia gracias a la entrada de otros actores en la interacción.

Por último, los CDNE varían también en función del objeto de la constricción. Por un lado, controles procedimentales constriñen los *procedimientos* burocráticos, lo que remite a la dimensión del gobierno democrático como salvaguarda de las libertades (negativas) de los ciudadanos; por el otro, el control sustantivo constriñe la *sustancia*, la materia, de las decisiones burocráticas que tiene que ver más bien con la idea del gobierno democrático como dedicado a servir a los intereses populares mediante la salvaguarda de las libertades positivas (Gruber 1987: 13–14).[8] Además de especificar el objeto sometido a control, esta división también es útil para pensar la complejidad de los controles, ya que muchas veces existen contradicciones entre el ejercicio del control en el proceso que afecta negativamente el resultado (Gruber 1987: 62–9).[9]

A partir de las herramientas analíticas expuestas se hace viable analizar los CDNE y su inserción en el régimen de rendición de cuentas en cada país, conformado por la totalidad de los controles públicos. Es conveniente recordar que, si bien las dimensiones de los controles horizontales (estatales) son fundamentales para esta tarea analítica, nuestro objetivo es analizar y comparar qué sucede en las experiencias de CDNE, donde el control es democrático gracias a que es ejercido o activado por el *demos*. Por los motivos explicados en la primera sección de este capítulo, se excluyen los mecanismos electorales de este universo de experiencias.

El diseño del proyecto

Antes de sintetizar los principales resultados de este esfuerzo colectivo de investigación comparativa, es conveniente ofrecer una breve descripción de la metodología de trabajo adoptada, de manera que el lector pueda comprender la estructura de los capítulos y las referencias que en ellos se hace a las diferentes fases del registro y análisis de los casos.

Primero, la unidad de análisis. Como una consecuencia de los diferentes tipos de CDNE y de su grado de institucionalización, se hizo necesario variar la unidad de análisis. Una movilización masiva puede ser descrita

8 Esta tipología está emparentada, como lo reconoce la propia Judith Gruber (1987: 14) con los tipos de representación formal y sustantiva, respectivamente, de las que habla Hanna Pitkin (1967).

9 Los costos, apunta Gruber, varían entre áreas de política. Y las diferencias entre ellas dependen de dos elementos constituyentes: la tecnología ("los medios empleados por una organización para alcanzar los fines deseados") y el ambiente ("las fuerzas externas a una organización que afectan su actividad") (Gruber 1987: 123–38).

como una experiencia de CDNE-EI, pero también podría ser inscrita como un caso de una categoría general, por ejemplo, movilizaciones o protestas. Describir las características de las "protestas" como CDNE sería una tarea poco fructífera, pues el grado de especificidad de las descripciones requeridas difícilmente se puede generalizar para una categoría con esa amplitud. En el otro extremo, CDNE-I activados por la ciudadanía como las oidorías o el juicio de amparo admiten claramente, gracias a su grado de institucionalización, una descripción de sus características generales. Algo semejante ocurre con muchos CDNE-IM, pues la estabilidad de algunos de sus rasgos autoriza descripciones generales, es decir, no de *una* experiencia particular. Así, los casos analizados son, o bien instituciones descritas a partir de sus características y alcances medios (cuando el número es muy grande y suficientemente estable en sus fracciones, volviendo inapropiada la descripción de un caso), o bien los casos son experiencias particulares (cuando se trata de experiencias únicas o singulares y, más comúnmente, cuando la variación interna entre los casos hace improductivas generalizaciones de sus características medias).

El trabajo de investigación fue organizado en tres etapas: i) mapeo inicial y registro de iniciativas de CDNE, ii) registro en línea de casos relevantes, y iii) descripción detallada de los casos seleccionados. Cada etapa incrementó nuestro conocimiento sobre el perfil general de los CDNE en cada país, y de las diferencias más importantes entre los países. Los capítulos presentan los hallazgos principales de las etapas. El mapeo sirvió para llevar a cabo una revisión a fondo de las diversas manifestaciones de CDNE por país, cuyo perfil general informó la selección de experiencias registradas en la plataforma en línea, de acceso público. Además de garantizar que los insumos de la investigación sean accesibles a públicos más amplios, la captura de los casos en la plataforma en internet condujo a todos los equipos de investigación a un ejercicio de clasificación de las experiencias de CDNE en un conjunto de variables categóricas que operacionalizan las distinciones analíticas ofrecidas en esta sección e introducen otras de interés para el proyecto (como la forma en que los CDNE se insertan en el régimen de rendición de cuentas de cada país). Esto permitió afinar la comprensión y el uso de las herramientas analíticas entre los equipos de investigación de cada país. El análisis detallado de casos por país se concentró en las experiencias más relevantes (éxito), procurando preservar la distribución entre los diferentes tipos de CDNE encontrada en el mapeo inicial. También contempló la descripción de un caso de CDNE con incidencia nula (fracaso).

CDNE en los regímenes de rendición de cuentas de cinco países

La relación entre los CDNE, la trayectoria del régimen y el sistema partidario se reveló como un factor crucial para entender la composición de los diferentes tipos (EI, IM, I) y sus alcances en los cinco países, a pesar de que en todos ellos observamos rasgos semejantes de época que han llevado al incremento de la participación, de las facultades de los gobiernos locales y de instituciones de control estatales.

En cuatro de los casos (Colombia, África del Sur, Brasil y México), en coyunturas políticas que representaron transiciones y/o renegociaciones entre las principales fuerzas políticas sobre el futuro de la vida política de los respectivos países, así como la promulgación de nuevas constituciones (con excepción de México), la participación desempeñó un papel político y simbólico de importancia para la clase política, pero lo que garantizó la continuidad y algún grado de efectividad de los CDNE fue la forma como ese compromiso inicial encajó en la lógica del sistema político emergido después de las transiciones. China, como México, es un caso de transición dilatada, aunque sería erróneo suponer que en el terreno político se trata de una transición a la democracia. Los procesos de reforma económica han trastocado profundamente la forma de organización y modo de vida de esa sociedad oriental. En ese contexto se reconoce a la participación, ampliando su presencia en la vida institucional y confiriéndole la capacidad de permitir el ajuste entre el Estado y la sociedad durante la continuidad del proceso de apertura controlado desde arriba.

En el caso de Colombia, los canales de participación para el control social se expandieron como oferta estatal, gracias al acuerdo de la clase política acerca de la construcción de las bases para la paz, y también porque esa construcción exigía la incorporación de la sociedad a la vida política y la recuperación de la credibilidad de las instituciones políticas. La oferta estatal, cristalizada en la Constitución de 1991, no correspondió al compromiso de los gobiernos de hacer efectiva esa institucionalidad y la sociedad civil se alejó de ella. Así, y de modo algo paradójico, la vitalidad de los CDNE en Colombia depende del crecimiento de CDNE-EI al margen de la oferta estatal, así como del empeño de la sociedad civil de reformar el marco legal que fungió como pilar de esa oferta estatal y del apoyo que esas iniciativas encuentran en la clase política en el contexto de un sistema partidario competitivo. Así se observa la ruptura de equilibrios previos (Constitución de 1991) y la multiplicación de instituciones y variadas iniciativas de control democrático con gobiernos plurales. Ello llevó a un amplio proceso de consulta para reformar los marcos legales de la participación y, finalmente, a la aprobación de la Ley de Participación Ciudadana. Se abre así un nuevo ciclo en el que los CDNE cuentan, en principio, con más apoyo y compromiso de la sociedad civil colombiana.

En el caso de Sudáfrica la participación vino estrechamente asociada a los reclamos de inclusión e igualdad representados por el partido del Congreso Nacional Africano (CNA). Sin embargo, la fuerte identificación entre la lucha contra el racismo y el CNA, fundado en 1912, y su papel en el derrocamiento del *apartheid*, lo volvieron un partido dominante (el único instituto con posibilidad real de conquistar el poder a nivel nacional). Así, los CDNE no pudieron beneficiarse del apoyo de alguna fuerza política en el contexto de la disputa partidaria y acabaron por estacionarse en un nivel de desarrollo y efectividad más bien modestos, o acabaron instrumentalizados en alguna medida por el CNA y su intento de alinear la participación y los actores sociales con el régimen, como sucedió con la iniciativa de los *Wards Comitees*. Irónicamente, la fuerza más importante que forzó la transición y llevó a la promoción de los CDNE acabó por convertirse en un factor que obstaculiza el desarrollo y el fortalecimiento de los primeros. Por esto, ahora el rumbo de las innovaciones, como de las posibles reformas al régimen, son dirigidas desde arriba con un acuerdo entre gobierno, sindicatos y partido hegemónico. Las últimas elecciones han mostrado el fortalecimiento de la oposición en algunas ciudades importantes, pero aún es prematuro imaginar consecuencias para la innovación democrática.

En el caso de Brasil, el juego electoral permitido pero controlado durante la dictadura, la transición y después la Asamblea Constituyente, supusieron la ruptura de equilibrios previos y la irrupción de nuevos actores en el escenario, y abrieron oportunidades para consagrar la participación como un principio del Estado. Esa secuencia favorable fue seguida por la regulación e implementación de CDNE-IM gracias a los partidos políticos que ocuparon el poder federal desde los años 1990. La asociación entre el Partido de los Trabajadores (PT) y la participación fue en buena medida producto de la disputa partidaria y de la trayectoria de expansión del partido en el ámbito municipal; en otras palabras, el hecho de que él haya perdido tres disputas sucesivas a la presidencia lo llevó a seguir un camino de consolidación nacional a partir de los municipios y de un programa de gobierno que enfatizaba el papel de la ciudadanía y de la participación en la gestión de la cosa pública ("*o modo petista de governar*"). Además, tanto el PT como el Partido de la Social Democracia Brasileña (PSDB) son dos partidos nuevos, creados en los últimos años de la dictadura o después de la transición, y tuvieron una trayectoria histórica asociada a las movilizaciones contra el gobierno militar. Ello parece haber favorecido el impulso de la regulación e implantación de instituciones participativas que actúan como CDNE en Brasil. El ciclo histórico de la pos-transición llegó a su fin con la destitución de la Presidenta Dilma Rousseff y el ascenso de una derecha que no alimenta ningún compromiso con los CDNE gestados en el escenario democratizante de la pos-transición.

En el caso de México la apertura del régimen terminó con una alternancia en el gobierno federal que, sin embargo, mantuvo las mismas políticas económicas, sociales y de gobernanza, limitando las innovaciones al ámbito de la transparencia y el acceso a la información, la reforma y creación de instituciones de control estatal y tímidos acuerdos por modernizar la administración pública. La participación de la ciudadanía se dejó de lado desde las primeras horas de la alternancia, lo que puede explicarse tanto por la debilidad coyuntural de la izquierda política y social, la superposición de proyectos neoliberales y neoconservadores en las élites del PRI y del PAN, como por la inexistencia de un proyecto político democrático participativo que, en todo caso, pudiera acumular fuerzas y disputar transversalmente con la hegemonía de los sectores que mantuvieron las formas de control inverso del Estado autoritario priista, pero sin la continuidad de políticas sociales de antaño. La innovación en el terreno de la participación ha quedado, en su mayor parte, confinada a espacios consultivos y centralizados en el gobierno federal, sin capilaridad territorial. La violencia y la destrucción de la calidad de vida tampoco abonaron a la proliferación de experiencias articuladas y masivas de participación ciudadana en dispositivos estables (más bien, se multiplicaron las protestas no canalizadas por vías institucionalizadas). Este escenario acotó la multiplicación de los CDNE I a una arquitectura poco sólida y desarticulada que, además, no cuenta con instituciones de control estatal disponibles para la defensa de los derechos de los ciudadanos; muy señaladamente, el poder judicial, el Ministerio Público y el sistema de Ombudsman no pueden pensarse como herramientas de la ciudadanía para acotar el poder y la arbitrariedad, sino como legitimadores (por acción o por omisión) de la impunidad de los poderes formales y fácticos. Los CDNE-IM son periféricos en relación a las decisiones que afectan la vida de las personas comunes y su perfil más bien es el de espacios de consulta (en el mejor de los casos) o de simple legitimación *ex post facto* de las decisiones gubernamentales. Por esto, es en las experiencias de autogestión y de CDNE EI donde la ciudadanía busca reconectar el circuito de la representación legítima.

La China postcomunista es un hecho hace más de tres décadas y ahí la transición remite simultáneamente a un proceso dilatado y aún en vías de apertura respecto al orden político de la era Mao. China cuenta con una larga historia de controles legales y burocráticos, junto al control cultural conservador como telón de fondo de preservación del orden ("todo bajo el cielo"). Inscrita en esa historia, la participación de la población en la era Mao estuvo marcada por la doctrina de la línea de masas; este principio no sólo fue ideológicamente valorizado sino que también permitió capilarizar el control del gobierno central sobre la vida en las comunidades y sobre el ejercicio del mando de sus cuadros locales. Se trataba de un recurso para reclutar las energías sociales para controlar no al Estado central, sino a la misma sociedad y, en menor medida, a las autoridades locales en relación a su obediencia (o no) a las políticas nacionales. La transición, en consecuencia, no le reservó a la participación la centralidad simbólica que le fue reservada en la era Mao, pero aún sin esa posición en el discurso se le reconoció la posibilidad de operar como control social, invirtiendo la dirección del vector del control (y siempre que fuera ejercida dentro de ciertos límites definidos "desde arriba). El régimen estimula y simultáneamente limita los CDNE. Ellos son inhibidos o proscritos cuando amenazan escalar demandas fuera de los canales sociales (en el seno de la sociedad), o cuando optan por articularse con CDNE de sectores de políticas o espacios normalmente desconectados. Al mismo tiempo, ellos son estimulados como un área de improvisación, de tentativa y error, en la que la sociedad y el Estado ajustan mutuamente sus expectativas y donde ventilan aquello que el segundo le permite a la primera.

Sin duda, la movilización de la sociedad civil es un factor que ayuda a entender la emergencia de CDNE en los diferentes países. Sabemos que, por ejemplo, en el emblemático caso brasileño la construcción y transformación del sentido de la participación emergió desde las prácticas en el campo popular democrático-participativo y progresivamente se enraizó en una parte significativa del conjunto de los actores sociales y políticos. La trayectoria partió de las experiencias de *participación popular* durante la vida bajo (y la lucha contra) la dictadura militar, pasando por su institucionalización en términos de *participación ciudadana* cristalizada, normativa y simbólicamente, en la Constitución de 1988 y, después, en los Consejos gestores de políticas públicas y Conferencias sectoriales, que dieron a la participación el estatuto de *participación-en-espacios-participativos* (Gurza Lavalle e Isunza 2011: 117).

Suponiendo la presencia de una sociedad civil activa en el contexto de las transiciones en los cinco países estudiados, lo que se resalta aquí son las consecuencias entre las oportunidades abiertas en tales contextos y la variable realización de esas oportunidades en virtud de la trayectoria de los regímenes y de las características del sistema político producido por esa trayectoria. De hecho, la movilización de la sociedad civil ha sido apuntada como un aspecto crucial de la transición en las literaturas locales e internacionales; por lo menos las sociedades civiles de México, África del Sur, Colombia y Brasil fueron calificadas como vibrantes y emergentes durante las transiciones. Inclusive en la China pos-comunista la literatura es unánime al señalar la efervescencia de la sociedad civil y el crecimiento sin precedentes de la participación. Sin embargo, el papel de los CDNE varía considerablemente en cada contexto nacional. Un factor que el análisis de los casos muestra claramente asociado a la efectividad de los CDNE mixtos y extra institucionales es la articulación entre actores y CDNE. El éxito de iniciativas como la reforma a la Ley de Participación Ciudadana (Colombia) o la Red de Ciudades Justas y Sustentables (Brasil) o los Diálogos por el Agua o la activación de los *Ward Comittees* por el movimiento social fue favorecido por la articulación de un amplio conjunto de actores detrás de las iniciativas y por la conexión de las mismas con otros CDNE institucionales o mixtos con capacidad de apoyo institucional. De hecho, en China la articulación de modalidades institucionales, mixtas e informales de control parece ser casi un arte, así como la pieza central de las estrategias de movilización de los ciudadanos y sus asociaciones. Que la articulación es un requisito de la movilización social con expectativas de éxito es bien sabido y los casos del movimiento sudafricano Abahlahli baseMjondolo o las iniciativas populares de Ley del Movimiento contra la Corrupción Electoral lo corroboran, pero la comparación entre países revela que los alcances de las experiencias institucionales mixtas dependen en buena medida de su articulación en una red de control más amplia, igualmente institucionalizada. Los casos brasileño y colombiano son emblemáticos, pues tanto la reforma de la Ley de Participación Ciudadana como la mayoría de los CDNE-IM brasileños derivan parte importante de sus alcances de su inserción en redes institucionales, extra-institucionales y mixtas de control democrático.

Cuando a la relación entre los CDNE, la trayectoria del régimen y el sistema político, y a los patrones de articulación se les aúnan las características descriptivas de los CDNE, emergen visiones de conjunto de los regímenes de rendición de cuentas en cada país. Sudáfrica es un caso en el que el desarrollo de un marco legal constitucional e infra constitucional para el desarrollo de CDNE IM e I no se vio reforzado por la efectiva regulación e implantación de esas posibilidades. En donde las posibilidades institucionales existen, la efectividad y alcances de las experiencias no pueden ser atribuidas a los mecanismos institucionales internos de los CDNE IM e I, sino a la presión y movilización de actores de la sociedad civil. Así, hay un régimen institucionalizado de CDNE I e IM, pero la lógica es mayoritariamente movilizacional, apoyada en el mecanismo de costo de prestigio y con alcances limitados y dependientes de la capacidad movilizatoria y de articulación de los agentes de los CDNE. Sin embargo, es pertinente mencionar que en el ámbito local y en ciertos sectores de la burocracia, los CDNE operan con mayor efectividad, como parece ser el caso del área ambiental y la estimación de impactos de proyectos de desarrollo.

En Colombia, como consecuencia de la crisis de legitimidad, de la guerra y refundación del espacio político entre liberales y conservadores y de los consensos plasmados en la Constitución de 1991, la creación de instancias de control participativo sobre la política pública definió inicialmente una oferta estatal amplia pero poco articulada entre sí, con perfil relativamente bajo, ya que se encontraba principalmente orientada a la consulta e información, y acusaba desequilibrios internos que favorecían en alguna medida el control por parte de las autoridades públicas. Progresivamente, los actores de la sociedad civil fueron alejándose de esa institucionalidad, que tuvo así efectos de control limitados. El escenario actual, sin embargo, es diferente gracias a la emergencia de una serie de iniciativas informales de control. Bajo esta lógica movilizatoria y cosechando los frutos de un diagnóstico ampliamente compartido sobre las limitaciones de la institucionalidad de control social anterior, las nuevas iniciativas han alcanzado formas de incidencia más elevadas, configurando el escenario de los CDNE en Colombia como movilizacional o informal, pero con articulación favorable con el mundo de las instituciones políticas y con una institucionalidad pre-existente, algo ausente en el caso de Sudáfrica. Así, aunque el costo reputacional también es un mecanismo con presencia en Colombia, la sinergia entre autoridades y actores sociales se encuentra presente en las experiencias analizadas. Es de esperase que la reciente aprobación de la Ley de Participación Ciudadana altere y potencie el perfil de ese régimen de rendición de cuentas, pero aún es prematuro aventurar proposiciones específicas al respecto.

El rasgo distintivo de Brasil es el grado de institucionalización de las experiencias de CDNE, constituyendo un caso en el que una diversidad de CDNE-IM se encuentran conectados en una arquitectura de control más amplia (que incluye en buena medida CDNE-I), cuyas facultades suelen incluir la deliberación sobre políticas públicas, el seguimiento y supervisión de las mismas e inclusive la co-gestión de servicios y beneficios públicos. A ello se suma la presencia de una infraestructura organizacional de la sociedad civil con capacidad de articular diferentes experiencias de CDNE y agentes del Estado, de la sociedad y del mercado al servicio de tales experiencias. Así, aunque las movilizaciones y protestas sean comunes, la particularidad de los CDNE más relevantes en ese país es su carácter no movilizacional, sino rutinizado. Como en el caso de Colombia, la sinergia es un mecanismo común en el trabajo de los CDNE, pero también el equilibrio de voluntades propio de los espacios de negociación institucionalizados e inclusive la coerción al servicio de los agentes sociales y societales presentes en los CDNE. Como en el caso colombiano, aunque por motivos diametralmente opuestos, las características de régimen de rendición de cuentas montado en los años de la pos-transición se encuentran hoy en juego y bajo riesgo de erosión, en virtud del golpe de mano que ha llevado a fuerzas conservadoras a controlar los poderes legislativo y ejecutivo.

México muestra un perfil de CDNE polarizados entre la sofisticación (normativa e institucional) de los CDNE I y su falta de eficacia y presencia, empeoradas por su alta desarticulación. Por el otro lado, la configuración del régimen de rendición de cuentas no asume la participación ciudadana organizada en la mayoría de las políticas públicas; esto es así en todos los ámbitos de gobierno y en relación con los diversos poderes de la República. Los CDNE IM adolecen de "dientes" que permitan que la participación ciudadana tenga consecuencias, lo que rápidamente provoca la apatía de los sectores que invierten recursos y energías en su infructuosa utilización; la presencia ciudadana en los dispositivos IM, en el mejor de los casos, se restringe a la consulta. Los CDNE EI son los que más se han desarrollado, no porque sean producto de un proceso de maduración social y estatal (como parece ser el proceso en Colombia y Brasil), sino porque el Estado mexicano y los partidos políticos dominantes (los mismos actores de la transición y previos a la misma) mantienen un proyecto político hegemónico hermético a la participación ciudadana. El contexto contencioso de la transición se ve agravado por la caída de las condiciones de vida de la mayoría de la población, la generalización de pérdida de derechos individuales y sociales y el crecimiento de la situación de inseguridad acicateada por el narcotráfico, el crimen organizado y su complicidad con amplios sectores del poder público.

En China, los CDNE han ganado más presencia, pero sus alcances son acotados y su forma de funcionamiento interno adecuada a una gramática aceptable para el Partido Comunista Chino, cuya principal prioridad es mantener bajo control el proceso de apertura económica y liberalización de la vida social. Esos cambios han generado crecimiento económico, pero también desigualdad, y han desestabilizado modos de vida con más carencias. Han introducido riesgo y la vivencia de la inseguridad y zozobra en la vida de la población. Es ese contexto los CDNE, más allá de su utilidad para la capacidad de adaptación recíproca entre el régimen y la sociedad, tienden a ser acotados a la esfera local y son considerados justificables para la expresión de demandas de bienestar material o de reducción de los daños generados por decisiones de las autoridades públicas. En todo caso, las circunstancias en las que esos controles actúan con efectividad, alterando el curso de acción de las autoridades, son considerablemente variables e inestables; y, en ese sentido, imprevisibles para el ciudadano común. Esa variabilidad hace difícil especificar los mecanismos en operación. Una muestra de cómo esa inestabilidad afecta la percepción de los ciudadanos es que, además de recurrir a la articulación de diferentes CDNE, suelen asegurar mayores posibilidades de atención a sus demandas mediante "contactos" dentro del sistema, cuyo uso común se superpone al sistema legal y la canalización de la protesta.

Los casos de CDNE fallidos o con incidencia nula de Colombia, Brasil y México iluminan condiciones adversas que cancelan las potencialidades del control social aún en contextos favorables, como en los dos primeros países, o en los que es posible encontrar experiencias exitosas aisladas en un primer momento que más tarde se rutinizan y son "devoradas" por la lógica burocrática y de simulación, como en el último país. El grado de incertidumbre de los CDNE en China y el perfil acentuadamente modesto de los mismos en Sudáfrica desfondan las bases epistémicas que vuelven los casos nulos cognitivamente ricos.

Cuando el involucramiento de agentes sociales en funciones de control reduce las posibilidades de la participación a un conjunto muy limitado y poco relevante de funciones, es decir, cuando la participación aparece a los ojos de los eventuales agentes sociales del control como enteramente instrumentalizada para la operación técnica de determinada política, los CDNE tienden a volverse estériles, como nos lo muestra el caso del programa colombiano Familias en Acción. La rigidez en el diseño del papel de la participación en el programa y la subordinación de la misma a una lógica de trabajo que no siempre correspondía a los intereses de las madres beneficiarias del programa destinó esta experiencia de control social al fracaso. Se trata de un caso claramente contrastante con la índole extra-institucional de la mayor parte de los CDNE examinados, en donde los actores de la sociedad civil desempeñan papeles propositivos.

Otro ejemplo de fracaso en la incidencia, causado por el vaciamiento de sentido de la participación, aunque en el ámbito de los CDNE IM es de los Comités de contraloría social en México. Los comités son el origen contemporáneo (al final de los años 1980) de la idea de control social dentro de las políticas públicas, cuando la "contraloría social" se volvió un requisito obligatorio en las políticas federales, pero sin una contraparte de "dientes" para su actuación, de herramientas propias y articulación con otros dispositivos de control estatal. Así, los ciudadanos rápidamente comprendieron que se trataba de "un requisito más" para acceder a bienes y servicios; muy lejos de la idea de ejercer CDNE en su vida cotidiana.

Las audiencias del presupuesto municipal brasileñas también son contrastantes en relación a las características comunes de los CDNE, especialmente al papel favorable a la regulación e implementación de CDNE de la competencia partidaria y del perfil de los partidos que se alternaron en el gobierno federal desde los años 1990. En el poder legislativo municipal las condiciones son poco propicias. La ausencia de regulación que establezca las reglas de funcionamiento de las audiencias u otorgue facultades a los agentes sociales que a ellas acuden acabó por entregar la definición de su dinámica a los partidos en el legislativo y sus *vereadores* (ediles), que las redujeron al papel de una ventanilla de peticiones de gasto por parte de los participantes, sin que medien argumentos o razones de la legitimidad de la asignación solicitada de recursos públicos. Las solicitudes son acogidas generosamente por los *vereadores* como enmiendas al presupuesto municipal sin ninguna obligación de realización efectiva de esos gastos, pero con la posibilidad de demostrar su "compromiso" con las demandas de la población gracias a la publicación de todas las enmiendas a los presupuestos en el Diario Oficial. Así, las audiencias públicas fueron instrumentalizadas para fines de promoción política de los legisladores con sus clientelas. Tampoco participan del proceso otros agentes estatales que eventualmente podrían tener interés en darle un cariz diferente a las audiencias.

Los fracasos ponen en evidencia la índole radicalmente inequitativa de las relaciones de control sobre los servidores públicos, favorables a aquellos que deberían ser controlados, sugiriendo que, para que una relación sea efectivamente de control, es necesario balancear esa inequidad a favor del agente social del control, o diversificar los intereses en juego de los agentes estatales involucrados en el proceso de control para que éste se haga efectivo. En el caso del control democrático (pero también de los controles estatales) de la burocracia y de los políticos (en funciones de representación o de gobierno) el *status quo* coincide normalmente con una situación de inequidad que se inclina a favor de ellos como potenciales objetos de control. De hecho, cuentan con tres tipos de recursos a su favor: (1) deciden cotidianamente en sus cargos, (2) tienen acceso privilegiado a información y (3) conocimiento especializado para la consecución de las funciones de sus respectivos cargos. Por esto resulta tan estratégico crear dispositivos para facilitar el ejercicio del control, como reducir la iniquidad de recursos entre controladores y controlados, invistiendo a los primeros de facultades, incluyendo en las experiencias de CDNE-IM a agentes estatales dedicados al control interno de manera que el juego de equilibrio de intencionalidades funcione, obligando a los funcionarios y políticos en ejercicio de cargos públicos (por elección o indicación) a compartir sus recursos (información, especialmente) con los controladores.[10] Es crucial advertir que balancear esta inequidad no equivale a equiparar en general los recursos de poder entre las autoridades y funcionarios públicos, por un lado, y los agentes sociales del control (ciudadanos o asociaciones), por el otro, ya que esto traería efectos disfuncionales, sino de invertir la inequidad en torno de dispositivos específicos de control, como la obligación de hacer pública la información solicitada por los ciudadanos y las asociaciones, o de establecer interfaces de participación de usuarios o beneficiarios.

En términos más generales, los CDNE enfrentan mayores dificultades para funcionar provechosamente en contextos, como el mexicano y el chino,

10 Específicamente el último aspecto fue explorado por Gruber (1987: 12–13).

en los que la participación social no constituye un propósito con méritos obvios. Baste mencionar que en Brasil y Colombia (aunque se podrían citar otros casos del entorno latinoamericano) la resignificación teórica y normativa de la participación es una realidad que se da por hecho; así mismo, en esos países el tipo de participación que se reconoce como legítima tiene que ver con las nociones de deliberación y consulta, pero, muy destacadamente, también con la de control. En México, por el contrario, las agendas de los partidos políticos, la práctica generalizada de ejercicio de la gobernabilidad y la mayoría abrumadora de la reflexión académica sobre estos temas, restringe la participación a la consulta (cuando no a la categoría de trabajo no remunerado que es obligatorio para los ciudadanos "de segunda" que reclaman bienes o servicios al Estado) o a la simulación en dispositivos sin capacidades de control democrático de los representantes e de implementación de las políticas (Isunza 2012; Isunza 2017). La lectura de los capítulos persuadirá al lector de que en varios aspectos el caso mexicano se aproxima del sudafricano o del chino. Por ejemplo, en la "administración desde arriba" de las energías participativas canalizadas a través de los CDNE I e IM, el bloqueo de reformas en la relación sociedad/ Estado desde una élite partidiaria (sea monopólica como en China y Sudáfrica, sea bipartita como en México) preocupada por ejercer un "tipo inverso" de control o la estrategia de creación de normas e instituciones de control (estatal o democrático) que en realidad se convierten en dispositivos de legitimación y no en auténticos circuitos de revitalización de la relación representantes/representados.

Lecciones: una agenda de reforma para fortalecer los regímenes de rendición de cuentas

Uno de los objetivos principales del proyecto que dio origen a esta publicación fue, además de estimular el debate académico sobre CDNE y regímenes de rendición de cuentas, identificar déficits y posibilidades de reforma informadas por un análisis comparativo entre países, y orientadas hacia el fortalecimiento de los CDNE. Para avanzar esta tarea, proponemos seis consecuencias principales sugeridas por los resultados de esta investigación comparada.

1. El fortalecimiento del papel de los CDNE en la opinión pública y en la percepción de los agentes del Estado y de los formadores de opinión. Normalmente, la disputa narrativa en la esfera pública centra la atención en las elecciones y en los controles estatales, en sus alcances y condiciones de legitimidad. El control democrático electoral y el sistema de contrapesos intraestatales suelen ser pensados como los "auténticos" mecanismos para sujetar al poder, especialmente en contextos más conservadores, olvidando el conjunto de innovaciones que forman parte de los regímenes de rendición de cuentas como las modalidades legítimas de movilización ciudadana (CDNE-EI), la activación social de controles estatales u horizontales (CDNE-I), o como participación de los ciudadanos en calidad de tales o por intermediación de organizaciones civiles dentro de dispositivos de control del aparato del Estado (CDNE-IM).

2. Reducir el monopolio de los recursos de poder de la clase política. Cuando partidos conservadores o dominantes en sistemas políticos cerrados o no competitivos señorean la organización de la vida política nacional o local, la llamada clase política afianza su posición de modo tal que puede permanecer hermética hacia buena parte de las demandas sociales, e instrumentalizar o neutralizar innovaciones participativas, según les resulte más conveniente. Como se ha mencionado, no se trata de proponer una ilusoria y disfuncional redistribución general de los recursos de poder, sino de garantizar un balance favorable a los agentes sociales (ciudadanos y actores colectivos) en la operación de dispositivos de controles democráticos no electorales institucionales mixtos, e inclusive en el desarrollo y fortalecimientos de canales para que los controles estatales puedan ser efectivamente activados por la iniciativa social (CDNE-I).

3. Plantear la cuestión del régimen de rendición de cuentas en el centro de las iniciativas de reforma política y avanzar mediante el diseño institucional de la articulación entre diferentes CDNE institucionales e institucionales mixtos. Las reformas políticas, tan en boga cuando se agudizan las crisis de legitimidad, suelen ser entendidas como (y limitadas a) la redefinición de reglas que, o favorecen el auto-control de los actores partidarios,

o mejoran las capacidades de los controles estatales; sin embargo, evitan enfrentar la cuestión política central: cómo hacer para que políticos electos y funcionarios públicos se sometan al control social de aquellos afectados por sus decisiones.

4. Adaptar a las diferentes condiciones nacionales experiencias consolidadas de CDNE-IM, sobre las cuales se dispone conocimiento acumulado. Si el control sustantivo y procedimental de los funcionarios y autoridades públicas es posible en el entorno latinoamericano, no sólo es por la arquitectura de los controles estatales, sino en buena medida por la transformación del papel del ciudadano y las asociaciones en la definición de prioridades y contenidos, así como en la fiscalización de los procesos para llevar a cabo estos fines. Las experiencias examinadas permiten afirmar que es posible implementar CDNE a gran escala como los Consejos gestores de políticas públicas brasileños, precisamente en aquellas áreas que en cada contexto se consideren como estratégicas.

5. Las experiencias de control democrático a las que Lily Tsai (2007) llama instituciones informales de rendición de cuentas, aquí estudiadas en el contexto chino como CDNE-EI, así como las experiencias de CDNE-IM (especialmente desarrolladas Brasil), remiten a la problemática de la doble faz de la rendición de cuentas societal (Gurza Lavalle e Isunza 2010), es decir, del control de los controladores. Aunque los CDNE sean un punto ciego y la cuestión del control social de aquellos que actúan como controladores sociales o societales esté subordinada o sea interna a la cuestión más general de los controles democráticos, la doble faz de la rendición de cuentas es relevante debido no sólo a la multiplicación de experiencias de control democrático sobre autoridades públicas, sino también de control de los proveedores sociales de bienes y servicios (de las que los comités locales de agua y las policías comunitarias constituyen casos emblemáticos). Argumentar a favor de la pertinencia de darle centralidad en la acción pública a la participación ciudadana directa y mediada por organizaciones civiles en su faceta de control democrático no electoral, no equivale a asumir *a priori* el carácter legítimo de la acción de esas organizaciones o de las demandas de tales ciudadanos. La cuestión se encuentra, no obstante, subordinada a la expansión de los CDNE.

Bibliografía

Ackerman, John M. (2007). *El Instituto federal de acceso a la información pública: diseño, desempeño y sociedad civil.* México: Centro de Investigaciones y Estudios Superiores en Antropología Social/Universidad Veracruzana.

Albuquerque, María do Carmo (2008). *A participação da sociedade na redefinição de políticas de direitos: os direitos da infância e o direito a moradia em países do Cone Sul na virada para o século XXI.* Tesis de doctorado. São Paulo: Prolam-Universidad de São Paulo.

Alonso, José Rubén (2007). *Leyes de transparencia y acceso a la información gubernamental locales: la emergencia del derecho a la información.* México: Centro de Investigaciones y Estudios Superiores en Antropología Social/Universidad Veracruzana.

Alonso, Jorge y Alberto Aziz (2005). *Campo electoral, espacios autónomos y redes: el consejo general del IFE (1996–2005).* México: Centro de Investigaciones y Estudios Superiores en Antropología Social/Universidad Veracruzana.

Ansell, Christopher y Jane Gingrich (2006). "Trends in decentralization". En Bruce E. Cain, Russell J. Dalton y Susan E. Scarrow (orgs.). *Democracy transformed? Expanding political opportunities in advanced industrial democracies.* Oxford: Oxford University Press.

Avritzer, Leonardo y Zander Navarro (2003). *A inovação democrática no Brasil: o orçamento participativo.* São Paulo: Cortez.

Aziz, Alberto y Ernesto Isunza Vera (2007). "La crisis del modelo electoral mexicano: financiamiento, medios, instituciones y política social". *Foro Internacional,* 47 (4), 740–84.

Chaudhri, Shubham y Patrick Heller (2002). *The plasticity of participation: evidence from a participatory governance experiment.* Disponible en: <http://siteresources.worldbank.org/ INTEMPOWERMENT/ Resources/ 13892_chaudhuri_heller.pdf>.

Contreras, Miguel Ángel (2003). "Cambios y discontinuidades del proceso de descentralización en el gobierno Chávez". *Revista Venezolana de Economía y Ciencias sociales,* 9 (3), 255–72.

Cornwall, Andrea y Vera S. Coelho (2007). "The politics of participation in new democratic arenas". En Andrea Cornwall y Vera S. Coelho (orgs.). *Spaces for change? The Politics of Citizen Participation in New Democratic Arenas.* Londres: Zed Books.

Dagnino, Evelina (2002). "Sociedade civil, espaços públicos e a construção democrática no Brasil: limites e possibilidades". En Evelina Dagnino (org.). *Sociedade civil e espaços públicos no Brasil.* São Paulo: Paz e Terra.

—— (2004). "Sociedade civil, participação e cidadania: de que estamos falando?". En Daniel Mato (coord.). *Políticas de ciudadanía y sociedad civil en tiempos de globalización.* Caracas: Faces/Universidad Central de Venezuela.

—— (2007). "Citizenship: a perverse confluence". *Development in Practice*, 4 (17), 549–56.

Dagnino, Evelina, Alberto Olvera y Aldo Panfichi (coords.) (2006). *La disputa por la construcción de la democracia en América Latina.* México: FCE/Centro de Investigaciones y Estudios Superiores en Antropología Social/Universidad Veracruzana.

Dahl, Robert A. (1991) [1982]. *Los dilemas del pluralismo democrático. Autonomía versus control.* México: Conaculta/Editorial Patria.

Dalton, Russell. J. y Mark Gray (2006). "Expanding the electoral marketplace". En Bruce E. Cain, Russell J. Dalton y Susan E. Scarrow (orgs.). *Democracy transformed? Expanding political opportunities in advanced industrial democracies.* Oxford: Oxford University Press.

Dehouve, Danièle (2001). *Ensayo de geopolítica indígena, los municipios tlapanecos.* México: Miguel Ángel Porrúa/ CIESAS/ CEMCA.

Delamaza, Gonzalo (2005). *Tan lejos, tan cerca. Políticas públicas y sociedad civil en Chile.* Santiago de Chile: Ciencias Humanas.

Gaventa, John (2004). "Representation, community leadership and participation: citizen involvement in neighbourhood renewal and local governance". Disponible en: <http://www.dfid.gov.uk/r4d/PDF/Outputs/CentreOnCitizenship/JGNRU.pdf>.

Grindle, Merilee S. (1999). *Audacious reforms: institutional reform and democracy in Latin America.* Baltimore/Londres: Johns Hopkins University Press.

Gruber, Judith E. (1987). *Controlling Bureaucracies. Dilemmas in Democratic Governance.* Berkeley/Los Ángeles: University of California Press.

Gurza Lavalle, Adrián y Ernesto Isunza Vera (2010). "Precisiones conceptuales para el debate contemporáneo sobre la innovación democrática". En Ernesto Isunza Vera y Adrián Gurza Lavalle (coords.). *La innovación democrática en América Latina. Tramas y nudos de la representación, la participación y el control social,* pp. 19–82. México: CIESAS-Universidad Veracruzana.

—— (2011). "A trama da crítica democrática: da participação à representação e à *accountability*". *Lua Nova*, 84, 95–139.

Hernández, Andrés y Elizabeth Arciniegas (comps.) (2011). *Experiencias de* accountability *horizontal y social en América Latina. Estudios de caso comparados en São Paulo, México D. F., Caracas y Bogotá.* Bogotá: Universidad de los Andes/ Fundación Carolina. PNUD.

Hernández, Andrés, Ernesto Isunza Vera, Gonzalo Delamaza y Ana Cláudia Teixeira (2011). *Rendición de cuentas multidimensional en el acceso al agua potable y el saneamiento: un análisis de cuatro casos en América Latina.* Bogotá: Informe de investigación del proyecto de investigación comparada para el Programa de las Naciones Unidas para el Desarrollo.

Hevia, Felipe (2006). "Participación ciudadana institucionalizada: análisis de los marcos legales de la participación en América Latina". En Evelina Dagnino, Alberto Olvera y Aldo Panfichi (coords.). *La disputa por la construcción de la democracia en América Latina.* México: Centro de Investigaciones y Estudios Superiores en Antropología Social/Universidad Veracruzana.

Isunza Vera, Ernesto (2002). *Derechos humanos, sociedad civil y rendición de cuentas.* Salamanca: Ponencia presentada al Primer Congreso Latinoamericano de Ciencia Política, 9–11 de julio.

—— (2006a). "Para analizar los procesos de democratización: interfaces socioestatales, proyectos políticos y rendición de cuentas". En Ernesto Isunza Vera y Alberto Olvera (coords.). *Democratización, rendición de cuentas y sociedad civil: participación ciudadana y control social*, pp. 265–91. México: Cámara de Diputados/Miguel Ángel Porrúa/Centro de Investigaciones y Estudios Superiores en Antropología Social/Universidad Veracruzana.

—— (2006b). "Árbitros ciudadanos de las disputas partidarias. Una mirada sobre los consejos electorales federales en la contienda de 2000 en México". En Ernesto Isunza Vera y Alberto Olvera (coords.). *Democratización, rendición de cuentas y sociedad civil: participación ciudadana y control social*, pp. 545–69. México: Cámara de Diputados/Miguel Ángel Porrúa/Centro de Investigaciones y Estudios Superiores en Antropología Social/Universidad Veracruzana.

—— (2011). "Derechos y regímenes de rendición de cuentas. Otra mirada del agua potable y el saneamiento en la zona metropolitana de Xalapa, Veracruz". México: Ponencia presentada en el *XII Seminario Nacional de Política Social en México Balance de la Política Social 2006–2012 y los desafíos del futuro.* Universidad Iberoamericana, 20 y 21 de octubre.

—— (2012). "Escudriñando el régimen de rendición de cuentas: participación, representación y control en el México post-alternancia". En Víctor A. Espinoza Valle y Alejandro Monsiváis Carrillo (eds.). *El deterioro de la democracia: consideraciones sobre el régimen político, lo público y la ciudadanía en México.* Tijuana: El Colegio de la Frontera Norte.

—— (2017). "Participación ciudadana y controles democráticos no electorales en México. La oferta participativa federal en el contexto del régimen de rendición de cuentas". En Alberto Aziz y Ernesto Isunza (coords.). *Las razones del fracaso democrático. rupturas, capturas y resistencias.* Colección México (2). México: CIESAS, pp. 94–121.

Isunza Vera, Ernesto y Adrián Gurza Lavalle (coords.) (2010). *La innovación democrática en América Latina. Tramas y nudos de la representación, la participación y el control social.* México: CIESAS-Universidad Veracruzana.

—— (2014). "Controles democráticos, participación y representación", en Diana Guillén y Alejandro Monsiváis (coords.). La representación política de cara al futuro: desafíos para la participación y la inclusión democráticas en México. Tijuana: El Colegio de la Frontera Norte.

Latour, Bruno (2008). *Reensamblar lo Social: una introducción a la teoría de actor-red.* Buenos Aires: Manantial.

Lüchmann, Lígia (2007). "A representação no interior das experiências de participação". *Lua Nova*, 70, 139–70.

—— (2008). "Participação e representação nos conselhos gestores e no orçamento participativo". *Caderno CRH*, 21 (52), 87–97.

Manin, Bernard (1997). *The principles of representative government.* Cambridge: Cambridge University Press.

Ochoa, Marcia (2004). "Ciudadanía perversa: divas, marginación y participación en la 'localización'". En Daniel Mato (ed.). *Políticas de ciudadanía y sociedad civil en tiempos de globalización.* Caracas: FACES/Universidad Central de Venezuela.

O'Donnell, Guillermo (1994). "Delegative Democracy". *Journal of Democracy*, 5 (1), 55–69.

Peruzzotti, Enrique y Catalina Smulovitz (orgs.) (2002). *Controlando la política: ciudadanos y medios en las nuevas democracias latinoamericanas.* Buenos Aires: Temas.

Pitkin, Hanna F. (1967). *The Concept of Representation.* Berkeley: University of California Press.

Rosanvallon, Pierre (2007). *La contrademocracia: la política en la era de la desconfianza.* Buenos Aires: Manantial.

Tatagiba, Luciana (2002). "Los consejos gestores y la democratización de las políticas públicas en Brasil". En Evelina Dagnino (org.). *Sociedad civil, esfera pública y democratización en América Latina: Brasil*, pp. 305–68. México: Fondo de Cultura Económica.

—— (2010). "Participação e reforma do Estado: sobre a arquitetura da participação em São Paulo". En Guillermo O'Donnell, Joseph Tulchin y Augusto Varas (orgs.). *New voices in the study of democracy in Latin America.* Washington, D. C.: Woodrow Wilson International Center for Scholars.

Tsai, Lily L. (2007). *Accountability Without Democracy: Solidary Groups and Public Goods Provision in Rural China.* Nueva York: Cambridge University Press.

ADRIÁN GURZA LAVALLE, EUZENEIA CARLOS,
HELLEN GUICHENEY Y MONIKA DOWBOR

2 Brasil. El predomino de los controles institucionales mixtos en un régimen político abierto[1]

Brasil ha ganado fama de ser un laboratorio de experiencias participativas de dimensiones casi continentales, y tal fama ha sido alimentada por estudios que suelen basarse en la importancia adquirida por dos o tres experiencias políticamente importantes o muy difundidas. Sin embargo, el país cuenta con más de una decena de tipos o familias de instituciones participativas y con varias decenas de instituciones específicas o subtipos. Considerando tan sólo unas de esas instituciones específicas dentro de la familia de los consejos, el país cuenta con más de 35 mil consejos gestores de políticas públicas. Este capítulo ofrece un diagnóstico de conjunto sobre los factores que hicieron posible semejante diversidad y extensión de instancias orientadas al control de las políticas y sus agentes estatales, y de los gobiernos y los políticos, así como sobre las características comunes a ese universo de instituciones participativas que permiten proyectar el perfil de un régimen específico de controles democráticos en el país. Echamos mano de las distinciones analíticas asociadas al concepto controles democráticos no electorales (Isunza y Gurza Lavalle en este volumen) que nos permiten comparar instituciones y

1 El capítulo fue escrito gracias a la colaboración entre el Centro de Estudios de la Metrópoli (CEM) y el Centro de Investigaciones y Estudios Superiores en Antropología Social (CIESAS). Agradecemos el apoyo del CEM mediante el financiamiento de la Fundação de Amparo à Pesquisa do Estado de São Paulo (FAPESP, proceso núm. 2013/07616-7). Las opiniones, hipótesis y conclusiones o recomendaciones aquí expresadas son responsabilidad de los autores y no reflejan necesariamente la visión de la FAPESP.

prácticas ciudadanas y colectivas orientadas al control. Argumentamos que características decisivas de la dictadura en relación al sistema político, de la transición a la democracia y de la nueva configuración del sistema de partidos, así como de la sociedad civil, confluyeron para otorgarle al escenario de los diversos mecanismos de control no electorales sus rasgos distintivos en relación a los otros escenarios del sur global examinados en este libro, a saber, el hecho de que las modalidades predominantes son de control institucional mixto y orientadas a la incidencia sobre políticas públicas. Esa confluencia dependió de ciertas temporalidades y de las trayectorias seguidas por los factores decisivos, y por lo mismo, no está permanentemente disponible ni puede ser objeto de replicación.

Más específicamente, ofrecemos primero una lectura política de las trayectorias que combinaron diversos factores y propiciaron el escenario de innovación democrática propio de la pos-transición; después, basándonos en un trabajo amplio de recolección, examinamos la diversidad y modo predominante de los controles democráticos no electorales existentes en el país. Con el objetivo de profundizar la comprensión de ese modo predominante, examinamos un caso emblemático de control institucional mixto (los consejos gestores) y, en dirección opuesta, abordamos un caso patente de fracaso de institución participativa (las audiencias públicas del presupuesto municipal), buscando identificar las diferencias que explican este caso negativo. Por último, proyectamos los hallazgos para esbozar el perfil del régimen de controles democráticos no electorales surgido a lo largo de los últimos treinta años. Concluimos con algunas reflexiones sobre la actual coyuntura y sus implicaciones para el futuro de los controles democráticos no electorales.

Las trayectorias políticas que llevaron a las experiencias de CDNE

Tres características parecen distintivas de los controles democráticos no electorales en Brasil (en lo sucesivo CDNE) en los años de la post-transición (1988–2014): el grado de institucionalización, la permanencia y reproducción de organizaciones de la sociedad civil, y el compromiso de una parte de los actores del sistema político con la participación y la democratización del Estado. Sin duda, diversos factores pueden ayudar a comprender las características distintivas de los CDNE a lo largo de esos años, y su número tiende a aumentar cuanto más largo sea el período considerado y más amplio el conjunto de experiencias de control democrático contempladas. No obstante, es difícil exagerar la importancia de ciertos factores concatenados, que definieron la trayectoria de una transición democrática en el contexto latinoamericano: la relación entre dictadura y sistema político, la progresiva penetración territorial del Partido de los trabajadores (PT) y su ascenso y permanencia en la presidencia de la república, y la creación y expansión de organizaciones civiles. A este conjunto de factores comúnmente se les denomina como "transición" o "democratización", aunque se aludan fenómenos que coinciden sólo parcialmente en las diferentes explicaciones que los invocan, sean concebidos en términos incompatibles, o se incorporen otros elementos. Independientemente de la interpretación que se dé a la "transición", los factores mencionados jugaron un papel crucial en la definición de un amplio consenso social y sobre la importancia de ampliar la participación social en los asuntos públicos, pero también dichos factores fueron fundamentales en la construcción de condiciones propicias para mantener ese compromiso con los intereses de actores políticos relevantes.

En cuento a la relación entre la dictadura y el sistema político brasileños, la transición siguió el modelo de los casos de las dictaduras militares, aunque de modo menos cruento y con un mayor grado de juego político que los otros países del Cono Sur. Esto se puede observar en hechos como que las elecciones se celebraron durante la dictadura en la mayor parte de los municipios del país y de que se haya permitido, bajo una serie de restricciones, la representación de la oposición en el Congreso Nacional. Ese juego político fue fundamental en la redefinición de las identidades político partidarias de la sociedad y de los actores políticos. El sistema político brasileño mantuvo trazos oligárquicos en el primer tercio del siglo XX, durante la primera república (1889–1930), por lo que fue caracterizado como un sistema débil y sin penetración o capilaridad sociales. No fue sino hasta la Segunda República (1945–1964) cuando partidos políticos con un mayor arraigo popular comenzaron a disputar la mayoría en el Congreso

Nacional. En concreto, nos referimos al Partido Social Democrático (PDS) y el Partido Trabajista Brasileño (*Partido Trabalhista Brasileiro*, PTB), creados como vehículos del "Varguismo".[2] Sin embargo, las divisiones partidarias se volvieron inestables y erosionaron la capilaridad y progresivo arraigo social desarrollados desde el fin del Estado Varguista, gracias a la breve vida de la Segunda República (1945–1964) y a la reestructuración del sistema partidario impuesta por la dictadura.

La dictadura toleró a la oposición e impuso su organización en un sistema bipartidario, mediante los efectos del decreto Acto Institucional #2 (AI-2) que prohibió en 1965 a los partidos políticos existentes, proceso que forzó la organización de dos partidos. Entre 1966 y 1979 las opciones electorales fueron la Alianza Renovadora Nacional (Arena) y el Movimiento Democrático Brasileño (MDB), representando al régimen militar y a la oposición, respectivamente. Paulatinamente, el partido del gobierno, Arena, comenzó a perder ventaja y el partido de oposición, el MDB, recibió el voto de rechazo al régimen y contra la crisis económica de los años 1970 (Sallum 2004). Como el bipartidismo forzado asumió una lógica imprevista favorable a la oposición, el general João Figueiredo decidió redefinir el sistema partidario e instaurar nuevos alineamientos para debilitar al MDB mediante una reforma partidaria (Kinzo 2004). Así, después de las elecciones de 1978, ocurrió la extinción impuesta del bipartidismo y la reorganización del sistema partidario en seis partidos (Kinzo 1988; Fleischer 2004). Mientras que Arena fue substituido prácticamente por un único nuevo partido, el Partido Democrático Social (PDS), la oposición se dividió dando lugar a cuatro partidos: el Partido del Movimiento Democrático Brasileño (PMDB), el Partido de los Trabajadores (PT), el Partido Democrático Trabajista (PDT)[3] y el Partido Trabajista Brasileño (PTB) (Sallum 2004).

2 En referencia a Getulio Vargas que, ante la perspectiva del fin de su permanencia autoritaria en la presidencia de la República, gracias a la implantación del Estado Nuevo, preparó el camino para mantener su influencia política en la Nueva República creando partidos.

3 "Trabajismo" no es una palabra registrada en diccionario de la Real Academia Española, pero no es enteramente un neologismo. Podría ser traducida como "del

Así, la dictadura no clausuró el sistema político, como ocurrió en los otros países del Cono Sur, sino que lo reorganizó y mantuvo en funcionamiento, produciendo una descontinuidad respecto al sistema anterior y desorganizando las identidades político partidarias herederas del Varguismo (Lamounier y Meneguello 1986). Durante veinte años, generaciones de brasileños fueron incorporadas a la práctica del voto dentro del sistema partidario organizado por la dictadura, y parte de esos ciudadanos desarrollaron nuevas fidelidades políticas hacia los partidos que durante esos años disputaron la vida política nacional. La democratización como una "normalidad" a ser recuperada, no pasaba por restaurar los partidos proscritos, reactivando un sistema partidario "congelado· en algún momento del pasado, ni existían grandes partidos que pudieran reclamar un retorno triunfal desde la proscripción, ni reparaciones por las pérdidas impuestas por los usurpadores. De hecho, hubo disputas entre los partidos trabajistas por la reapropiación del legado del Varguismo que no contaba con un heredero incuestionable.

Los partidos políticos no pudieron apropiarse por completo del escenario y el desenlace de la transición, teniendo que reconocer con "gratitud" a la sociedad civil los servicios prestados durante la fase de movilización, pero asegurándose por completo el control de la nueva institucionalidad y mostrándose herméticos ante los reclamos de mayor inclusión y apertura por parte de la misma sociedad civil. No pudieron hacerlo ya que el sistema partidario y sus actores tuvieron que re-organizarse en el proceso de la transición, y la identificación partidaria del electorado, así como la fidelidad de los movimientos y actores colectivos activos en la lucha por la democratización, no estaban definidos, sino que se mantenían en disputa. Así, los nuevos partidos mantuvieron sus lealtades con los sectores y banderas movilizados durante la transición, como condición política para la constitución de su electorado y la consolidación de alianzas con actores colectivos. Los dos partidos políticos que gobernaron el país en el período de la post-transición (Partido de la Social Democracia Brasileña –PSDB– y el PT) son instituciones nuevas, creadas durante los años 1980, al principio

trabajo" o "de los trabajadores", pero la opción podría dar lugar a confusiones con los nombres de otros partidos.

y final de la transición,[4] con un perfil muy diferente al de los viejos partidos oligárquicos o populistas y con trayectorias paralelas a las de numerosos actores de la sociedad civil, con los que mantuvieron afinidades políticas. Así, los principales partidos políticos de los años post-transición incluyeron como parte de su perfil programático la apertura a la participación de la sociedad civil e implementaron innovaciones participativas, por lo menos durante sus primeras experiencias de gobierno en municipios, estados y en el ámbito federal (Teixeira 2013; Pogrebinschi y Santos 2011). Inclusive el PMDB, en sus primeros años, fue pionero en la implementación de experiencias participativas concebidas dentro del ideario demócrata cristiano de algunos de sus principales líderes (Bezerra 2014). Como se verá más adelante, esas afinidades se mantuvieron con intensidad y tiempo suficientes para favorecer el protagonismo de organizaciones de la sociedad civil y en canales de acción política no directamente partidaria, aunque se hayan cimbrado cuando las disputas por la presidencia de la república y el ejercicio del poder ejecutivo alejaron esos partidos de su perfil original.

Además, la movilización social por la democratización no se alineó a un único partido; tampoco hizo coincidir sus demandas con la victoria de alguno de ellos y ni siquiera con la reforma del sistema político. Como se ha mencionado, la democratización o retorno de la "normalidad" no remitía a un escenario de restauración partidaria sino, antes, a la restauración de las libertades civiles y de la libertad de crear partidos, a la apertura del sistema político, así como al retorno de las elecciones directas para elegir al ejecutivo federal, las ciudades capitales y los Estados. Pero no sólo eso. La desorganización y reorganización del sistema partidario, la emergencia de nuevas divisiones partidarias que requerirían años para echar raíces en la sociedad más allá de los círculos de militantes, y el hecho de que las libertades civiles —particularmente el derecho de asociación— hayan sido restauradas antes de la apertura del sistema político, parece haber conformado un patrón de movilización social dispersivo que no buscó el sistema político como su síntesis natural (Boschi 1987; Doimo 1995), como ocurrió en otras transiciones latinoamericanas. Además, la participación comunitaria y popular

4 El PT fue fundado en 1980 y logró su registro en el Tribunal Superior Electoral en 1982. El PSDB llevó a cabo esos procesos en 1988 y 1989, respectivamente.

ya estaba presente en el repertorio de herramientas de las agencias federales y locales desde los años 1950, y su papel, aunque limitado, no se alteró durante la dictadura (Vilas Boas 2017). El desenlace de la transición, donde confluyeron los actores relevantes de esa movilización, contempló, pero no se agotó en la instauración de un nuevo sistema político pluripartidario y civil, sino que supuso la reforma del Estado en la Asamblea Constituyente de 1987. La reforma abrió espacio para permitir el protagonismo de la sociedad civil en circuitos de intermediación no supeditados a los espacios y actores tradicionales de la representación electoral. Ello fue posible gracias a la movilización social que propuso diversas iniciativas populares y a la conexión entre los actores de la sociedad civil comprometidos con los empeños de la movilización social y fuerzas partidarias como el PT y sectores del PMDB (Michiles, Whitaker y otros 1989).[5]

A lo largo de los años 1990, principios consagrados en la Carta Magna como la descentralización, la universalidad y (de especial interés aquí) la partición ciudadana en sectores de políticas sociales considerados estratégicos fueron ganando materialidad institucional. En cuanto a la participación ciudadana, una constelación cada vez más compleja y diversificada de CDNE la volvió progresivamente una característica del Estado brasileño (Gurza Lavalle 2011). Otros dos factores parecen especialmente relevantes para entender este mundo híbrido de las instituciones participativas en Brasil y su imbricación con modalidades extra-institucionales de CDNE: la trayectoria de crecimiento del PT y la densidad y expansión de la sociedad civil.

El factor, sin el cual resulta incomprensible la proliferación de CDNE, remite a la paulatina penetración territorial del PT, su llegada a la presidencia de la República y su permanencia en el poder durante tres mandatos consecutivos.[6] Es pertinente reiterar que sería un error caracterizar los ocho

5 El MDB, fundado en 1965, un año después del golpe que instauró la dictadura; se convirtió en PMDB (1981) cuando la dictadura promovió la creación de más de un partido de oposición y la legislación exigió la incorporación de la palabra "partido" en los nuevos institutos políticos.

6 El cuarto mandato, correspondiente a la reelección de la Presidente Dilma Rousseff, fue interrumpido por el proceso de destitución que llevó al PMDB a asumir la presidencia.

años de gobierno de Fernando Henrique Cardoso (PSDB) como un período adverso a la participación. En el ámbito federal, el PSDB dio impulso inicial a las Conferencias Nacionales, avanzó en la regulación de los dispositivos constitucionales en lo que se refiere a la participación y definió una agenda favorable al movimiento negro, a la defensa de los derechos humanos y al reconocimiento de las funciones de interés público desarrolladas por las organizaciones de la sociedad civil. De hecho, el movimiento por los derechos humanos fungió como un paraguas común a los actores que se movilizaron contra la dictadura, y el PSDB, emergido de las filas del PMDB, se mantuvo fiel a esas banderas. Igualmente, gobiernos estatales del PMDB como el de Franco Montoro en São Paulo fueron pioneros en la implementación de instancias participativas como los Consejos Comunitarios de Seguridad o el Consejo estatal para el Desarrollo y la Participación de la Comunidad Negra y el Consejo Estatal de la Condición Femenina (Astolfi 2014; Rodrigues y Prado 2010). Además, los partidos del espectro de las posiciones al régimen militar y sus despliegues posteriores a la transición eran favorables a la ampliación de la participación mediante innovaciones institucionales.

No obstante, la trayectoria del PT es especialmente relevante para entender la evolución de la participación en Brasil. Como los partidos creados entre la extinción del sistema multipartidario y la liberalización política en la dictadura, el PT cumplió su primera década de existencia disputando los gobiernos municipales. Después de la transición, fue derrotado en tres ocasiones sucesivas en la disputa por la presidencia de la República. Así, acabó por definir una trayectoria de expansión en el plano municipal, consolidando un repertorio de políticas que lo distinguían como un partido republicano, comprometido con la participación ciudadana. De modo más preciso, el valor programático de la participación para el PT, y especialmente su significado concreto desde el punto de vista de las opciones institucionales para llevarlo a la práctica, son el resultado de esa trayectoria y no su punto de partida. El valor original de la participación en el programa del PT estaba vinculado más a la noción de poder doble de los soviets que a experiencias acotadas de participación sobre aspectos de la política pública (Bezerra 2014) y hubo conflictos en los primeros gobiernos municipales del PT en cuanto al papel del poder popular en esas gestiones (Couto 1995).

Progresivamente, el PT fue creciendo en el plano municipal, aprendiendo con las experiencias exitosas de algunas municipalidades bajo su gobierno y desarrollando una oferta programática capaz de impulsar su crecimiento local. En otras palabras, el partido acabó desarrollando el llamado "modo petista de gobernar" en los gobiernos locales por el camino que asumió su crecimiento, lo que acabó por conferirle a la participación un lugar central en la identidad pública del partido, reforzado por los compromisos históricos con los actores sociales movilizados durante los años de luchas contra la dictadura y de la fundación del partido.

Cuando el PT llegó al poder en el ámbito federal, amplió en proporciones mucho mayores que el PSDB el acceso de la sociedad civil al gobierno, multiplicó exponencialmente las instancias de participación (inclusive aquellas que habían sido impulsadas por el PSDB) e incrementó el financiamiento mediante convenios a entidades de la sociedad civil. De hecho, y a pesar de algunas variaciones, las transferencias de recursos federales a organizaciones civiles aumentaron durante los gobiernos del PT en el ámbito federal en los últimos años y el financiamiento es aún mayor cuando se miran las transferencias de estados y municipios (Lopes y Bueno 2012). Curiosamente, fue la progresiva asociación electoralmente exitosa entre participación y el PT lo que *pari passu* modificó las propuestas programáticas de los partidos opositores, precisamente en cuanto al valor de la participación: claramente fue el caso de las administraciones municipales y estatales del PSDB posteriores a los años de la presidencia de Fernando Henrique Cardoso, de este partido. Tal y como se verá en la última sección de este capítulo, ello planteó un escenario adverso a los CDNE en el presente momento de reorientación hacia la derecha de la política nacional.

Un tercer factor sigue de cerca las trayectorias recién descritas y las complementa como condicionante constitutiva, a saber, la densidad y expansión de la sociedad civil durante la transición y el período de la post-transición. En Brasil, a diferencia de otros países del entorno, hubo una apuesta decisiva de diferentes actores a la construcción de organizaciones civiles, incluyendo no sólo a la Iglesia Católica influida por la Teología de la Liberación, sino también los partidos políticos, sindicatos, el gobierno y una miríada de organizaciones civiles que, en conjunto, invirtieron recursos, tiempo y saberes prácticos (*know how*) en la creación de una constelación de actores comprometidos con las demandas de los sectores populares, de la defensa de derechos y de la democratización de la sociedad y del Estado (Gurza Lavalle, Houtzager y Castello 2011). En los últimos diez años estas organizaciones civiles se expandieron en los diferentes municipios del país a ritmos superiores al crecimiento de la población, especialmente en los municipios con peores condiciones de desarrollo humano (IDH) (Gurza Lavalle y Barone 2015). Así, los actores de la sociedad civil multiplicados al calor de la movilización social por la transición no sucumbieron a la normalización de los canales electorales como vías de expresión y formación de las demandas sociales, sino que recibieron refuerzo de los gobiernos de la post-transición en forma de regulaciones y transferencias de recursos para el ejercicio de funciones públicas delegadas.

Sin duda, el lugar histórico de la participación en Brasil se nutre históricamente de otras fuentes: el compromiso de la Teología de la Liberación con la evangelización emancipadora de las clases populares como actores de su propia historia, el trabajo de base ("basismo") de la izquierda que encontró en el activismo micro-local un camino para actuar en momentos de enrarecimiento de la esfera pública, así como el trabajo comprometido y anti-vanguardista de los educadores populares siguiendo los pasos de Paulo Freire (Szwako 2012; Gurza Lavalle e Isunza 2015). En esos casos, la participación era, por excelencia, *participación-popular* comprometida con ideales emancipatorios clasistas. La coyuntura de la Asamblea Constituyente exigió la amalgama de esas fuentes en un ideario más universalista, y la idea de participación preservó un ideal inclusivo, pero perdió su registro semántico de clase para ser defendida como *participación-ciudadana o*, simplemente, participación social. La sintonía entre ese desarrollo y la trayectoria de los partidos de la post-transición que gobernaron el país hasta 2014 permitió que el mandato constitucional sobre la participación social en las políticas públicas fuera regulado y se trasformara en una estructura amplia y diversificada de instancias participativas incorporadas como una nueva capa institucional al funcionamiento del Estado. Así, la participación se volvió cada vez más *participación-en-instituciones-participativas*. Ese recorrido definió un consenso amplio que duró un cuarto de siglo respecto al valor de la ampliación de los canales de la participación social. Este consenso no se puede dar por sentado en otras latitudes que también cuentan con CDNE e, inclusive en Brasil, se erosionó en los últimos años.

El proceso histórico que comenzó con el golpe militar (1964) como parteaguas en la desorganización del sistema político y de las identificaciones sociales que había producido durante la Segunda República, cedió paso a la transición. La multiplicación de nuevos partidos políticos en la oposición, la movilización de una sociedad civil que no encontró en la cúspide del sistema político su síntesis natural, la culminación de la transición en una asamblea constituyente, la trayectoria de crecimiento paulatino y local del PT, y la preservación de la densidad y crecimiento de la sociedad civil después de los momentos de la "normalización" democrática, perfilan un conjunto de factores favorables para el desarrollo de CDNE. Ellos definieron una dinámica sociopolítica sinérgica, con altos y bajos pero duradera, entre la movilización y desarrollo de la sociedad civil, y la dinámica del sistema político, especialmente del proyecto político que conecta al PT con una constelación importante de actores de la sociedad civil (Gurza Lavalle, Carlos, Dowbor y Szwako en prensa). Esta dinámica sociopolítica propició el desarrollo de CDNE altamente institucionalizados.

La diversidad y modo dominante de los CDNE en Brasil

La institucionalización es la característica distintiva de los CDNE en Brasil, a lo que se aúnan la orientación hacia la incidencia en las políticas públicas y la articulación entre diferentes niveles de autoridad, pero para formular tal diagnóstico es necesario comparar las diferentes experiencias de innovación participativa existentes en el país. Sin embargo, describir el elenco de CDNE existentes no es tarea simple. El federalismo brasileño es tripartita, pues los municipios son entes signatarios del pacto federal, con posibilidad de actuar autónomamente respecto a los estados y a la Unión, dentro de las competencias constitucionales atribuidas a cada ámbito de gobierno. Así, en principio, la variación de políticas destinadas a fomentar la participación a lo largo de los más de 5,550 municipios del país puede ser considerable. Sería posible adoptar un criterio de relevancia y contemplar sólo las experiencias que debido a sus alcances merecieran atención. Aún así, definir los criterios de la relevancia nos es trivial y nominarlos con algún otro substantivo ("alcances") sólo actualiza el desafío. De modo consonante con las orientaciones metodológicas que guían los diferentes capítulos del libro, se optó por una definición "nativa" de relevancia, permitiendo que la definición de lo que es relevante en sí se vuelva objeto de indagación.

En primer lugar, a partir del conocimiento acumulado por quienes suscriben este capítulo, se definió una lista preliminar de las experiencias de CDNE consideradas importantes durante periodo pos-Constitución de 1988. Después, la lista fue sometida a investigadores y activistas con una reconocida experiencia en el campo de estudios y experiencias de la participación, solicitándoles la eventual inclusión de experiencias relevantes no contempladas, la posible exclusión casos listados pero que en su opinión no ameritarían ser estudiados y, por fin, el señalamiento de la eventual proximidad, sobreposición y redundancia entre las experiencias. El procedimiento descrito produjo una amplia lista de CDNE (véase la Tabla 2.1) y permitió definir la muestra de estudios de caso que reunieron un conjunto de informaciones descriptivas, ampliando nuestro conocimiento de los mismos mediante la actualización del estado de la cuestión.[7] Los estudios de caso informan el diagnóstico sintético que se presenta en esta sección.[8]

El objetivo de la presentación de este compendio de CDNE es, naturalmente, ofrecer un panorama a la vez amplio y sintético del gran abanico de experiencias existentes en Brasil. Sobre todo, esta visión de conjunto permitirá mostrar las características más relevantes del escenario participativo brasileño. *Grosso modo*, la Tabla 2.1 hace evidente el peso que tienen

7 Se utilizaron materiales como informes gubernamentales, investigaciones de evaluación producidas por el poder público, reglamentos legales, sitios de internet y documentos producidos por los actores de las propias experiencias; también se seleccionaron artículos y libros, así como tesis de maestría y doctorado de especialistas académicos que pudiesen aportar una interpretación de carácter más analítico y crítico de estos temas.

8 La descripción de los estudios de caso puede ser consultada en el informe de investigación (Gurza Lavalle, Carlos, Dowbor y Guicheney 2013). Los casos seleccionados se encuentran identificados en la última columna da la Tabla 2.1.

las experiencias más institucionalizadas. Nos es fortuito que el campo de los estudios de la participación haya optado por denominar buena parte de esas experiencias como "instituciones participativas". La distribución demuestra la mayor frecuencia de los tipos institucionales (CDNE-I) e institucionales mixtos (CDNE-IM) que, en conjunto, representan más del 70% del total de CDNE listados. En realidad, el fenómeno notable son los CDNE institucionales mixtos, que responden por el 43% de las experiencias listadas, mientras que aquellos de índole institucionalizada y extra institucional registran cifras próximas (29 % y 27 % respectivamente). Fueron detectados 26 tipos o familias de CDNE, la mayoría de las cuales (12) contienen exclusivamente CDNE-IM. La composición refleja obviamente, la compresión de los informantes especializados de las experiencias que en Brasil adquirieron relevancia, pero las mismas no fueron escogidas en función de cualquier variable sugerida. Así, la lista informa que las experiencias agrupables bajo la caracterización de institucionales mixtas adquirieron especial relevancia. Algunos trazos de los CDNE-IM pueden animar esa comprensión, especialmente su capilaridad territorial, difusión y capacidad de movilización e involucramiento de actores sociales.

Antes de abordar los CDNE-IM conveniente observar el perfil de los otros tipos de CDNE registrados mediante el procedimiento señalado. El control social ejercido por vías extrainstitucionales es tan vasto como el universo de las iniciativas de la sociedad civil orientadas a incidir sobre las autoridades públicas y sus decisiones, por lo que pensar en los tipos de experiencias detectados puede ser más esclarecedor. Primero, es pertinente llamar la atención respecto del papel de los foros en las dinámicas de organización de la sociedad civil, pues son un indicio de la estabilidad y densidad de la sociedad civil local, así como de la importancia de los CDN-IM. En Brasil, los foros son instancias de coordinación y diálogo entre actores sociales con intereses temáticos compartidos, pero no necesariamente afinados en relación a estrategias y cursos de acción específicos. Por regla general, la denominación "foro" es utilizada precisamente para indicar que se trata de un espacio de la sociedad civil, sin presencia de actores gubernamentales, y en ellos se procesan consensos sobre prioridades para la orientación de una determinada área de políticas (de educación o salud, a reciclaje y medio ambiente, de reforma urbana e políticas de empleo y reconocimiento de la función social de los trabajadores del reciclaje ("*catadores*" en Brasil, "pepenadores" en México). Así, la existencia numerosa de foros indica, por un lado, la presencia de actores de la sociedad civil especializados o interesados en la respectiva política y, por el otro, la existencia de canales en los que esos consensos pueden ser expresados con alguna posibilidad de incidencia o control. De hecho, lo más común es que existan foros en todas las áreas en las que operan consejos de políticas (CDNE-IM), pues los segundos cuentan con representación de la sociedad civil y ésta es informada por los debates y orientaciones que emergen de los primeros (Isunza y Gurza Lavalle 2012). No obstante, el Foro Social Mundial, organizado en Porto Alegre en sus primeras ediciones, es sin duda el caso más conocido, pero resulta atípico por la escala (internacional), objetivos (pensar un orden global alternativo) y perfil (inclusión de voces altermundistas, inclusive en posiciones de gobierno). Contó con apoyo decisivo de las administraciones del PT y adquirió proporciones y repercusiones mundiales inesperadas.

Los CDNE extrainstitucionales presentes en la Tabla 2.1 también contemplan algunas movilizaciones masivas, con importancia histórica reconocida como la Campaña del *Impeachment* que destituyó al Presidente Fernando Color de Mello, primer presidente electo de Brasil después de la transición, o la Campaña contra el Hambre y la Miseria, organizada por Herbert José de Souza (*Betinho*), activista de la lucha por los derechos humanos, quien logró una movilización sin precedentes en relación a los derechos de los segmentos más excluidos de la sociedad. Estos CDNE contemplan también movilizaciones que se establecieron en el calendario anual de protestas, reivindicaciones y conmemoraciones de la sociedad civil, como la marcha por la mariguana, pero cuyo ejemplo más notable quizás sería la Marcha del orgullo LGBT, que en su versión 11, congregó a más de 2 millones de personas, volviéndose una de las mayores del mundo. Por otro lado, repertorios consolidados de acción extrainstitucional de índole más contenciosa aparecen en la forma de las ocupaciones de tierra, de terrenos y viviendas ociosas, prácticas tradicionalmente asociadas a actores como el Movimiento de los Sin Tierra y el Movimiento de los sin Techo (MSTs), contrastando con modalidades de acción contenciosa de última generación, de naturaleza virtual y operadas por *hackers* bajos los auspicios de convocatorias coordinadas por organizaciones de la sociedad civil. En clave semejante de política contenciosa, los comités populares de mega-eventos fueron registrados por su reciente y pasajera notabilidad pública en el contexto de la organización de la copa mundial de futbol y de los juegos olímpicos realizados en Rio de Janeiro.

Los CDNE institucionales corresponden a las modalidades de rendición de cuentas denominadas por la literatura especializada como "legales" u "horizontales", es decir, funciones de control sobre el Estado y sus actores realizadas por agencias u órganos del Estado en el desempeño de sus atribuciones legales. En este plano, la innovación también ha sido la marca distintiva del período post-transición, gracias a que el Ministerio Público (MP) y la Policía Federal asumieron funciones inéditas de control del propio Estado, vigilando el debido proceso administrativo y persiguiendo la corrupción y crimen organizado que involucra agentes públicos (Arantes 2015); pero también destaca la acción del Tribunal de Cuentas de la Unión que amplió sus funciones más allá de la rendición de cuentas del poder ejecutivo, fiscalizando a las agencias sectoriales de control externo y las políticas públicas (Menezes 2015); pero también fueron creados nuevos órganos como la Defensoría Pública y nuevos instrumentos de control (Moreira 2006). En relación al Ministerio público, sin duda una de las instancias de control institucional más notables, la Constitución le otorgó el papel de representar intereses sociales difusos y colectivos, convirtiéndolo en una especie de *ombudsman* general de la sociedad con capacidad propia de acción e investigación, como lo muestra la investigación civil pública, que es el recurso institucional utilizado para investigar si un derecho colectivo fue violado. Cuando tal violación es verificada, el MP cuenta con el Acuerdo de Ajuste de Conducta, recuso institucional que permite suspender obligatoriamente las acciones violatorias y acordar su corrección con el infractor, bajo pena de acción judicial en caso de no cumplimiento. Además, la Acción Civil Pública concentra las facultades de investigación en el MP, pero concede legitimidad iniciar tales acciones a otros actores, inclusive a organizaciones de la sociedad civil, lo que aumenta la capacidad de actuar como agentes de control social de tales organizaciones.

Agencias tradicionales de control interno del Estado han visto sus funciones ampliadas. La Contraloría General, creada para el combate a la corrupción y la protección del patrimonio públicos, vio incrementadas sus funciones con la capacidad de recibir denuncias (oidoría) y concretar la transparencia de información pública gubernamental. Así las Oidorías (general, estatales, municipales y sectoriales) son actualmente las instancias responsables de procesar las demandas de acceso a la información de ciudadanos y actores colectivos. Los dispositivos de transparencia también han crecido exponencialmente dentro y fuera de las agencias estatales de control, lo que incluye a los sectores de políticas bajo comando del poder ejecutivo federal (Pires y Vaz 2014).

Aunque experiencias de control extrainstitucional e institucional sean relevantes en el escenario de la post-transición, son las de carácter institucional mixto las más señaladas por los especialistas consultados y las que suelen ser invocadas cuando se alude a las innovaciones participativas del país. Tal y como se define en el capítulo introductorio de este volumen (Isunza y Gurza Lavalle), los CDNE institucionales mixtos articulan dispositivos legales y soporte estatal que los estabilizan y garantizan su permanencia, confiriéndoles el perfil institucional que les es propio, con la presencia de actores sociales y ciudadanos que los activan. Ambos componentes son indispensables. El componente institucional no sólo estabiliza los CDNE-IM y pone a su disposición recursos organizacionales, financieros y humanos de índole estatal o pública, sino que los resguarda en alguna medida de las contingencias de la política electoral. Pero como se trata de CDNE institucionales mixtos, el componente institucional resulta impotente con la efectiva presencia de actores sociales interesados en hacer que los controles cumplan sus funciones. Sin duda, dichos actores afianzan su capacidad de actuación gracias al carácter institucionalizado de la participación, pero los controles institucionalizados dependen de que sus potencialidades sean actualizadas y disputadas por actores sociales.

Algunos CDNE-IM existen como un derecho muy esporádicamente ejercido. Este es el caso de la iniciativa popular, realizada con eficacia por las grandes campañas de combate a la corrupción política (Iniciativa Popular Contra la Compra de Votos e Iniciativa Popular Ficha Limpia) (Melchiori 2011; MCCE 2013). Esas campañas fueron responsables de institucionalizar mecanismos que hasta hace muy poco habían sido, a pesar de diversas limitaciones, los únicos utilizados con éxito para penalizar la corrupción política (Whitaker 2003). A ese respecto, la innovación participativa coincide con los mecanismos tradicionales de democracia directa, no habiendo nada digno de resaltar respecto a su implantación en Brasil (Rauschenbach 2016). No fue por ellos que el país ganó fama internacional como un laboratorio de experiencias participativas de dimensiones continentales y, de hecho, se encuentran comparativamente subdesarrollados en relación a la mayor parte de los países del Cono Sur (Renfer 2010).

El caso de innovación democrática brasileña que adquirió mayor fama y fue más ampliamente transferido al exterior a países de los dos hemisferios como tecnología de gobernanza participativa es el presupuesto participativo (Oliveira 2010; Sintomer, Herzberg y Allegretti 2013); no obstante, dentro del conjunto de experiencias de CDNE-IM ocupa una posición de baja institucionalización y baja capilaridad territorial, pues carece de regulación nacional y su implantación depende enteramente de las vicisitudes de la política municipal; es decir, la implantación de presupuesto participativo es un atribución exclusiva del presidente municipal, quien decide también el diseño institucional y cómo, cuándo y cuántos recursos serán canalizados (siempre dentro de las restricciones impuestas por la legislación presupuestal). En el otro extremo, existen CDNE-IM de observancia obligatoria, pero cuyo funcionamiento depende de que ocurran determinadas iniciativas. Las audiencias públicas son obligatorias y consideradas como una especie de proceso destinado a obtener "licencia" o autorización social para la realización de grandes proyectos públicos, privados o de sociedad público-privada que afectan el patrimonio histórico, el medio ambiente y la vida de comunidades (Lemos 1999; Alonso y Costa 2004; Fonseca y Rezende 2013; Alonso y Costa 2002; Fonseca, Oliveira y Rezende 2012). Existen además las Audiencias Públicas del Presupuesto del Municipio en las ciudades que, como São Paulo, establecieron la obligatoriedad en las constituciones municipales, formuladas por asambleas constituyentes y promulgadas por regla general en los primeros años posteriores a la promulgación en 1988 de la Constitución federal. En ese caso, la audiencia es organizada por el poder legislativo municipal (*Câmara de Vereadores*). Este último tipo de audiencias será examinado más adelante como un caso claro de fracaso. En una posición intermedia se localizan los consejos de seguridad (Consegs), que no dependen del arbitrio de la municipalidad ni de un evento esporádico como un gran proyecto de intervención urbanística. Estos consejos de seguridad surgen de la iniciativa relativamente más frecuente de actores sociales territoriales que solicitan la instalación del consejo a la correspondiente delegación de policía, la cual está subordinada al gobierno estatal (Astolfi 2014).

A diferencia de las experiencias hasta aquí mencionadas, la amplia mayoría de los CDNE-IM supone un funcionamiento regular y orientación para incidir en los diferentes momentos del ciclo de las políticas públicas, así como capacidad de articulación de diferentes niveles de autoridad y la presencia activa de actores de la sociedad civil. Los Comités de Cuencas Hidrográficas involucran municipios y actores locales, así como la definición de políticas y prioridades para la administración de recursos hídricos, y trabajan en escala intermunicipal y con presencia de autoridades estatales (Abers y Keck 2013). El caso más emblemático de los CDNE IM es el de las conferencias. Las conferencias nacionales de políticas públicas, especialmente aquellas ordinarias mandatas por la legislación sectorial (2.1), constituyen amplios procesos de movilización y reflexión colectiva convocados por el poder executivo para producir directrices que buscan incidir en la correspondiente política sectorial, ya sea definiendo criterios de operación, sugiriendo cambios puntuales o reformas de mayor aliento, o proponiendo lineamientos de organización de la política de medio y largo plazos (Souza, Pompeu y Teixeira 2012). Independientemente de su modalidad específica (ordinarias o extraordinarias, 2.2; mandatadas o no, 2.3), siguen el mismo proceso organizativo: comienzan en el plano municipal abiertas a sugerencias virtuales o presenciales, así como a la participación en asambleas de todos los interesados en un determinado sector de políticas; reproducen el proceso en el plano estatal, y después en el federal. Así, a lo largo de meses, los llamados "procesos conferencistas" movilizan a decenas o centenas de millares de participantes, incluyendo actores centrales de la comunidad correspondiente de políticas, y culminan con la síntesis de tales procesos en un conjunto de directrices que, con alguna frecuencia, son asumidas por el poder legislativo y transformadas en ley (Pogrebinschi y Santos 2011). Las conferencias reúnen la capacidad de movilización de actores de la sociedad civil que tienen experiencia e intereses en la respectiva área de políticas, con la producción y agregación de acuerdos sobre las prioridades de reforma y acción sectorial. El poder ejecutivo desempeña un papel crucial en la convocatoria de las conferencias, aunque algunas sean mandatadas por la legislación sectorial (2.1) y convocadas por el respectivo Ministerio de Estado, y otras sean convocadas en función de la agenda de la presidencia de la república. Las conferencias tienen mayor afinidad con la que consideramos es la experiencia más emblemática de CDNE-IM: los consejos gestores de políticas, que serán analizados en la próxima sección como caso ejemplar.

De cierto modo, una diferencia crucial entre las experiencias de CDNE institucionales y extra institucionales corresponde a la idea de Velásquez (2013) respecto a la institucionalización de los espacios de participación: las primeras tienen un origen preponderantemente estatal, mientras que las últimas tienen un origen societal y ciudadano. Ello parece confirmado en el caso de las conferencias debido al papel del poder ejecutivo con prerrogativa de convocarlas (aunque en el caso de las conferencias más importantes, como se ha mencionado, la convocatoria sea obligatoria). Pero en el caso de los CDNE institucionales mixtos tal distinción puede resultar engañosa, pues es la particular trayectoria sociopolítica descrita en la sección anterior la que anima la institucionalización de agendas y demandas oriundas de la sociedad civil (Gurza Lavalle y Szwako 2015; Gurza Lavalle, Carlos, Dowbor y Szwako en prensa) y que llevó a la implementación de conferencias y consejos.

El caso de la Red Nuestra São Paulo-Programa de Metas, hace patente que la trayectoria que llevó a la institucionalización de las experiencias es más corta (no remite a la democratización) y de escala menor (municipal). Esta experiencia de CDNE inició como un proyecto de observación y seguimiento del desempeño de la administración municipal en diferentes sectores de políticas, cuyos diagnósticos recibían amplia difusión en los medios de comunicación gracias a la articulación de un frente amplio de actores civiles y privados involucrados en el mismo; lo que se generó fueron inesperados despliegues de institucionalización (Isunza y Gurza Lavalle 2014). Una de las mayores dificultades para la formulación de diagnósticos era que los programas de gobierno de la municipalidad y, de los alcaldes (*prefeitos*), carecían de parámetros objetivos para permitir su evaluación. Así, se impulsó una campaña para aprobar una ley que, promulgada en 2008, hizo obligatoria la conversión de todos los objetivos del programa de gobierno en metas (productos cuantificables). Actualmente, los diagnósticos se realizan evaluando la consecución de las metas asumidas por la administración municipal, se mantiene una amplia cobertura noticiosa y, cuando se detectan rezagos importantes, coaliciones de actores que trabajan con Nuestra São Paulo (que incluyen al Ministerio Público) presionan política y jurídicamente para subsanarlos (Broinizi 2013).

La experiencia se difundió y coaliciones locales se articularon en otras ciudades, organizándose en la Red Social Brasileña por Ciudades Justas y

Sustentables, que a su vez constituye una experiencia de CDNE-EI, aunque los casos exitosos de programas de metas puedan constituirse como casos de control institucional mixto. En total, la Ley de Metas ya fue adoptada en más de 30 municipios (Evangelista 2012). Ella obliga al Ejecutivo municipal, aunque sin sanción, a divulgar al inicio de su mandato el plan de metas para sus cuatro años de gestión, en correspondencia directa con el programa de gobierno presentado en las elecciones. El Plan se materializa por medio de los indicadores y metas cuantificadas, presentados en Audiencias Públicas (CDNE-IM) ampliamente divulgadas y actualizadas periódicamente. Esa divulgación de la información sobre la gestión municipal hace posible que las organizaciones de la sociedad civil monitoreen la ejecución de muchas políticas públicas. Esa constelación de actores sometió al Congreso una propuesta de reforma constitucional (Enmienda del Plano de Metas) para hacer de observancia obligatoria la formulación de planes de metas en todos los niveles de gobierno (municipios, estados y gobierno federal).

Ya que el panorama ofrecido obedece a la percepción de la relevancia de actores territorialmente situados, se puede observar la articulación entre diferentes niveles de gobierno, aunque proyecta una sombra sobre el plano federal. En regímenes altamente centralizados como el mexicano (véase el capítulo de Isunza, Ortuño y Moctezuma, en este volumen), los CDNE con escala mayor tienden a operar sólo en el ámbito federal y no de forma capilar, como en Brasil; sin embargo, es posible indagar qué tan permeable a la participación es la administración pública federal en los diferentes sectores. A ese respecto, el diagnóstico más completo producido hasta el momento (Pires y Vaz 2014: 72–4) muestra que las experiencias que articulan diferentes niveles de gobierno (como las conferencias y los consejos de políticas) cuentan con expresión a nivel federal, al tiempo que un 92% de *todos* los programas federales y el 89% de *todos* los órganos públicos federales contaban con diversos canales institucionalizados de interacción orientada al control, con participación de la ciudadanía y actores colectivos. Diversos programas y órganos federales cuentan con una diversidad de CDNE, pero existen ciertos modos de asociaciones entre sectores y tipos de CDNE: entre los que dirigen la política social y las conferencias y consejos; entre los que operan las políticas de infraestructura y las audiencias públicas; entre los que buscan dirigir el desarrollo económico y las reuniones solicitadas y concedidas en registros públicos con grupos de interés; y entre programas y órganos de la política ambiental y las reuniones públicas de las oidorías (Pires y Vaz 2014; Ipea 2012). En cualquier caso, la gran mayoría de los CDNE tienen presencia en al menos el 15% del total de las modalidades de control presente en los diferentes sectores de política.

Tabla 2.1: Compendio de experiencias de CDNE en Brasil (destaca los casos seleccionados en la plataforma de internet)

N	*Tipos/ iniciativas de CDNE*	*Sub Tipos*	*Ejemplos*	*Categoría*	*Está en el censo en Internet*
1	Consejos de Políticas Públicas	–	–	–	–
1.1		Consejos de Políticas Públicas del Sistema de Políticas Públicas (SPP)	Consejos de educación, salud, derechos de los niños y adolescentes, asistencia social	CDNE-IM	Sí
1.2		Consejos de Políticas Públicas no pertenecientes al SPP	Consejo de turismo, de trabajo, de medio ambiente, de personas mayores.	CDNE-IM	No
1.3		Consejos de Políticas Temáticas (o Específicas) no pertenecientes al SPP	Consejos de combate a las drogas, de la mujer	CDNE-IM	No
1.4		Consejos de Equipamientos Urbanos	Consejos de unidades básicas de salud y de los Centros de Referencia de Asistencia Social	CDNE-IM	No
1.5		Consejos Comunitarios de Seguridad (Consegs)	–	CDNE-IM	No
1.6		Consejos Tutelares	–	CDNE-IM	Sí

N	*Tipos/ iniciativas de CDNE*	*Sub Tipos*	*Ejemplos*	*Categoría*	*Está en el censo en Internet*
2	Conferencias de Políticas	–	–	–	–
2.1		Conferencias Sectoriales de Políticas	Conferencias y sub-conferencias de salud	CDNE-IM	Sí
2.2		Conferencias Extraordinarias de Políticas	Conferencia de seguridad o Conferencia de medios de información	CDNE-IM	Sí
2.3		Conferencias con alguna regularidad, no mandatadas por regulación sectorial	Conferencia de derechos humanos	CDNE-IM	No
3	Presupuesto Participativo	–	–	–	–
3.1		Presupuesto Participativo Municipal	–	CDNE-IM	Sí
3.2		Presupuesto Participativo Estatal	–	CDNE-IM	No
4	Plan Director Participativo	Plan Director Participativo	–	CDNE-IM	Sí
5	Audiencias Presupuestarias Legislativas	–	–	–	–
5.1		Audiencias del Proyecto de Ley del Presupuesto Anual	–	CDNE-IM	Sí
5.2		Audiencias del Plan Plurianual Participativo	–	CDNE-IM	No
5.3		Audiencias de las Directrices Anuales del Presupuesto		CDNE-IM	No

N	*Tipos/ iniciativas de CDNE*	*Sub Tipos*	*Ejemplos*	*Categoría*	*Está en el censo en Internet*
6	Audiencias Públicas	–	–	CDNE-IM	No
7	Oidorías	–	–	–	–
7.1		Oidoría General de la Unión	–	CDNE-I	Sí
7.2		Oidorías Públicas Estatales	–	CDNE-I	No
7.3		Oidorías Públicas Municipales	–	CDNE-I	No
7.4		Oidorías sectoriales	–	CDNE-I	No
7.5		Oidoría General de la Ciudadanía	–	CDNE-I	No
8	Gestión del agua	–	–	–	–
8.1		Comité de Cuenca Hidrográfica	–	CDNE-IM	Sí
8.2		Consorcio Intermunicipal de Cuencas Hidrográficas	–	CDNE-IM	No
9	Comités, consejos, Foros de programas o proyectos federales	–	Consejos de Seguridad Alimentaria y Nutricional, Consejos de Almuerzo Escolar, Consejos de Desarrollo Rural, Comités del Programa Hambre Cero, Comités de Gestión del Programa de Adquisición de Alimentos (PAA)	CDNE-IM	No

N	*Tipos/ iniciativas de CDNE*	*Sub Tipos*	*Ejemplos*	*Categoría*	*Está en el censo en Internet*
10	Acuerdo de ajuste de conducta (TAC)	–	–	CDNE-I	No
11	Contraloría General de la Unión	–	–	CDNE- I	Sí
12	Proyectos / iniciativas de ONG	–	–	–	–
12.1		Red Social Brasileña por Ciudades Justas y Sustentables	–	CDNE-EI	Sí
12.2		Red Nuestra São Paulo – Programa de Metas	–	CDNE-IM	Sí
12.3		Red Social de Justicia y Derechos Humanos	–	CDNE-EI	No
12.4		Observatorios	–	CDNE-EI	Sí
13	Foros Sociales	–	–	–	–
13.1		Foro Social Mundial	–	CDNE-EI	Sí
13.2		Foro Nacional por la Reforma Agraria y Justicia en el Campo	–	CDNE-EI	No
13.3		Foros de políticas	–	CDNE-EI	Sí
13.4		Foro Nacional de Entidades de Derechos	–	CDNE-EI	No
13.5		Foro Social Urbano	–	CDNE-EI	No
13.6		Foros locales	Movimiento Xingu Vivo	CDNE-EI	No

N	*Tipos/ iniciativas de CDNE*	*Sub Tipos*	*Ejemplos*	*Categoría*	*Está en el censo en Internet*
14	Iniciativa Popular	–	–	–	–
14.1		Iniciativa Popular Ficha Limpia	–	CDNE-IM	Sí
14.2		Iniciativa Popular contra la compra de votos	–	CDNE-IM	Sí
15	Acción Civil Pública	–	–	CDNE-I	Sí
16	Comisión de Legislación Participativa	–	–	CDNE-IM	No
17	Campañas y Eventos	–	–	–	–
17.1		Campaña del *Impeachment* (juicio político contra el Presidente Collor de Melo)	–	CDNE-EI	Sí
17.2		Campaña contra la Impunidad	–	CDNE-EI	Sí
17.3		Campaña contra el hambre	–	CDNE-EI	No
17.4		Marcha de la Mariguana	–	CDNE-EI	No
17.5		Rio 92	–	CDNE-EI	No

N	*Tipos/ iniciativas de CDNE*	*Sub Tipos*	*Ejemplos*	*Categoría*	*Está en el censo en Internet*
18	Activismo en Internet	*Civic hacking*	Transparencia Hacker <http://thacker.com.br/projects/transparencia-hacker.html>; Hacks Hackers <http://saopaulo.meetup.hackshackers.com/>; Hackathon <http://hackathondadoseducacionais.com/>; Transparencia Brasil <http://www.transparencia.org.br/>; Esfera <http://blog.esfera.mobi/about/>.	CDNE-EI	Sí
19	Dispositivos de transparencia	–	–	–	–
19.1		Siga Brasil	–	CDNE-I	No
19.2		Ley de Acceso a la Información	–	CDNE-I	No
19.3		Portal de Transparencia	–	CDNE_I	No
20	Comités Populares de Mega eventos	–	–	CDNE-EI	No
21	Ocupaciones	–	–	–	–
21.1		Ocupaciones de tierras	–	CDNE-EI	Sí
21.2		Ocupaciones de terrenos y terrenos baldíos	–	CDNE-EI	No
22	*Open Government Partnership* (OGP)	–	–	CDNE-IM	No

N	*Tipos/ iniciativas de CDNE*	*Sub Tipos*	*Ejemplos*	*Categoría*	*Está en el censo en Internet*
23	Quejas y peticiones	–	–	–	–
23.1		Sistemas de atención a los usuarios	–	CDNE-IM	No
23.2		Cartas al presidente	–	CDNE-IM	No
23.3		Reuniones con grupos de interés	–	CDNE-IM	No
24	Autogestión	Consultas a los pueblos indígenas	–	CDNE-IM	Sí
25	Acción directa de inconstitucionalidad	–	–	CDNE-I	Sí
26	Investigación civil (exclusiva del Ministerio Público)	–	–	CDNE-I	No

El caso emblemático de los Consejos gestores de políticas públicas

Los consejos gestores de políticas son una de las modalidades de CDNE institucionalizado-mixtos más conocidas internacionalmente y, en la última década y media, la más estudiada en la literatura nacional. Constituyen, después de las experiencias pioneras de presupuesto participativo, parte de una segunda generación de canales de participación crecientemente institucionalizados. Existen experiencias de consejos que definen una tradición "consejista" en Brasil cuyo origen más directo, sin remontarse a casos remotos y dudosamente conectados con la nueva generación de consejos, se encuentra en las movilizaciones populares de los años 1970 en torno de la salud de la población en las periferias urbanas (consejos populares de salud). La expansión de esta nueva generación se debe a la regulación de las disposiciones de la Constitución de 1988, que instituyó la participación en áreas y sectores de políticas públicas considerados estratégicos. El mandato constitucional no determinó las características institucionales de la participación o la modalidad a seguirse, pero su regulación en la política de salud y la implementación del Sistema Único de Salud acabaron definiendo el modelo de referencia para las otras políticas sociales.

La forma consejo no sólo se volvió la opción adoptada en la regulación del mandato constitucional en los sectores de salud, asistencia social y educación, y en el área transversal de políticas de los derechos de la niñez y de la adolescencia, sino que adquirió amplia presencia en áreas y sectores de políticas muy diversos, en niveles de la administración pública distintos y con funciones diferentes. Así, la denominación "consejos" hoy remite a varios tipos de instituciones: consejos gestores de instalaciones (unidades básicas de salud, centros culturales), consejos de operación local de políticas (de seguridad), consejos de programas de gobierno, consejos tutelares para los derechos de la niñez y de la adolescencia, por mencionar algunos con amplia difusión y, por supuesto, consejos gestores de políticas. Progresivamente, en virtud de su expansión vertiginosa en los últimos años, la palabra acabó asociada a los consejos gestores de políticas, pero la literatura de inicio de los años 2000 aún consideraba pertinente hacer la distinción entre estos últimos y los consejos populares o de programa, a los que la categoría nativa "consejo" solía remitir (Tatagiba 2002; Gohn 2004). Sin embargo, la relación se invirtió, y cuando no hay especificación en contrario, la palabra consejo, en su uso nativo, designa los "consejos de políticas" —otra variación nativa.

Los consejos gestores de políticas (en lo sucesivo consejos) acabaron expandiéndose y diversificándose y adquirieron gran penetración territorial en los 5,570 municipios del país, así como presencia en un conjunto amplio de sectores y áreas de la administración pública: salud, educación, derechos de la niñez y la adolescencia, asistencia social, educación y vivienda, obviamente, pero también turismo, trabajo, patrimonio, desarrollo urbano, tercera edad, mujer, derechos humanos, cultura o combate a drogas, por mencionar sólo algunos ejemplos. En 1991, es decir, en el inicio del proceso de regulación de las disposiciones constitucionales en materia de participación, "sólo en la región sur del país había más de 1.5 consejos por municipio. Nueve años después, todas las regiones del país tenían más de 1.5 consejos por municipio y en 2010 esa cifra se elevó a 3.9 consejos por municipio en la región noroeste, a 4 en la norte y a más de cinco consejos por municipio en las regiones centro-poniente (5.2), Sureste (5.7) y sur (5.7)" (Gurza Lavalle y Barone 2015). Esas cifras solo registran la presencia de 17 diferentes consejos en el territorio nacional, pero dado el mayor número de consejos en otros sectores y áreas de políticas no contemplados en ellas, se estima que en 2015 existían más de 35,000 consejos en el país. No se cuenta con ninguna lista exhaustiva de la variedad de consejos que existen hoy, ni los gestores públicos municipales saben a ciencia cierta cuantos consejos fueron creados y no extintos en sus municipios. Estudios pormenorizados han registrado la presencia de cerca de 35 consejos municipales en alcaldías como São Paulo y su aledaño Guarulhos (Tatagiba 2005; Gurza Lavalle, Oliveira, Serafim y Voigt 2012), aunque sabemos que se trata de municipios con un número de consejos mucho mayor al promedio municipal nacional gracias a las informaciones recolectadas por el Instituto Brasileño de Geografía y Estadística sobre la capacidad administrativa de los cabildos del país (IBGE-MUNIC).

Las características institucionales básicas de los consejos son en buena medida semejantes y serán abordadas abajo, pero sus alances y los mecanismos subyacentes a tales alcances derivan del contexto institucional y político más amplio. Es posible diferenciar tres conjuntos de consejos.[9] Primero, los consejos tradicionales, inscritos en sistemas de políticas o en áreas bien estructuradas (salud, educación, asistencia social, derechos de la niñez y de la adolescencia), incorporados al funcionamiento regular de sus respectivos sectores o áreas, apoyados por la presencia de fondos sectoriales sobre los cuales mantienen algún grado de control, organizados en los tres niveles de la federación —siguiendo el arreglo federativo—, con

9 La división propuesta se alimenta del conocimiento acumulado en la literatura, especialmente de los trabajos de Tatagiba (2005, 2004); Avritzer (2008); Souza, Pompeu y Teixeira (2012); y de resultados de investigación recientes con cobertura nacional y exhaustiva (Gurza Lavalle y Barone 2015).

facultades normalmente más amplias —tendencialmente respaldadas por dispositivos institucionales—, y cuya implantación fue fuertemente inducida por el gobierno federal desde el comienzo de los años 1990. Segundo, los consejos con una vinculación menos estructurada a sus respectivas áreas de políticas (consejos de cultura, vivienda, derechos de la tercera edad y medio ambiente), con presencia irregular de fondos, organizados siguiendo los niveles de la federación, con facultades menos amplias, impulsados por modalidades de inducción federal moderadas y cuyo mayor crecimiento ocurrió a partir del final de los años 1990. Por último, un conjunto mayor de consejos que pertenecen a áreas de políticas transversales y poco estructuradas, o a sectores de políticas en los que los municipios mantienen competencias amplias (consejos de derechos humanos, deporte, juventud, derechos de la mujer, igualdad racial, transporte, seguridad, LGBT, política urbana, derechos de la persona con discapacidades, derechos de la mujer, promoción de la igualdad racial, política urbana, seguridad y transporte, entre otros), con facultades tendencialmente restringidas, con alguna frecuencia creados bajo los auspicios de presidentes municipales con especial interés en la política correspondiente y, por lo mismo, sin presencia a lo largo de la estructura federativa. De hecho, la penetración territorial de los tres grupos de consejos en los 5,564 municipios brasileños guarda claro paralelismo con las características mencionadas. Es decir, el primer grupo registra presencia casi universalizada, el segundo en aproximadamente la mitad de los municipios y el último varía entre algunas decenas y un quinto de los municipios, aproximadamente (Gurza Lavalle y Barone 2015).

Si el contexto institucional mayor define en buena medida la capacidad de los consejos municipales, sus características institucionales básicas son semejantes. La composición es paritaria entre la sociedad civil y el gobierno, pero la comprensión de lo que significa "sociedad civil" suele variar entre los diferentes consejos. En algunos casos, como el de la salud, los sindicatos del sector tienen sus propios consejeros y así los actores no gubernamentales son mayoría. La composición de la sociedad civil suele ser definida por segmentos —de usuarios, prestadores de servicios, portadores de deficiencias, etc.— y la del gobierno queda en buena medida sujeta a la decisión del secretario del sector correspondiente. La selección de los consejeros de la sociedad civil no sigue procedimientos homogéneos y se encuentran en operación modalidades de selección tan dispares como: posiciones cautivas, atribuidas por ley a alguna institución, nombramiento por el gobierno, acuerdos entre actores relevantes de la sociedad civil, asambleas o elecciones. El número de consejeros de la sociedad civil designados por el gobierno o con posiciones cautivas aumenta cuando se trata de los consejos nacionales (Souza, Pompeu y Teixeira 2012). En el caso de la representación del gobierno, los consejeros son simplemente nombrados. Los consejos son creados por ley, pero su reglamento interno es instituido y modificado por los propios consejeros. Ello contribuye a aumentar la variación en el funcionamiento y alcances de los diferentes consejos. Con las debidas reservas, impuestas por la variedad de los consejos, es posible afirmar que las leyes que los instituyen normalmente les atribuyen, en mayor medida, funciones de control social que funciones de definición de políticas o de gestión.

Debido a su carácter altamente institucionalizado, los consejos suelen mantener un funcionamiento regular, lo que permite en alguna medida la especialización de los consejeros de la sociedad civil, así como el desempeño del papel de caja de resonancia de diferentes conflictos asociados al sector del consejo. Ello implica, por un lado, que los consejos normalmente no siguen una lógica movilizatoria, ni son ocupados por ciudadanos "de a pie", sino por miembros de organizaciones civiles (activistas, profesionales, usuarios) con trayectoria reconocida por los actores sociales interesados en disputar la composición del consejo. Por otro lado, actores movilizados en torno a conflictos sectoriales o de áreas específicas de políticas suelen buscar los consejos como una instancia para escalar sus demandas, o para introducirlas y difundirlas entre los sectores de la sociedad civil que forman parte de la misma área de política.

Además, los consejos se encuentran claramente articulados con otros CDNE y con instancias de control legal u horizontal del Estado (Isunza y Gurza Lavalle 2012; Ipea 2013), así como con redes de actores de la sociedad civil, formando parte nodal de redes societarias de control. Como los consejeros de la sociedad civil son miembros de entidades afinadas con la temática del consejo, suelen estar insertos en redes temáticas de la sociedad civil y estas redes, a su vez, forman parte de foros de políticas en donde deliberan y construyen consensos sobre las prioridades de reforma en la política en cuestión. Así, los consejeros conocen estos consensos y los toman en cuenta para orientar sus decisiones dentro del consejo. Las conferencias nacionales y sus etapas municipales y estatales también involucran las mismas redes temáticas y foros. Las resoluciones emanadas de las conferencias suelen desempeñar el papel de brújula para la actuación de los consejeros. La relación con las conferencias va más allá de las afinidades temáticas, pues los consejos del área respectiva convocan y supervisan la realización de la conferencia en el plano municipal. Obviamente, los consejos mantienen relaciones con sus homólogos estatales y federal.

Es fundamental determinar el alcance de la actuación de los consejos. Los consejos constituyen una nueva piel institucional en el tejido del Estado y es de interés público saber qué efectos ha producido en las políticas esta nueva institucionalidad. Después de todo, desde la perspectiva del proyecto político que confirió centralidad a las instancias participativas —que incluye actores sociales y al gobierno—, es crucial conocer sus efectos para justificarlas públicamente cuando la alternancia en el poder federal plantee un escenario político adverso. Tampoco es un asunto trivial en el terreno metodológico. Por su envergadura, grado de institucionalización, cantidad de actores y recursos movilizados permanentemente, es posible asumir alguna efectividad, pero sería a todas luces equivocado derivarla sólo de estos factores. Siempre es posible citar un ejemplo de algún consejo que logró alterar el curso de acción de la política, pero diversos estudios de caso han mostrado numerosas limitaciones y obstáculos al funcionamiento de los consejos.

La dificultad a ser sorteada en este caso es que se hacen necesarios diagnósticos agregados y ello impone cambios en las unidades de análisis y en las metodologías empleadas. No se trata de señalar efectos puntuales, sino de caracterizar los efectos de los consejos en su conjunto como una estructura de gobernanza democrática. Hasta ahora, a nivel agregado, algunos estudios han apuntado correlaciones positivas entre la presencia de consejos y el comportamiento de variables sensibles de desempeño en diferentes áreas de políticas públicas —por ejemplo, número de profesores, camas de hospital, atenciones en las unidades básicas de salud, mortalidad infantil, número de programas de vivienda (Pires, 2011; Pires y Vaz 2010; Donaghy 2013). Con otra aproximación metodológica, y realizando un censo de todas los actos administrativos producidos por todos los consejos en un municipio a lo largo de siete años, se ha mostrado que los consejos deliberan y producen decisiones con estatuto legal en cuatro grandes ámbitos: autorregulación (elecciones, reglamento interno, etc.), gestión de la política (certificación de beneficiarios, evaluación de proyectos, etc.), incidencia en políticas (definición de las características de la política) y modalidades de rendición de cuentas de los operadores de la política (Gurza Lavalle, Voigt y Serafim 2016). Este censo de la producción de decisiones muestra que, una vez alcanzado el grado de institucionalización que los caracteriza, buena parte de los consejos opera regularmente e incide de alguna forma en las correspondientes políticas públicas, aunque los primeros años dediquen una parte importante de sus energías a la autorregulación.

Por su inserción en el seno de redes temáticas de políticas de la sociedad civil, así como por la capacidad de articulación de los actores en ellos presentes, los consejos pueden imponer costos de prestigio a los operadores de la política (sean civiles o gubernamentales), o elevar el costo político de tomar ciertos cursos de acción, pero el mecanismo que parece más propio de los consejos, o por lo menos de aquellos inscritos en las áreas tradicionales y mejor estructurados, es inherente al Estado, a saber, el ejercicio de facultades legales respaldadas por alguna capacidad de sanción o punición. Es este sentido, los alcances de los consejos pueden ser sistémicos, por sanción o por función exclusiva, pues operan en la estructura de la política como un todo, a lo largo del territorio. En el primer caso, la efectividad de los consejos depende de cuánto sus decisiones son respaldadas por mecanismos fuertes de imposición de observancia; en el segundo, cuenta cuánto el funcionamiento regular de la política depende del ejercicio de funciones que son realizadas exclusivamente por el consejo (por ejemplo, la certificación de idoneidad de las organizaciones de la sociedad civil que reciben recursos públicos para operar la política de asistencia social para beneficiarios específicos). No hay duda que en el ejercicio de sus funciones los consejos permiten a los actores de la sociedad civil que los ocupan incidir sobre la política, aunque las expectativas de los actores siempre sean más elevadas de lo que los conejos pueden, de hecho, realizar.

Un fracaso rotundo: las Audiencias Públicas del Presupuesto Municipal

Las audiencias públicas del presupuesto municipal forman parte de algunos de los capítulos menos estudiados del período de la democratización en Brasil: la aprobación de las leyes orgánicas municipales en el período de la pos-transición. La promulgación de la Constitución de 1988 no sólo consagró la participación en áreas de políticas públicas consideradas estratégicas, sino que, en términos generales, le concedió a la participación el valor de un principio constitucional. Además, la intensa movilización social alrededor de las propuestas de enmienda popular sometidas a la Asamblea Constituyente dejó un ambiente de efervescencia que acabó por influir, también, en los procesos de instauración de la nueva institucionalidad democrática en los niveles estatal y municipal. Los estados del país gestaron sus propias Asambleas Constituyentes para la definición de las constituciones estatales y, en ese ambiente pleno de expectativas, los municipios enfrentaron la tarea de elaborar y sancionar sus leyes orgánicas (a veces llamadas "Constituciones municipales"). No existen estudios sistemáticos comparativos de los procesos de promulgación de esas leyes, ni de los resultados de sus disposiciones en lo que toca a la participación, pero el ambiente político favoreció la adopción de innovaciones participativas en el ámbito municipal, no sólo para adecuar las leyes orgánicas al nuevo papel concedido por la Constitución a la participación, sino también para darle cabida a las expectativas y presiones locales de los *vereadores* (ediles) y de los actores de la sociedad civil comprometidos con las luchas por la democratización. A este respecto, se analizará el caso de São Paulo, del cual existe un estudio pionero con riqueza de detalles.

En el caso del municipio de Sao Paulo la Ley Orgánica fue promulgada el 4 de abril de 1990 y, a lo largo del proceso, fueron presentadas 668 enmiendas por actores de la sociedad civil y más de ochenta asociaciones intervinieron mediante la defensa oral en las sesiones ordinarias de la Cámara Municipal (Coelho 2017). Las Audiencias Públicas del Presupuesto Municipal de São Paulo (de ahora en adelante APPM) forman parte de las innovaciones adoptadas en la Ley Orgánica del Municipio y, debido a su localización en el seno del poder legislativo, escapan del perfil más común de los CDNE institucionales mixtos, normalmente inscritos en la estructura de funcionamiento del poder ejecutivo, como es típicamente el caso de los consejos gestores de políticas, pero también de las conferencias nacionales o del presupuesto participativo. Se trata de una innovación que efectivamente "salió del papel", al contrario del destino de otras como los Consejos de Representantes que, después de más de 20 años de la promulgación de la Ley Orgánica Municipal (de ahora en adelante LOM), seguían como letra muerta hasta que fueron implantados en la última administración del PT en la ciudad (Coelho 2017). Aun así, y por motivos que serán analizados más adelante, las APPM constituyen claramente un caso fallido de CDNE-IM, a pesar de que registraron una evolución institucional de ampliación del número y modalidades de audiencias.

Las APPM fueron amplia y minuciosamente estudiadas por Gabriela de Brelàz (2012a, 2012b), y el análisis aquí presentado descansa principalmente en el estudio pionero de esta autora. La LOM ordena la realización de audiencias públicas bajo solicitud de actores de la sociedad civil, condicionados a ciertos requisitos, y durante la tramitación de ciertos proyectos de ley, entre ellos la Ley del Presupuesto Anual. En realidad, las APPM son una de las modalidades de audiencia pública en el proceso de definición del presupuesto, que comienza con la definición del Plan Plurianual, que establece los objetivos generales y metas del gobierno municipal entrante; continúa con la Ley de Directrices del Presupuesto, que define la capacidad de gasto del año en cuestión considerando los gastos corrientes y la recaudación; y, finalmente, concluye con la elaboración de la Ley del Presupuesto Anual. La LOM y el reglamento interno de la Cámara de *Vereadores* (Cabildo, aunque por su número y proceso de elección sería más adecuado llamarlo como "cámara municipal de diputados") determinan la participación de la sociedad civil en los tres momentos. Las APPM corresponden al último momento y son organizadas por la Comisión de Finanzas y Presupuesto.

Se sabe que la promulgación de las leyes orgánicas municipales reprodujo algunas de las innovaciones constitucionales a nivel municipal y también que fueron elaboradas y sancionadas en un contexto de expectativas favorables a la ampliación de la participación en los asuntos del poder legislativo local. No obstante, no se dispone de información comparativa sistemática para saber la cobertura de las audiencias públicas sobre el presupuesto a lo largo de la geografía municipal. En el caso del municipio de São Paulo, Brelàz (2012a: 119–22) registró 252 audiencias públicas y reuniones técnicas abiertas al público entre 1992 y 2000, en las que hicieron uso de la palabra alrededor de 1,500 ciudadanos y miembros de organizaciones civiles.

Aunque la LOM determina la realización de dos audiencias por año, el trabajo de Brelàz muestra no sólo un número muy superior, sino una evolución tendiente a ampliar la publicidad y el número de las mismas. Existen audiencias generales, en las que la casa legislativa se abre a la población para presentar y discutir el proyecto de presupuesto anual. A finales de los años 1990 fueron creadas las audiencias regionales, en las que la población de un área específica de la ciudad y los *vereadores* con presencia en esa área examinan el proyecto de ley. En todo caso, durante los años 1990, las reuniones técnicas fueron el espacio más importante para discutir sectorialmente el presupuesto, y tales discusiones ocurrieron normalmente entre gestores de las secretarias municipales del correspondiente sector y los *vereadores*, aunque con acceso público. Lo más interesante es que esas reuniones técnicas fueron cambiando progresivamente, afirmando su carácter político y la posibilidad de la participación social hasta convertirse, primero, en audiencias temáticas, a principios de los años 2000, y por fin, en audiencias públicas (temáticas) a partir de 2005 (Brelàz 2012a: 118). Las audiencias más frecuentes son las temáticas, pero proporcionalmente la mayor participación se registra en las de carácter territorial.

A las APPM acuden algunos secretarios municipales invitados por la Comisión, *vereadores* interesados, los miembros de la comisión y organizaciones civiles y ciudadanos. En el peor de los escenarios, las audiencias informan la composición del presupuesto anual enviado por el Poder Ejecutivo Municipal a la Cámara de *Vereadores*, ventilan las razones de tal composición y escuchan quejas y opiniones de las organizaciones civiles y ciudadanos presentes. Sin embargo, lo que atrae la participación social y a los *vereadores* (más allá de la observancia obligatoria de la LOM), es la facultad de los legisladores de proponer enmiendas al presupuesto. Sin duda, especialmente en el caso de las audiencias temáticas, actores de la sociedad civil y ciudadanos también pueden tener interés en discutir el financiamiento de una política en sí, y no en la redistribución de recursos para beneficio de sus regiones o asociados. Con mayor frecuencia, no obstante, para los participantes de la sociedad civil las APPM representan la posibilidad de solicitar la recanalización de recursos públicos para obras diversas, y para los *vereadores* la oportunidad de dividendos político-electorales gracias al uso de su prerrogativa de enmendar el presupuesto para favorecer sus bases electorales o potenciales electores.

Las enmiendas parlamentarias son facultad constitucional de los diputados, destinadas a permitir la participación de los representantes populares en la formulación del Presupuesto General de la Unión, favoreciendo a sus comunidades de origen. Cada diputado federal está facultado a proponer enmiendas al poder ejecutivo con un techo anual de 15 millones de reales. Las constituciones estatales y municipales reprodujeron en sus cuerpos el recurso de la enmienda y, por supuesto, definieron techos más modestos. Una característica importante de la legislación presupuestal en Brasil, que anima la lógica política de las enmiendas, es que los presupuestos aprobados en los respectivos poderes legislativos autorizan la ejecución de los gastos aprobados, pero no la obligan, por lo que, en el caso de las enmiendas, el poder ejecutivo puede negociar convenientemente a cambio de apoyos las enmiendas que efectivamente erogarán los recursos previstos en la Ley del Presupuesto.

En principio, las APPM presentan una trayectoria de institucionalización de la participación, armónica con las características más generales de los CDNE en Brasil. Aún más, su evolución y diseño institucional parecerían combinar incentivos para instalar una lógica sinérgica de producción de control social sobre el presupuesto. Los primeros años de las APPM fueron tímidos en relación a la apertura a la participación ciudadana y de la sociedad civil. Las audiencias generales funcionaron bajo una dinámica burocrática de exposición, seguida de preguntas (no intervenciones) y después respuestas, sin derecho a diálogo. La deliberación ocurría en las reuniones técnicas que permitían sólo la presencia silenciosa de la sociedad civil, testimoniando la argumentación de los portadores de conocimiento especializado. Progresivamente, las APPM ganaron mayor difusión entre los actores de la sociedad civil y la instauración de las audiencias territoriales (impulsadas por el primer presidente de la Comisión de Finanzas y Presupuesto del Partido de la Trabajadores desde la promulgación de la

LOM) hizo aumentar considerablemente la participación y la presencia de actores populares (Brelàz, 2012b). Durante los primeros años de la siguiente década, esa tendencia se hizo más clara, y así esta experiencia de CDNE institucional mixto parecería contar con atributos semejantes a los otros casos brasileños descritos anteriormente.[10]

Sin embargo, las APPM son una experiencia de incidencia nula. La ausencia de disposiciones en la LOM o en el reglamento interno de la Cámara de *Vereadores* sobre los procedimientos de las APPM deja al criterio del presidente de la Comisión la definición de la dinámica de las mismas. Salvo raras excepciones, ello ha implicado el uso de las audiencias por parte de los *vereadores* para promoverse políticamente ante de los participantes de la sociedad civil que, después de escuchar informes, los discursos de las autoridades competentes y las respuestas a las dudas eventualmente planteadas, queda confinada a intervenciones puntuales en la última parte de las audiencias. En esos términos, las audiencias difícilmente promoverían deliberación, pero además su funcionamiento fue progresivamente adoptando el procedimiento de solicitar a todos los participantes el abstenerse de argumentar o presentar razones, y restringiéndose a mencionar la obra o gasto demandados, así como la presentación por escrito de su petición en algunas líneas. En esa dirección, las APPM acabaron funcionando con un "buzón presencial" de demandas, sin ofrecer información pertinente o argumentos sobre la urgencia o conveniencia de la obra solicitada. No sólo se pierde la deliberación, sino también la oportunidad de hacerse llegar información oportuna sobre los problemas y eventuales coyunturas emergentes que afectan las diferentes áreas de la ciudad.

Por otro lado, este papel desvirtuado de las APPM genera réditos políticos a los *vereadores*, que encuentran pocos incentivos para cambiarlo. Como las propuestas de enmiendas parlamentarias son publicadas en el Diario Oficial con el nombre de su autor, los *vereadores* recogen y transforman en enmiendas las demandas que coinciden con sus reductos electorales o con aquellos sobre los que planean expandirse. La publicación en el Diario Oficial funge como "prueba" de que el vereador "atendió" y se compromete

10 La evolución pormenorizada de las APPM puede ser consultada en el trabajo de Brelàz (2012a: 143–90).

con la satisfacción de las necesidades de determinada comunidad, al mismo tiempo que lo exime de la culpa por la no realización de los gastos que, por las características del presupuesto, depende del ejecutivo municipal. Es más, aún le es posible presionar y negociar con el ejecutivo para la efectiva erogación de recursos en las enmiendas que son de su interés.

El caso de las APPM indica que aún en un contexto favorable a la participación, y contando con el apoyo de dispositivos institucionales que la hacen obligatoria (institucionalización), si la organización de los procedimientos y la coordinación del proceso queda enteramente en manos de los partidos y sus representantes electos, sin el contrapeso de otros actores estatales o civiles investidos de facultades, el alcance del CDNE, inclusive de los de carácter institucional mixto, característicos del escenario de la post-transición en Brasil, se ve reducido a su componente mínimo (información), cuando no a una simulación a servicio de los intereses de los *vereadores* que pueden reivindicar que cumplieron sus promesas de beneficios para determinados grupos sociales (*credit claiming*), sin comprometer recursos o generar alguna consecuencia presupuestal.

Hacia un régimen de CDNE: consideraciones adicionales y finales

La selección del universo de experiencias de CDNE estudiadas y descritas sintéticamente en estas páginas siguió el criterio de relevancia y, en ese sentido, tal universo no es exhaustivamente representativo de la diversidad de CDNE existentes en Brasil, pero sí ilumina las características compartidas por las experiencias que merecen atención gracias a sus alcances. Sin duda, el mundo de los CDNE informales es suficientemente amplio como para ocupar todas las páginas de este capítulo y más, pero por el criterio de relevancia, lo que singulariza los CDNE en Brasil es la amplitud y diversidad del mundo de los controles institucionales mixtos. El registro completo en Brasil enlistó 57 experiencias, de las cuales prácticamente la mitad (27) son CDNE institucionales mixtos, es decir, instancias de participación reconocidas y reguladas por el derecho positivo del Estado brasileño y sus diferentes niveles de autoridad.[11] El resultado coincide con el reconocimiento de la literatura de que las instituciones participativas se han vuelto en el país una capa institucional híbrida o mixta del funcionamiento del Estado. También llama la atención la importancia de los CDNE institucionales, esto es, la presencia de organismos de control horizontal o legal del Estado que desempeñan un papel central en las tentativas de la sociedad civil y de los ciudadanos de incidir sobre el poder público. Así, la interacción entre CDNE institucionales, mixtos y extra institucionales perfilan una red de control social amplia que multiplica las posibilidades del control social en el país.

El registro total de los CDNE permitió sistematizar la presencia de familias de formas organizacionales que se han vuelto un recurso común. Los consejos, conferencias y audiencias han desarrollado submodalidades "internas" de CDNE institucional mixto más allá de sus manifestaciones más estudiadas y conocidas. En el caso de los CDNE extra-institucionales, las campañas tradicionalmente han formado parte del repertorio organizacional de la movilización social, y los proyectos son reconocidamente una tecnología adoptada por las últimas generaciones de organizaciones civiles (otrora conectadas al mundo de la ayuda internacional para el desarrollo), pero resulta menos conocida la multiplicación de los foros, un tipo de forma organizacional especializado en permitir la articulación entre actores de la sociedad civil. La condensación de familias organizacionales parece ser una faceta del grado de institucionalización de los CDNE en el país, pues la difusión de determinadas formas suele estar asociada a la naturalización de las mismas, de modo que emergen como opciones consideradas funcionalmente adecuadas y legítimas.

Algunas características de los CDNE en sus tres modalidades, pero sobre todo en lo que se refiere a los de carácter institucional mixto, llaman la atención, especialmente en lo que se refiere a su capacidad de trabajar

11 Si se considera el caso nulo, escogido porque se trata de una experiencia fracasada y no por el criterio de relevancia, el número de CDNE registrados es 58. El caso nulo (audiencias públicas del presupuesto municipal) también es un CDNE institucional-mixto.

en todos los niveles de la federación, al grado de articulación con otros CDNE, a su capacidad de incidencia y al alcance de la misma. Los CDNE mixtos constituyen más del 40% de las experiencias registradas y más de la mitad de aquellas trabajadas en profundidad mediante estudios de caso. La mayor parte de las experiencias registradas operan a nivel municipal, pero más de un tercio lo hacen en más de un nivel de la federación (municipal, estatal y nacional) y más de un quinto a nivel nacional. En realidad, sorprende el hecho de que ninguno de los CDNE capturados se enfoque exclusivamente en el plano estatal. No se trata de experiencias de control social que actúan de manera aislada, en su gran mayoría trabajan combinadamente con dispositivos de control sociales e institucionales. Debido al criterio de relevancia aplicado en la selección de los casos, no sorprende que la mayoría de los casos presente lo que podría denominarse (de modo aproximado e provisional) como incidencia media, con algunas experiencias con capacidad de incidencia elevada. No obstante, una lectura atenta a la comparación de los casos de CDNE relevantes de los otros cuatro países contemplados en este volumen, muestra que la baja incidencia suele ser la regla, aún y cuando se trata de documentar casos exitosos. Considerando sólo los estudios de caso (véase la Tabla 2.1), esta observación sobre la incidencia puede ser complementada por el hecho de que sólo un quinto de los CDNE estudiados en profundidad se limitan a una dinámica meramente informativa, mientras que más de un tercio constituyen experiencias en las que los participantes demandan recursos o sugieren soluciones o cursos de acción (iniciativa), y casi otro tercio conllevan a la definición de decisiones vinculantes entre ciudadanos, organizaciones de la sociedad civil y autoridades públicas, o inclusive a la gestión de recursos.

De manera más precisa, el análisis comparativo de los estudios de caso, de los que los consejos gestores de políticas y las audiencias públicas del presupuesto municipal constituyen los casos emblemáticos (positivo y negativo), mostró rasgos transversales de los CDNE en el país difíciles de detectar sin tratamientos cualitativos comparativamente informados. En particular, cuatro aspectos emergen de la lectura transversal, prefigurando un perfil más general del arreglo de formas de control democrático que existe en el país: i) la capacidad de articular diversos niveles de gobierno y de capilarizar territorialmente las experiencias de control, ii) el grado y modo de la institucionalización de los CDNE asociados a la presencia de una retaguardia organizacional densa, con recursos y conocimiento especializado, iii) la articulación con otras modalidades de control y actores, y iv) la capacidad de incidencia de los CDNE.

Capilaridad territorial y agregación vertical (escalamiento)

En lo que respecta a la capilaridad territorial y a la articulación entre diversos niveles de gobierno se destacan tres puntos: a) la federalización, b) la diseminación multinivel de los CDNE, y c) la tendencia a replicar experiencias exitosas. a) El primer punto, la *federalización*, remite al ordenamiento de los CDNE a lo largo de los tres niveles de autoridad (federal, estatal, municipal), pero también a la capacidad de esas experiencias de control para incluirse en más de un nivel, dependiendo de la necesidad de actuación de los actores. La presencia de "familias" organizacionales como los Consejos y las Conferencias (con sus versiones municipales, estatales y nacionales), o las oidorías, evidencia un contexto propicio para la reproducción y ampliación horizontal (en el territorio) y vertical (federación) de los CDNE. Es justamente la federalización, lo que afecta la forma como se difunden territorialmente las experiencias de CDNE. Nada menos que dos quintos de los CDNE registradas inciden en más de dos niveles federativos. El caso más emblemático es el de los Consejos que, en gran medida, se organizan siguiendo las jerarquías del sistema federal y cuya instalación en el ámbito municipal ha sido inducida por la unión como condición *sine qua non* para la transferencia de recursos en áreas de políticas como la salud y la asistencia social, los derechos de la niñez y de la adolescencia y la educación.

ii) El segundo punto, la *diseminación multinivel*, remite a la posibilidad de operar simultáneamente en más de un ámbito de la federación, cuando esa capacidad no deriva de un diseño institucional federalizado. En ese sentido, existen CDNE extra institucionales que siguen paralelamente la estructura federativa, como en el caso de los foros que frecuentemente cuentan no sólo con versiones locales, sino estatales y nacionales en una determinada área de política pública. Otros controles de naturaleza institucional, como las audiencias públicas, son suficientemente versátiles al punto de ser utilizadas en cualquiera de los niveles de la federación y, en algunos casos, incluso en subdivisiones internas de un mismo municipio. En este caso, existe la organización vertical de audiencias públicas sólo en pocas áreas de políticas, como son los procesos de licitación ambiental. La presencia de CDNE-IM en más de un nivel ocurre también, más allá de los diseños institucionales federalizados, en casos en los que la cuestión en juego demanda esta articulación, como en las cuencas hidrográficas y los comités de cuencas. Aunque existen casos de CDNE asociados a una escala de incidencia predominante, por regla general admiten algunas intersecciones con otras escalas secundarias, inclusive en el caso de CDNE-I. Por ejemplo, las Acciones Directas de Inconstitucionalidad (Adins) son juzgados en el ámbito federal por el Tribunal Supremo y suelen tratar de cuestiones nacionales, pero pueden referirse no sólo al Ejecutivo, al Legislativo y al Judicial federales, sino también a sus versiones en los estados.[12] Finalmente, vale observar que la operación multinivel ayuda a explicar los resultados nulos sobre la operación de los CDNE en la escala estatal, es decir, la inexistencia de CDNE en los que la cobertura fuera *exclusivamente* al estado, sin incidir, al mismo tiempo, en el municipio o la nación. En *todos* los casos estudiados, dos quintos cruzan más de una escala territorial, el estado fue seleccionado necesariamente como una de las opciones.

iii) El tercer y último punto a destacar se refiere a la *diseminación de experiencias extrainstitucionales exitosas,* evidenciando ambientes políticos propicios para la emulación de innovaciones en materia de control democrático ya sea en el plano institucional de los gobiernos o en el de la organización y movilización de actores colectivos. La diseminación del presupuesto participativo como una propuesta programática del PT para los gobiernos locales es un caso bastante conocido en el que ese ambiente de apoyo político gubernamental y movilización de la sociedad civil se encuentran presentes. Este proceso de diseminación de controles extra institucionales también puede observarse claramente en los casos de la Red Social Brasileña por Ciudades Justas y Sustentables (CDNE-EI), que agrega a las organizaciones sociales existentes en varios municipios y que

12 Se trata del efecto *erga omnes* (contra todos).

utiliza y comparte formas semejantes de monitoreo de la gestión del poder municipal, y de los foros de la sociedad civil, que operan en diversas áreas, sectores y temáticas.

Institucionalización del control social

El número e importancia de los CDNE-IM indica una tendencia distintiva a la institucionalización del control social en las políticas, confiriéndole algún grado de permanencia, aunque continúen reservando en su diseño un modo flexible de entrada de los actores de la sociedad civil y sus demandas. La institucionalización de las experiencias significa que estas se inscriben como formas institucionales en mayor o menor medida acopladas a las demás instituciones sectoriales, y en este caso podemos citar los Consejos y las Conferencias de políticas públicas. CDNE-EI funcionan también como recursos que pueden accionarse cuando es necesario: son los casos de las Audiencias y las Consultas Públicas. En todos estos casos, la presencia de la sociedad civil está formalmente garantizada para que se ejerza el control social. El carácter mixto se debe al hecho de que su efectivación depende de la iniciativa y actuación —y no sólo de la presencia— de los actores de la sociedad civil.

Los CDNE institucionales mixtos en Brasil son una forma estable y reglamentada de acceso al Estado, y permiten a los actores de la sociedad civil ahorrar esfuerzos y recursos financieros, organizacionales y humanos que serían necesarios en la construcción de capacidad de control social en contextos en los que la intervención y la influencia se vuelven deseables (por lo menos en la visión de dichos actores), pero en los que se carece de instancias de control social institucionalizadas. La institucionalización de las experiencias de control social hace a los actores de la sociedad civil menos dependientes de las relaciones personales y partidarias de los ocupantes de los cargos públicos, como sería el caso de las reuniones extraordinarias o de invitación a "notables" para tratar asuntos relevantes. Así, las experiencias institucionales mixtas garantizan más incidencia social en la decisión y en la negociación, aunque esto no implique necesariamente resultados en el proceso de gestión de las políticas. Ciertamente, los CDNE-IM exigen recursos para la acción y la participación de los actores de la sociedad civil que en ellos se dan cita, pero, al mismo tiempo, su difusión (en el sentido de la replicación del mismo formato institucional) minimiza los esfuerzos en aquellas regiones y localidades donde la sociedad civil no está bien organizada o no dispone de recursos suficientes. La convocatoria y el funcionamiento de estos dispositivos institucionales mixtos distribuyen las responsabilidades entre el Estado y las organizaciones de la sociedad civil: al primero le corresponde la regulación, la convocatoria y la presencia, y a las segundas, el derecho de disputar su inclusión y la consideración de sus posiciones, así como el esfuerzo de participar en ellos y de volverlos efectivos.

Articulación entre dispositivos de control

Una característica crucial de las experiencias de CDNE en Brasil es su articulación con otros dispositivos de *accountability*. En su diversidad de tipologías y formatos, las experiencias registradas se encuentran sin duda articuladas con otros CDNE institucionales o instancias de control legal y horizontal del Estado y con otros CDNE-IM (Isunza y Gurza Lavalle 2012), así como con redes de movilización de actores de la sociedad civil (CDNE-EI). Las articulaciones múltiples de instituciones, actores y organizaciones en los CDNE corren paralelas a la formación de redes societarias de control, volcadas a la ampliación de los campos de actuación de sus actores, al éxito de las reivindicaciones y a la influencia sobre el Estado, específicamente sobre la elaboración, implementación y supervisión de políticas públicas. En última instancia, la articulación de los CDNE con otros dispositivos de control (institucional, extrainstitucional o mixto) y actores, puede constituir un mecanismo causal que favorece los resultados de la acción, incidiendo en la capacidad de acción colectiva y sus alcances sobre la actividad de las instituciones políticas.

En buena medida, la formación de redes de instituciones y actores se vale de múltiples formas de involucramiento social de los participantes o, en términos de Mische (2008), de sus "afiliaciones superpuestas" que permiten activar una red múltiple de actores y organizaciones. Así, la composición de los consejos gestores, de las conferencias o de los presupuestos participativos, por ejemplo, se caracteriza por la presencia de actores societales que pertenecen a diferentes segmentos institucionales y de la sociedad civil, reunidos en torno de afinidades temáticas de políticas públicas. Por supuesto, ello es más esperable en el caso de CDNE-IM que suponen movilización intensa, como las iniciativas de ley, y de los CDNE-EI, como las campañas y su desdoblamiento en dispositivos normativos contra la corrupción política o la lucha contra la miseria.

Incidencia elevada

La multidimensionalidad del fortalecimiento democrático o de la construcción democrática hace de difícil medición la capacidad de incidencia de los CDNE. Aunque los estudios de caso expuestos en este capítulo reunieron elementos para evaluar el impacto de los CDNE sobre diferentes dimensiones de las políticas y la política en las instituciones y en el seno de la sociedad —normatividad, agenda, prioridades, implementación, transparencia, participación y efectos contra la corrupción—, la complejidad de la evaluación de efectos exige cautela en la elaboración de inferencias.

Grosso modo, una mirada informada por las características generales de las configuraciones de CDNE presentes en los otros países permite afirmar que la capacidad de incidencia en Brasil es comparativamente más elevada, especialmente en el caso de dispositivos de control inscritos u orientados hacia las políticas públicas y, más específicamente, hacia su definición, implementación, gestión y fiscalización. Algunas modalidades de CDNE inciden inclusive sobre dispositivos normativos, provocando cambios en la legislación y en las directrices generales de los gobiernos en las respectivas políticas. En general, las experiencias de control institucional e institucional mixto a las que les son atribuidas decisiones vinculantes garantizan mayor efectividad, al contrario de los CDNE consultivos e informativos, cuyos efectos son contingentes. Cabe resaltar que, aunque la institucionalización de los CDNE tienda a imprimir cambios de diversa importancia en la política pública, la profundización democrática de las posibilidades contenidas en los CDNE depende de la movilización social.

En todo caso, la incidencia no es necesariamente directa y en algunos ámbitos suele ser indirecta. La incidencia de los CDNE sobre la agenda, la transparencia y el combate contra la corrupción tiende a suceder de manera indirecta, siendo menor la ocurrencia respecto a los efectos sobre la implementación. Incluso en las situaciones de decisiones vinculantes de la sociedad civil, la incidencia en la implementación es generalmente restricta, en la medida que la implementación —sea de la legislación, de las directrices generales o de las políticas públicas y programas acordados entre los actores societales y estatales— depende de acciones de los órganos y cuerpos burocráticos del Estado.

Por otro lado, el efecto más evidente y axiomático de los CDNE es la ampliación de la participación o, mejor, de la inclusión política de actores y segmentos sociales afectados por las políticas en el control de las mismas. La participación de los ciudadanos y la actuación de organizaciones civiles puede considerarse el factor por excelencia de los procesos de control democrático, más allá de la polisemia de los sentidos y significados a ella atribuidos. Las modalidades de CDNE, en mayor o menor medida, afectan la participación de (y en) la sociedad civil abarcando la acción colectiva de actores diversos como movimientos sociales, entidades civiles, organizaciones, campañas de movilización, redes de interacción social y ciudadanos "de a pie". La participación puede incentivar el involucramiento societal y ciudadano en los espacios públicos y la incidencia social, en la elaboración, decisión, gestión y supervisión de políticas públicas, a pesar de las diversas limitaciones y obstáculos presentes en el funcionamiento de los CDNE.

El caso de fracaso del control social

El examen de las Audiencias Públicas del Presupuesto Municipal muestra cómo disposiciones favorables a la participación y la creciente institucionalización de los dispositivos de control son elementos insuficientes para el buen funcionamiento de los CDNE, si no se observan las condiciones de distribución mínima de recursos de poder institucionales entre representantes electos, partidos políticos, organizaciones civiles y ciudadanos, o, en términos más generales, entre Estado y sociedad. En la Ley Orgánica del Municipio (o en el reglamento interno del Cabildo) no existían dispositivos capaces de definir la dinámica interna de tales audiencias. Esa laguna normativa hizo que las definiciones de formato interno fueran tomadas por los presidentes de las comisiones de presupuesto. Así, la falta de prerrogativas de los actores no estatales en la definición de los parámetros de las Audiencias hizo que fueran expulsados del proceso, reduciendo el tipo de incidencia de este CDNE-IM a mera información, en el mejor de los casos, o a simulación en la que las demandas de recursos públicos por parte de los actores civiles son acogidas con nulas posibilidades de beneficio.

Es verdad que la información, por sí sola, puede ser un importante beneficio surgido de los diversos mecanismos de control, como muestra la Red Nuestra São Paulo/Programa de Metas. La cuestión particularmente problemática en el caso de las APPM es que las Audiencias Públicas terminaron siendo instrumentalizadas por los ediles que buscan autopromoverse, por medio de ellas, ante los actores presentes. De la exposición del caso resalta que, en lugar de servir a un proceso deliberativo en el que las autoridades podrían informarse acerca de problemas no anticipados y de soluciones potenciales a cuestiones abordadas en las leyes en trámite, las Audiencias terminaron sirviendo, en su mayor parte, al mantenimiento de relaciones clientelistas (Brelàz 2012a). Estas se establecieron cuando los instrumentos de participación garantizaron a los ediles legitimidad y "prueba" objetiva de que estarían cuidando con celo los intereses de comunidades específicas (reductos electorales).[13] De esta forma, si por un lado las experiencias de APPM en el municipio de São Paulo propiciaron el intercambio de informaciones, ellas también perdieron la oportunidad de constituirse como un espacio de consulta, iniciativa o, incluso, de concertación entre actores civiles y estatales. Si consideramos que este CDNE institucional mixto es un ejemplo poco común, ya que se hizo en el poder Legislativo, la pérdida es aún mayor dado que instrumentos de control en ese ámbito son más escasos.

13 Cabe recordar, sin que corresponda a las comunidades ninguna posibilidad de responsabilizar a los miembros del cabildo (*vereadores*) ya que, como se ha asentado, la liberación de los recursos depende del Ejecutivo.

Uno de los principales aprendizajes que se puede obtener de estas experiencias es que la obligatoriedad de incluir *inputs* de participación social en los procesos de definición de políticas públicas, actos normativos o leyes, es insuficiente para el funcionamiento de CDNE con algún grado de efectividad. En el caso analizado no sólo existía la disposición legal para realizar las Audiencias, sino que también estas fueron instituidas en un número mayor al previsto originalmente. Incluso en estas condiciones favorables, el factor de mayor influencia para el fracaso de estas experiencias fue el hecho de que, más allá de los ediles, no existían otros actores estatales con incentivos para orientar las APPM en un sentido diferente, y tampoco estaban previstas facultades institucionales para las organizaciones civiles y ciudadanos presentes en las Audiencias. Así, los *vereadores* redujeron esta experiencia a una ventanilla de peticiones para generar réditos electorales sin ninguna erogación o costo político.

Meteoritos existen

La integración de los diversos rasgos parece prefigurar un régimen de CDNE: elevada incidencia e institucionalización de dispositivos orientados hacia el control de políticas públicas, que operan de modo territorialmente capilarizado en la cartografía municipal del país, con capacidad de agregación porque están inscritos en una lógica multinivel de tres pisos, emulando el orden tripartita federativo brasileño y articulados en redes que combinan modalidades institucionales, institucionales mixtas y extra institucionales de control. El diagnóstico va más allá, pero resulta consonante con las caracterizaciones de la especificidad brasileña en el escenario de la post-transición de la literatura especializada en participación y sociedad civil, condensados en dos fórmulas recurrentes: una "sociedad civil vibrante" en un "laboratorio continental de experimentación democrática". El diagnóstico va más allá porque ofrece una visión de conjunto, la reconstrucción de una configuración de controles que vuelven el funcionamiento de la democracia en él, institucionalmente más plural y complejo.

Sin embargo, los trazos que prefiguran un régimen de controles democráticos no electorales no se encuentran esculpidos en piedra. Su progresiva ampliación y consolidación, así como su estabilidad, corresponden a un período de la historia reciente del país que, después de tres décadas, parece haber terminado: el periodo de la post-transición o, en formulación más extrema, de la tercera república. Las crisis política y económica incubadas a lo largo del primer gobierno de la Presidente Dilma Rousseff y cuyo desenlace llevó a su destitución, cedieron paso a una coalición internamente heterogénea, pero claramente alineada a la derecha en el plano de los derechos humanos y de las políticas de respeto a la diferencia, a un programa de reformas pro-mercado y de reducción del papel del Estado y de desregulación de las condiciones contractuales del trabajo, así como políticamente articulada a los sectores más retrógrados en cuestiones ambientales y morales. Ya ocurrieron diversas investidas del ejecutivo federal y sus ministerios contra la participación, buscando disminuir el papel de algunos CDNE-IM o cambiar su composición estatutaria para garantizar su sometimiento al poder ejecutivo. Es de esperarse que los controles institucionales mixtos más consolidados (institucionalizados) gocen de mayor resiliencia ante las nuevas condiciones políticas hostiles, mientras aquellos menos consolidados tiendan a desaparecer. Aún es difícil pronosticar cuán dramático será el saldo de los "sobrevivientes", pues se avecinan elecciones presidenciales (2018) y en el momento en el que concluimos este capítulo sus resultados se antojan sumamente inciertos.

Bibliografía

Abers, Rebecca y Margareth Keck (2013). *Practical Authority: Agency and Institutional Change in Brazilian Water Politics*. Oxford: Oxford University Press.

Alonso, Angela y Valeriano Costa (2002). "Por uma sociologia dos conflitos ambientais no Brasil". En Hector Alimonda (org.). *Ecologia Política. Natureza, sociedad y utopia*. Buenos Aires: Clacso.

—— (2004). "Dinâmica da participação em questões ambientais: uma análise das audiências públicas para o licenciamento ambiental do Rodoanel". En V. Coelho y M. Nobre (orgs.). *Participação e deliberação: teoria democrática e experiências institucionais no Brasil contemporâneo*, pp. 290–312. São Paulo: Editora 34.

Arantes, Rogério B. (2015). "Rendición de cuentas y pluralismo estatal en Brasil: Ministerio Público y Policía Federal", *Desacatos*, 49.

Astolfi, R. C. (2014). *Povo e polícia, uma só direção: os estreitos canais de participação dos Conselhos Comunitários de Segurança da cidade de São Paulo*. Tesis de maestría. Facultad de Filosofía, Letras y Ciencias Humanas. São Paulo: Universidad de São Paulo (USP).

Avritzer, Leonardo (2008). *Participatory institutions in Democratic Brazil*. Washington, D.C.: Wilson Press.

Bezerra, C. P. (2014). *Do poder popular ao modo petista de governar: mudanças no significado da participação para o Partido dos Trabalhadores*. Tesis de maestría. Facultad de Filosofía, Letras y Ciencias Humanas. São Paulo: Universidad de São Paulo (USP).

Boschi, Renato (1987). *A Arte da Associação. Política de base e democracia no Brasil*. São Paulo/Río de Janeiro: Vértice/IUPERJ.

Brelàz, Gabriela de (2012a). *O Processo de Institucionalização da Participação na Câmara Municipal de São Paulo: uma Análise das Audiências Públicas do Orçamento (1990–2010)*. Tesis de Doctorado. São Paulo: Escola de Administração de Empresas de São Paulo (FGV).

—— (2012b). "Principais Descobertas do Processo de Institucionalização da Participação na Câmara Municipal de São Paulo: uma Análise das Audiências Públicas do Orçamento (1990–2010)". Ensayo presentado en el 36° Encontro Anual da Anpocs. Águas de Lindóia-São Paulo.

Broinizi, Maurício (2013). Coordinador de la Secretaría ejecutiva de la Red Nuestra São Paulo. Entrevista realizada el 14 de mayo de 2013 (vía Skype).

Coelho, Rony Gleison da Silva (2017). *Os desafios de reconstrução de pedaços da cidade por meio dos conselhos participativos municipais das subprefeituras de São Paulo*. Tesis de Doctorado. Campinas: Universidad Estatal de Campinas (Unicamp).

Couto, Cláudio Gonçalves (1995). *O Desafio de Ser Governo. O PT na Prefeitura de São Paulo*. São Paulo: Paz e Terra.

Doimo, Ana Maria (1995). *A vez e a voz do popular: movimentos sociais e participação política no Brasil pós-70*. Río de Janeiro: Relume-Dumará/ANPOCS.

Donaghy, Maurenn M. (2013). *Civil Society and Participatory Governance: Municipal Councils and Social Housing Programs in Brazil*. Nueva York: Routledge Press.

Evangelista, Ana Carolina Pires (2012). *Diagnóstico, monitoramento e controle social na agenda governamental local no Brasil: o caso das leis municipais que determinam a adoção de programas de metas*. Tesis de maestría professional en gestión de políticas públicas. São Paulo: Escola de Administração de Empresas de São Paulo (FGV).

Fleischer, David (2004). "Os partidos políticos". En Lucía Avelar y Antônio Octávio Cintra (orgs.). *Sistema político brasileiro: uma introdução.* São Paulo: Konrad Adenauer Stiftung/UNESP.

Fonseca, Igor Ferraz da, Marilia Silva de Oliveira y Raimer Rodrigues Rezende (2012). *Audiências públicas no âmbito do governo federal: análise preliminar e bases para avaliação.* Relatorio de investigaicón. Brasília: Ipea.

Fonseca, Igor Ferraz da y Raimer Rodrigues Rezende (2013). *Fatores Críticos das Audiências Públicas do Governo Federal.* Nota Técnica 4, Brasília: Ipea-Diretoria de Estudos e Política do Estado, Secretaria-Geral da Presidência da República.

Gohn, Maria da Gloria (2004). "Movimentos sociais: espaços de educação não-formal da sociedade civil", *Nuevamerica*, 3 (3), 11–20.

Gurza Lavalle, Adrián (2011). "Após a participação: nota introdutória". *Lua Nova*, 84, 13–23.

Gurza Lavalle, Adrián y Barone, Leonardo (2015). "Associações, conselhos e desigualdade". En Marta Arretche (org). *Trajetórias da Desigualdade: Quanto o Brasil mudou nos últimos 50 anos?*. São Paulo: UNESP/CEM.

Gurza Lavalle, Adrián; Carlos, Euzeneia; Dowbor, Monika y Guicheney, Hellen (2013). *Brasil: controles democráticos no electorales.* México: Centro de Contraloría Social y Estudios de la Construcción Democrática-CIESAS.

Gurza Lavalle, Adrián, Carlos, Euzeneia, Dowbor, Monika y Szwako, José (en prensa). "Movimentos sociais, institucionalização e domínios de agência". *CEM Texto para Discussão*, 19. São Paulo: Centro de Estudos da Metrópole.

Gurza Lavalle, Adrián, Peter Houtzager y Graziela Castello (2011). "La construcción política de las sociedades civiles". En Adrián Gurza Lavalle (coord). *El horizonte de la política. Lecciones de Brasil para la agenda de investigación y el debate internacional.* México: CIESAS.

Gurza Lavalle, Adrián y Ernesto Isunza Vera (2015). "Representación y participación en la crítica democrática", *Desacatos*, 49, 10–27.

Gurza Lavalle, Adrián, Osmany Porto de Oliveira, Lizandra Serafim y Jessica Voigt (2012). "Ruling parties, associations and citizens in participatory democracy in Brazil. An emblematic case". *Fieldwork Report of Chance to Sustain Project.* Lima.

Gurza Lavalle, Adrián y José Szwako (2015). "Sociedade civil, Estado e autonomia: argumentos, contra-argumentos e avanços no debate", *Opinião Pública*, 21, 157–87.

Gurza Lavalle, Adrián, J. Voigt y Lizandra Serafim (2016). "O que Fazem os Conselhos e Quando o Fazem? Padrões Decisórios e o Debate dos Efeitos das Instituições Participativas", *Dados*, 59 (3), 609–50.

Instituto de Pesquisa Econômica Aplicada (Ipea) (2012). *Audiências Públicas no Âmbito do Governo Federal: análise preliminar e bases para avaliação.* Informe de investigación. Brasilia: Ipea.

—— (2013). *Conselhos Nacionais. Perfil e atuação dos conselheiros*. Brasilia: Ipea.
Isunza Vera, Ernesto y Adrián Gurza Lavalle (2012). "Arquitetura da participação e controles democráticos no Brasil e no México", *Novos Estudos*, 92, 105–21.
—— (2014). "Controles democráticos, participación y representación", en Diana Guillén y Alejandro Monsiváis (coords.). *La representación política de cara al futuro. Desafíos para la participación e inclusión democráticas en México*, pp. 47–74. Tijuana: El Colegio de la Frontera Norte.
Kinzo, Maria D'Alva (1988). *Oposição e Autoritarismo: gênese e trajetória do PMDB, 1966–1979*. São Paulo: IDESP.
—— (2004). "Partidos, eleições e democracia no Brasil Pós-1985", *Revista Brasileira de Ciências Sociais*, 19 (54).
Lamounier, Bolívar y Rachel Meneguello (1986). *Partidos Políticos e Consolidação Democrática: O caso brasileiro*. São Paulo: Brasiliense.
Lemos, Chélen Fischer de (1999). *Audiências Públicas, participação social e conflitos ambientais nos empreendimentos hidrelétricos: os casos de Tijuco Alto e Irapé*. Río de Janeiro: Instituto de Pesquisa e Planejamento Urbano e Regional/ Universidade Federal do Río de Janeiro.
Lopez, F. y N. Bueno (2012). "Transferências federais a entidades privadas sem fins lucrativos (1999–2010)", *Ipea Texto de Discussão*, 1778, 1–36. Brasilia: Ipea.
MCCE (Movimento de Combate a Corrupção Eleitoral). 2009. "Relação de Comitês Estaduais, Municipais e Locais". Disponible en <http://www.mcce.org.br/node/10>. Consultado el 9 de septiembre de 2013.
Melchiori, Cíntia Ebner (2011). *Participação e Representação Política: A Iniciativa Popular de Lei e o Caso do Movimento de Combate à Corrupção Eleitoral*. Tesis de maestría. Programa de Posgrado en gestión y políticas públicas. São Paulo: Fundación Getúlio Vargas (FGV).
Menezes, Monique (2015). "La expansión del control externo en Brasil: el Tribunal de Cuentas de la Unión", *Desacatos*, 49, 64–81.
Michiles, Carlos, Francisco Whitaker Ferreira, João Gilberto Lucas Coelho, Emanuel Gonçalves Vieira Filho, Maria Glória Moura da Veiga y Regina de Paula Santos Prado (1989). *Cidadão Constituinte: a saga das emendas populares*. Río de Janeiro: Paz e Terra.
Mische, A. (2008). *Partisan Publics: communication and contention across Brazilian youth activist networks*. Princeton: Princeton University Press.
Moreira, Thiago Miranda Queiroz (2016). *A criação da Defensoria Pública nos Estados: conflitos institucionais e corporativos no processo de uniformização do acesso à justiça*. Tesis de maestría. Facultad de Filosofía, Letras y Ciencias Humanas. São Paulo: Universidad de São Paulo (USP).

Oliveira, Osmany Porto de (2010). *Le transfert d'un modèle de démocratie participative: Paradiplomatie entre Porto Alegre et Saint-Denis*. París: Éditions de l'IHEAL.
Pires, Roberto (org.) (2011). *Efetividade das instituições participativas no Brasil: estratégias de avaliação*. Brasília: Ipea.
Pires, Roberto y Alexander Vaz (2010). "Participação faz diferença? Uma avaliação das características e efeitos da institucionalização da participação nos municípios brasileiros". En Leonardo Avritzer (org.). *A dinâmica da participação local no Brasil*. São Paulo: Cortez.
—— (2014). "Para além da participação: interfaces socioestatais no governo federal", *Lua Nova*, 93, 61–91.
Pogrebinschi, Thamy y Fabiano Santos (2011). "Participação como representação: o impacto das conferências nacionais de políticas públicas no Congresso Nacional". *Dados*, 54, 259–305.
Rauschenbach, Rolf (2016). "A Legislação dos Processos de Democracia Direta na América do Sul e na Suíça: Um panorama e observações sobre o caso brasileiro". En Nuno Coimbra Mesquita (org.). *Brasil: 25 anos de democracia Participação, sociedade civil e cultura política*, pp. 171–216. Río de Janeiro: Fundação Konrad Adenauer.
Redecidades (2011). *Nossa São Paulo: Proposta da PEC Programa de Metas é aprovada no CCJ da Câmara*. Disponible en <http://rededecidades.ning.com/profiles/blogs/>. Consultado el 1 de junio de 2013.
Renfer, Irene (2010). *Democracia directa en Argentina, Uruguay y Venezuela. Tres ejemplos de democracia directa en América Latina*. Buenos Aires: Prometeo Libros.
Rodrigues, Cristiano Santos y Prado, Marco Aurélio Maximo (2010). "Movimento de mulheres negras: trajetória política, práticas mobilizatórias e articulações com o Estado brasileiro". *Psicologia Social*, 22 (3), 445–56.
Sallum, Brasílio Jr. (2004). "Crise, democratização e liberalização no Brasil". En Basílio Sallum Jr. *Brasil e Argentina hoje: política e economia*, pp. 7–77. Baurú-São Paulo: EDUSC.
Sintomer, Yves, Herzberg, C. y Allegretti, Giovanni. (2013). *Participatory Budgeting Worldwide*. Bonn: Engagement Global.
Souza, Clóvis Henrique Leite de, Paula Pompeu Fiuza Lima y Ana Claudia Chaves Teixeira (2012). "Conselhos e Conferências Nacionais: entre a participação e a representação", *Argumentum*, 4, 152–72.
Szwako, José (2012). "Participar vale a pena, mas ... Novas lentes sobre a participação: utopias, agendas e desafios". En Anna Luiza Salles Souto y Rosangela Dias Oliveira da Paz (orgs.). *Novas Lentes sobre a participação: utopias, agendas e desafios*. São Paulo: Instituto Pólis.

Tatagiba, Luciana (2002). "Os conselhos gestores e a democratização das políticas públicas no Brasil". En Evelina Dagnino (org.). *Sociedade civil e espaços públicos no Brasil*. São Paulo: Paz e Terra.

—— (2004). "A institucionalização da participação: os conselhos municipais de políticas públicas na cidade de São Paulo". En Leonardo Avritzer (org.). *A participação em São Paulo*. pp. 323–70, São Paulo: UNESP.

—— (2005). "Conselhos gestores de políticas públicas e democracia participativa: aprofundando o debate". *Revista de Sociología e Política*, 25, 209–13.

Teixeira, Ana Claudia Chaves (2013). *Para além do voto: uma narrativa sobre a democracia participativa no Brasil (1975–2010)*. Tesis de Doctorado. Campinas: Universidad Estatal de Campinas (Unicamp).

Velásquez, Fabio E. (2013). *Sobre institucionalización de espacios de participación*. Bogotá: Foro Nacional por Colombia.

Vilas Boas, Marie-Hélène Sa (2017). "The Genesis of Participatory Democracy in Brazil: a Scientific (Re)Construction". *Brazilian Political Science Review*, 11(1).

Whitaker, Francisco (2003). "Iniciativa popular de lei: limites e alternativas". En: Maria Victoria Benevides, Fábio Kerche y Paulo Vannuchi (orgs.). *Reforma Política e Cidadania*. pp. 182–200. São Paulo: Fundação Perseu Abramo.

Sitios en internet

Contraloría General de la Unión
<http://www.acessoainformacao.gov.br/acessoainformacaogov/acesso-informacao-brasil/index.asp>

Instituto de Pesquisa Econômica Aplicada
<http://www.ipea.gov.br/portal/>

Observatório Social do Brasil
<http://www.observatoriosocialdobrasil.org.br>

Rede Social Brasileira por Cidades Justas e Sustentáveis
<http://rededecidades.ning.com/notes/Movimentos_da_Rede>

Rede Nossa São Paulo
<http://www.nossasaopaulo.org.br>

ERNESTO ISUNZA VERA, IVONNE ORTUÑO,
VICENTE MOCTEZUMA Y LOURDES GALLARDO

3 México. Sofisticación institucional y participación periférica[1]

La transición desde un régimen de partido de Estado, también definido como Estado Social Autoritario, ocurrió en México entre el final de los años 1960 y el año 2000. Sin embargo, la alternancia después de 70 años del Partido de la Revolucionario Institucional en el poder, no se tradujo en un nuevo pacto constitucional ni en un cambio relevante en las relaciones sociedad-Estado. La desarticulación del régimen que centralizaba las decisiones en la figura presidencial dio paso a una compleja trama de poderes regionales sin contrapesos sociales, y a débiles cambios institucionales. La captura de las nuevas instituciones por las élites y los poderes fácticos frustraron el desarrollo de experiencias consolidadas de controles democráticos con respaldo institucional. Los años posteriores a la alternancia del año 2000 fueron marcados por el descrédito del gobierno representativo y los partidos políticos tradicionales, así como por la baja eficacia de las instituciones del Estado que deberían fungir como garantes de los derechos de la población. Por otro lado, el protagonismo de la ciudadanía organizada fue acotado y desarticulado, llegando a un nivel de irrelevancia en la cotidianeidad de la toma de decisiones y en la implementación de las políticas públicas. Así mismo, la violencia en diversas escalas pasó a dominar las relaciones entre actores públicos y privados, y a definir transversalmente las prioridades de una gran parte del país.

1 Con la colaboración en la concepción, sistematización de experiencias y compilación de información de Almudena Ocejo, Juan Estrella, Paulina Gutiérrez y Lourdes Gallardo.

En este contexto, las experiencias de controles democráticos no electorales, tal y como son definidas por Isunza y Gurza Lavalle en este volumen, han sido limitadas en su grado de incidencia sobre los asuntos públicos. La protesta que activa costos reputacionales, la vigilancia técnicamente sustentada, las acciones que buscan la articulación trans-sectorial y la defensa de derechos desde grupos con sólidas identidades, son cuatro esferas de la experiencia mexicana, referentes para potenciar un ejercicio genuino de controles democráticos de las políticas y los servidores públicos. Por esto, el caso de México se define como un híbrido de sofisticación institucional y participación periférica.

La primera sección de este capítulo describe elementos contextuales que explican las principales características del régimen previo a la alternancia, mientras que en la segunda parte se caracterizan las formas existentes de la participación ciudadana orientada al control de las políticas y los servidores públicos en el ámbito federal. En las secciones tercera y cuarta se muestra el mapa de la institucionalidad de controles estatales y de controles democráticos, y se presentan ejercicios concretos que ilustran la diversidad de experiencias del estudio general. Finalmente, en el quinto apartado, se resumen los principales hallazgos y enseñanzas del caso, para el posible impulso de procesos de democratización en México.

Antecedentes

A diferencia de otras transiciones de gobiernos autoritarios, México experimentó, desde el final de los años 1960, una dilatada transformación que desembocó no en un nuevo pacto constitucional, sino en un proceso prolongado de reformas acotadas, tanto institucionales como legales, así como de las relaciones sociedad-Estado. Este largo periodo de cuatro décadas y media muestra ciertos hitos en la dirección que parte de la desarticulación de un Estado social-autoritario, hasta la actual situación de "deterioro democrático", en un marco de crisis humanitaria y de seguridad humana (Espinoza y Monsiváis 2012; Buscaglia 2012a; 2012b).

Los principales hitos de esta trayectoria remiten, en la siguiente descripción, a transformaciones en el Estado, la sociedad y sus relaciones. En 1977 el gobierno realizó una reforma político electoral para recuperar la inclusión de los sectores medios y juveniles a los que había reprimido en 1968, lo que se tradujo en la entrada continua, a partir de entonces, y generalizada, en los tres ámbitos del Estado mexicano, de partidos políticos alternos al Partido Revolucionario Institucional (PRI) que gobernó ininterrumpidamente el país entre 1929 y 2000. En 1988 la irrupción paralela de grandes organizaciones sociales (como el movimiento neo-cardenista,[2] las coordinadoras nacionales del movimiento urbano popular, del movimiento de mujeres, o de los promotores populares de salud, por ejemplo), una oposición política histórica del conservadurismo católico (representado por el Partido Acción Nacional-PAN), y una izquierda social y política que hizo alianza con el sector progresista del PRI que salió en 1987 de dicho partido, pusieron en jaque al sistema de representación política imperante. Las elecciones a la Presidencia de la República de 1988 se resolvieron con la imposición del PRI, violando claramente las reglas del juego electoral; más de cinco centenas de militantes cardenistas (del futuro Partido de la Revolución Democrática-PRD) fueron asesinados, dando origen a un sistema de partidos de "dos y medio" en el que el PRI y el PAN (los "dos") impondrían las directrices claves del nuevo régimen sobre el PRD (el "medio") en el sexenio de Carlos Salinas de Gortari (1988–1994). De esta forma, el régimen rearticuló sus capacidades represivas, de cooptación y creación de nuevos canales de legitimidad, asegurando una gobernabilidad dirigida por un proyecto político marcadamente neoliberal (Isunza 2001). En 1994 el levantamiento del Ejército Zapatista de Liberación Nacional (EZLN) y los asesinatos políticos en la élite de poder nacional, marcaron las elecciones presidenciales, y se hizo evidente un cierto resurgir de proyectos sociales articulados nacionalmente, en una magnitud que no se veía desde mediados de la década anterior.

2 Movimiento de ruptura dentro del Partido Revolucionario Institucional (PRI), encabezado por Cuauhtémoc Cárdenas, que al final de la década de 1980 enfrentó social y electoralmente al régimen de partido de Estado y más tarde desembocó en la creación del Partido de la Revolución Democrática (PRD).

En el año 2000, el PRI pierde finalmente la Presidencia de la República, inaugurando la alternancia en el poder federal, lo que localmente ya se experimentaba desde la década de los años 1980 en las entidades federativas. Ese régimen que imperó por 71 años en México puede describirse sucintamente por algunas características principales: (1) la fusión partido-gobierno-Estado-sociedad, (2) el control del poder ejecutivo sobre el partido, (3) el control gubernamental de las elecciones, (4) el dominio por inclusión, cooptación o represión de los opositores, (5) el sojuzgamiento de los medios de información, (6) el agudo centralismo en una república formalmente federal, (7) el corporativismo, (8) el clientelismo y (9) la informalidad como factor clave de las prácticas arbitrarias (Isunza 2001).

El primer gobierno de la alternancia, encabezado por Vicente Fox del PAN (2000–2006), mantuvo las mismas políticas económicas y sociales de los últimos gobiernos del PRI. A diferencia de otros procesos transicionales, no sólo se mantuvo el texto constitucional vigente (1917) sino que el mapa de los partidos políticos no tuvo una modificación significativa. Desde los acuerdos post-crisis política de 1988, se instauró en México una suerte de pacto elitista entre el *establishment* partidario dominado por las tres principales fuerzas políticas (PAN, PRI y PRD), complementado con algunas fuerzas menores (el Movimiento Ciudadano-MC, antes Convergencia, el Partido del Trabajo-PT, el Partido Verde Ecologista de México-PVEM y el Partido Nueva Alianza-NA). Las innovaciones de este primer gobierno de la alternancia fueron institucionales, apoyadas por la fuerte legitimidad que tenía el presidente por el amplio y diverso frente informal que significó la primera mitad de su gobierno.

Las principales innovaciones fueron la ley y sistema nacional de transparencia y acceso a la información, la generalización y consolidación del programa de transferencias monetarias condicionadas de lucha contra la pobreza (el Programa Prospera, antes llamado Oportunidades, y antes Progresa), el reconocimiento formal de instrumentos y mecanismos de protección de derechos humanos, y la creación de espacios de diálogo sectorial y regional con organizaciones sociales. Sin embargo, la errática conducción de los procesos y la declarada opción por reproducir acuerdos cupulares con una participación ciudadana que, como punto máximo, estaba acotada a la consulta, hizo que, para el tercer año de gestión, estos procesos bajaran de velocidad y profundidad y otros prácticamente se abortaran. En las elecciones intermedias de 2003 el PAN sufrió un serio revés y, de hecho, el frente heterogéneo que apoyó a Fox fue dejando puestos clave a militantes y dirigentes del PAN. La "panización" del aparato del Estado desdibujó la heterogeneidad y contrapesos internos, en detrimento de la calidad de muchos procesos administrativos que fueron encabezados por una nueva generación de mandos medios y superiores sin experiencia ni preparación.

Felipe Calderón del PAN llegó a la presidencia en diciembre de 2006, en las elecciones más disputadas del país, con fuertes dudas de fraude electoral, incertidumbre sobre los resultados y debilidad de las autoridades electorales (Crespo 2007 y 2008). Este segundo mandato del PAN estuvo marcado por una crisis de representatividad política, la polarización de la sociedad y una crisis de seguridad y de respeto a los derechos humanos enmarcadaen la estrategia gubernamental denominada "guerra contra el narcotráfico" (HRW 2011; Escalante 2011). La situación económica mundial tampoco ayudó al crecimiento nacional, demasiado ligado a los vaivenes de un solo factor: el desempeño de la economía de los Estados Unidos. Lo que experimentó la mayoría de la población fue, sin duda, el aumento de la pobreza (Centro de Estudios de las Finanzas Públicas 2010; Coneval 2011).

Frente a la parcial apertura a la innovación institucional y al aparente guiño a la participación ciudadana en el gobierno anterior, el segundo gobierno federal del PAN dejó plasmadas sus buenas intenciones en el Plan Nacional de Desarrollo, dejando en la práctica una participación ciudadana acotada al fortalecimiento de los consejos ciudadanos consultivos (Hevia e Isunza 2012).[3]

Esta perspectiva de dejar a la participación ciudadana en el ámbito de la consulta, surgió en 1982, en el gobierno de Miguel De la Madrid (1982–1988), mediante el Sistema Nacional de Planeación Democrática, que creó Consejos de Planeación Democrática en todos los estados y

3 En este periodo se verificó la institucionalización de la "Contraloría social" (2008), como parte de la política de innovación institucional del gobierno de Calderón; la dirección de este proceso apunta, como se explica en esta sección, hacia una versión acotada y débil de la participación ciudadana y sus nulas potencialidades claramente deliberativas.

municipios (los Coplade y los Coplademun). Posteriormente, Carlos Salinas de Gortari (1988–1994) creó los Comités de Solidaridad como parte de su Programa Nacional de Solidaridad, así como consejos consultivos en políticas sectoriales (Cornelius, Craig y Fox 1994). Por su parte, Ernesto Zedillo (1994–2000) instauró consejos consultivos en ciertas políticas sectoriales, manteniendo las decisiones en el gobierno. En este sentido, los dos gobiernos federales del PAN (2000–2012), no hicieron más que darle continuidad a la política acotada en materia de participación ciudadana de los gobiernos del PRI (Isunza y Hevia 2006).

Caracterizando la arquitectura de la participación orientada al control en México: el escenario después de los sexenios de "la alternancia" y el retorno del PRI (2000–2016)[4]

No obstante, las directrices señaladas en documentos oficiales como el Plan Nacional de Desarrollo o las reformas constitucionales relacionadas con la llamada "reforma política" (debatida en el otoño de 2011), lo que muestra la arquitectura de la participación en México es un Estado, como la mayoría de los partidos y gobiernos, *hermético a la participación*. La lógica dominante es restringir la participación ciudadana a la creación de espacios de información, que crean públicos para la toma de decisiones que se efectúan en el ámbito estatal (Hevia e Isunza 2010). Incluso sectores señalados por actores societales y gubernamentales como ejemplo de la participación ciudadana, como el agua potable y, en general, el medioambiente, muestran esta visión hermética a la participación potenciada (*empowered participation*), llegando al extremo paradójico que calificar como "deliberativos" a los espacios "ciudadanizados" que sólo cuentan con un carácter consultivo (Hevia e Isunza 2012).

Algunos espacios que teóricamente están diseñados para la *cogestión* (o gobernanza) en realidad se ubican en *lugares periféricos* de la gestión de

4 Este apartado se basa en las conclusiones de Isunza (2012).

la política pública, como es el caso de los instrumentos de participación potenciada en la gestión de cuencas, pago por servicios ambientales o sistemas comunitarios de agua. Los dispositivos potenciados son regularmente distales (esto es, se ubican en la periferia) mientras que los dispositivos consultivos son, en el mejor de los casos, proximales (Isunza 2011).

En un mapa de las interfaces socio-estatales realizado a la mitad del periodo panista del México post-alternancia (Isunza y Hevia 2006), actualizado casi al final del sexenio calderonista (Hevia e Isunza, 2010), destaca el peso de encuentros catalogados como participativos que, en realidad, estaban *acotados a la consulta*, cuando no al *trabajo comunitario no retribuido*. En esta categoría no sólo están los numerosos programas sociales que obligan a los ciudadanos pobres a aportar su mano de obra gratuitamente como contraparte de materiales suministrados por el gobierno, sino también las funciones llamadas de "contraloría social" que cumplen la tarea de transmisión de información directa entre los "beneficiarios" del programa y los servidores públicos responsables del mismo.

Una excepción en la arquitectura de la participación mexicana han sido los consejos electorales que ya han sido ampliamente estudiados en otros escritos (Aziz e Isunza 2007; Isunza 2006). Su principal característica originaria es que el máximo órgano de dirección de la institución del Estado responsable de organizar las elecciones está conformado por ciudadanos elegidos por esta condición de "ciudadanos independientes" de los actores en disputa, es decir, los partidos políticos. Sin embargo, la debilidad estructural de su diseño radica en el nombramiento de los 1,800 consejeros de los consejos distritales —la base de la pirámide institucional—, que son postulados por los consejeros de los 32 consejos locales (192 ciudadanos), y éstos a su vez por los nueve consejeros del consejo general —la cúspide— del Instituto Nacional Electoral (el INE). Es debilidad estructural porque los nueve consejeros son elegidos, a su vez, por dos terceras partes de los diputados presentes en la sesión respectiva, lo que crea una estructura donde la representación es, por un lado, presuntiva y, por el otro, basada en la red de intereses partidarios que son, en última instancia, los que debieran acotarse por la acción de los consejeros entendidos como "árbitros ciudadanos de las disputas partidarias" (Isunza 2006). En este caso, la relación representante-representado se forma en un extraño sentido "de arriba hacia abajo", lo que se traduce en un tipo de *control inverso*, por el cual los representantes (los actores político partidarios) nombran a los ciudadanos que, por un lado, deberán controlarlos y, por el otro, fungen como presuntos representantes precisamente por su cualidad de ciudadanos. Esto produce un doble efecto, que es paradigmático de una buena parte de los dispositivos "participativos" en México. Por un lado, los "representantes" de la ciudadanía no son "electos" por sus "públicos". Y, por otro lado, quienes deberían ser controlados, eligen a sus controladores. El resultado es un régimen de impunidad (*unacountability*) donde los actores poderosos son irresponsables, no en el sentido de actuar sin meditar o prever sus actos, sino en cuanto a que no se les puede exigir responsabilidades (*unaccountable*).

Un breve balance de la institucionalidad estatal: la rendición de cuentas horizontal y participación

Nos parece clave definir tres elementos de referencia para contar con un panorama del régimen de CDNE en el ámbito federal mexicano. En primer lugar, se han llevado a cabo diversas reformas que básicamente mantienen el sentido del control en manos de las instituciones estatales y de una reducida clase política que ha dominado los procesos de innovación institucional.

Aunque uno de los logros del momento transicional creado por la alternancia en el gobierno federal en el año 2000 fue la cristalización normativa e institucional del derecho al acceso a la información pública gubernamental, claramente existe, al final del periodo bisexenal panista (2000–2012), un saldo negativo, de franco retroceso. Los impulsos de gobernantes y legisladores son por *acotar este derecho*, llegando a proponer su limitación en la propia ley federal de la materia, principalmente en términos de la definitividad de las resoluciones del Instituto Nacional de Transparencia, Acceso a la Información y Protección de Datos Personales (Inai), el uso de recovecos legales para negar la transparencia de la información y la falta de información actualizada, relevante y en lenguaje ciudadano en los portales de transparencia estatales y municipales. Durante el gobierno posterior, bajo el mando del PRI, el estudio actualizado de la *Métrica de Gobierno Abierto*[5] concluyó que "... los ciudadanos enfrentan dificultades para activar los mecanismos de participación existentes, así como para asegurar una vinculación entre la expresión de sus preferencias con procesos sustantivos de toma de decisiones de los entes públicos" (Cejudo 2017).

Una institución importante en el régimen de controles horizontales es la Auditoría Superior de la Federación (ASF), que es el órgano anclado en el poder Legislativo federal encargado de la fiscalización del gasto público federal. Desafortunadamente, la integración de estas instituciones de control horizontal con iniciativas de controles democráticos no electorales es poco común. Incluso la desarticulación de las diversas instituciones de control horizontal federal, respecto a las propias de los ámbitos estatal y municipal, es un obstáculo evidente que produce la inoperancia de un auténtico sistema nacional de controles democráticos.

Por otro lado, el 18 de julio de 2016 se promulgó el Sistema Nacional Anticorrupción (SNA), que será la instancia encargada de la coordinación entre las autoridades de todos los órdenes de gobierno competentes en la prevención, detección y sanción de responsabilidades administrativas y hechos de corrupción, así como en la fiscalización y control de recursos públicos (CPEUM 2015, art. 113). Este sistema considera la creación y funcionamiento de un Comité de Participación Ciudadana conformado por ciudadanos destacados en el ámbito de la transparencia y rendición de cuentas o en el combate a la corrupción. A pesar de lo anterior, como afirmamos en un estudio comparativo reciente de la transición mexicana:

> El diseño del Estado, como red de instituciones y sistema de pesos y contrapesos, se desplazó hacia una ruta donde la participación ciudadana en la definición, implementación y evaluación de las políticas públicas fue testimonial y periférica. Así, la ciudadanía, en el mejor de los casos, solo puede ejercer su derecho a controlar

5 Instrumento que mide qué tanto puede conocer el ciudadano lo que realizan sus gobiernos y qué tanto puede incidir sobre sus decisiones. Proyecto encomendado por el Inai al Centro de Investigación y Docencia Económicas (CIDE). Para mayor información véase: <http://eventos.inai.org.mx/metricasga/>.

democráticamente lo público mediante la elección de representantes. Las funciones de contrapeso de las instituciones se desvanecieron debido a la labor sistemática de captura por parte de los poderes que debían ser controlados. (Aziz e Isunza 2017)

El segundo elemento a tener en cuenta, para tener una visión panorámica del régimen de CDNE en México, es el diseño de la oferta para la participación ciudadana del gobierno federal. Esta arquitectura institucional se define por cuatro características principales que, en resumen, constituyen un marco que dificulta su articulación y la posibilidad de un efectivo control democrático de las políticas y programas públicos por parte de la ciudadanía.

En primer lugar, la gran mayoría de los mecanismos existentes en la Administración Pública Federal (APF) (47.48%)[6] se orientan a la consulta del gobierno a la sociedad, mientras otra parte significativa (23.02%) se dedican a la vigilancia de los programas gubernamentales. Una anotación necesaria es que las labores de vigilancia apuntadas, en su gran mayoría, corresponden con los ejercicios de contraloría social de los programas sociales. A pesar de su definición normativa como dispositivos de vigilancia, su carácter es generalmente inocuo, ya que se concentran en informar, aunque no inciden en la marcha de los programas y políticas como parte de una red de control eficiente.

Tabla 3.1: Frecuencia de mecanismos de participación ciudadana de la APF, por tipo de incidencia

Incidencia	*N*	%
Consulta	66	47.48
Vigilancia	32	23.02
Diálogo	13	9.35
Deliberación	12	8.63
Cogestión	7	5.04
Información	6	4.32
Diálogo/Consulta	2	1.44
Vigilancia/Consulta	1	0.72
Total	139	100
Fuente: Isunza 2015		

6 Los datos corresponden al conjunto de mecanismos reconocidos por el gobierno federal en 2015. Véase, Isunza 2015.

En segundo lugar, más de la mitad de los ciudadanos (53.96%) que participan como representantes sociales en los mecanismos federales, se constituyen como tales mediante la invitación que les extienden los funcionarios públicos responsables de las instituciones. Esto quiere decir que, en el mejor de los casos, la representatividad de estos actores descansa en argumentos de *representación presuntiva o virtual.* La fragilidad de su posición política es equivalente con la que se experimenta en las instituciones de contrapeso o coadyuvantes del control (democrático o gubernamental): los ciudadanos que presuntamente hablan en nombre (o actúan en el mejor interés) del conjunto de la sociedad, ocupan sus cargos por invitación de quienes deberían someterse a su control.

Tabla 3.2: Frecuencia de mecanismos de participación ciudadana de la APF, por tipo de representación

Representación	*N*	%
Invitación	75	53.96
Elección	57	41.01
Invitación y Elección	7	5.04
Total	139	100
Fuente: Isunza 2015		

En tercer lugar, la oferta participativa del gobierno federal es extremadamente centralizada. Así, los mecanismos de participación ciudadana no articulan su existencia de manera federal, implicando ámbitos estatal, municipal, metropolitano o regional en su acción, sino que muestran una tendencia a focalizar su incidencia en los espacios de decisión centralizada de la Administración Pública Federal y en los espacios locales, sumando el 84.17% de los 139 mecanismos existentes.

Tabla 3.3: Frecuencia de mecanismos de participación ciudadana de la APF, por ámbito

Ámbito	*N*	%
Nacional	97	69.78
Local	20	14.39
Federal	18	12.95
Estatal	1	0.72
Municipal	1	0.72
Estatal/ Municipal	1	0.72
Estatal/ Local	1	0.72
Total	139	100
Fuente: Isunza 2015		

Finalmente, en cuarto lugar, en la Tabla 3.4 se presentan 30 tipos compuestos, lo que permite tener una idea más precisa de los modos existentes en diversos nichos de la arquitectura institucional orientada a la participación ciudadana en la administración pública federal. Al integrar en un análisis las tres características que anteriormente se presentaron separadamente, destacan tres datos: 1) Son una clara minoría los mecanismos diseñados para incidir mediante la deliberación o la cogestión (tipos compuestos 8 y 9, con el 4.32 y 2.88%, respectivamente del total de mecanismos). 2) Los mecanismos con acción en el ámbito federal son muy pocos (tipo 5, con el 5.76%). 3) Los mecanismos que combinan formas "fuertes" de incidencia en ámbitos multinivel y con peso ciudadano de representación, son muy raros: en total, sólo un poco más del 8.6% (número 8 con el 4.32%, número 9 con el 2.88%, y número 17 con el 1.44% de los mecanismos documentados).

Tabla 3.4: Frecuencia de mecanismos de participación ciudadana de la APF, por tipo compuesto*

#	*Tipo compuesto*	*N*	%
1	Consulta/Invitación/Nacional	31	22.30
2	Vigilancia/Elección/Local	14	10.07
3	Consulta/Elección/Nacional	13	9.35
4	Diálogo/Invitación/Nacional	13	9.35
5	Consulta/Elección/Federal	8	5.76
6	Vigilancia/Invitación/Nacional	8	5.76

#	*Tipo compuesto*	*N*	%
7	Vigilancia/Elección/Nacional	6	4.32
8	Deliberación/Elección/Nacional	6	4.32
9	Cogestión/Elección/Nacional	4	2.88
10	Información/Invitación/Nacional	4	2.88
11	Consulta/Invitación/Federal	3	2.16
12	Deliberación/Invitación/Nacional	3	2.16
13	Cogestión/Invitación/Nacional	2	1.44
14	Consulta/Elección/Local	2	1.44
15	Consulta/Invitación-Elección/Nacional	2	1.44
16	Consulta/Invitación/Local	2	1.44
17	Deliberación/Elección/Federal	2	1.44
18	Diálogo-Consulta/Invitación/Nacional	2	1.44
19	Información/Invitación/Federal	2	1.44
20	Vigilancia/Invitación/Local	2	1.44
21	Cogestión/Invitación-Elección/Nacional	1	0.72
22	Consulta/Elección/Estatal-Local	1	0.72
23	Consulta/Elección/Estatal-Municipal	1	0.72
24	Consulta/Invitación-Elección/Estatal	1	0.72
25	Consulta/Invitación/Estatal-Federal	1	0.72
26	Consulta/Invitación-Elección/Municipal	1	0.72
27	Deliberación/Invitación/Federal	1	0.72
28	Vigilancia-Consulta/Invitación/Nacional	1	0.72
29	Vigilancia/Invitación-Elección/Nacional	1	0.72
30	Vigilancia/Invitación/Federal	1	0.72
	Total	139	100

Nota: * Integra tipos de incidencia, representación y ámbito
Fuente: Isunza 2015

A partir de estas cuatro características estructurantes de la arquitectura del control horizontal y su relación con la oferta de participación en el ámbito federal, se explica la *debilidad de los controles horizontales* en México. Esta es resultado de su combinación con diversos factores entre los que se encuentran la combinación de instituciones capturadas, diseños propios de un régimen autoritario y la hermeticidad respecto a una participación ciudadana potenciada; son especialmente relevantes la falta de eficiencia y autonomía del poder judicial y el ministerio público (Roemer y Buscaglia 2006; Méndez-Silva 2010; Zepeda 2004), así como de los órganos de control con mandato específico (Ackerman 2007).[7] Cuando a esto se suma la incapacidad de diseñar espacios efectivos de participación potenciada orientados al control de las políticas, el resultado es la parálisis en el funcionamiento de los inconexos mecanismos de tipo horizontal, vertical y transversal.

En este contexto, es relevante hacer un recuento de las principales experiencias de CDNE existentes en el país, así como la caracterización de las mismas, para delimitar de qué manera el régimen de controles y las opciones de participación ciudadana y representación política se han articulado en los últimos años en México.

Enfocando casos tipo de CDNE[8]

La investigación realizada para desarrollar la base censal se puede dividir en dos momentos. El primero corresponde al reconocimiento inicial de los dispositivos que formarían el censo y, el segundo, fue la documentación que nos permitió realizar su descripción.

7 El 18 de junio de 2008 fue publicada la reforma constitucional que establece el nuevo sistema de justicia penal en México. Con este nuevo sistema de justicia penal se espera palear los altos índices de impunidad en el país que, según el Índice Global de Impunidad en México 2016, "de los delitos consumados ... en perspectiva con la cifra negra (delitos que no fueron denunciados por los ciudadanos) arrojaría que la impunidad simple y llana, entendida como delito sin castigo, estaría en los márgenes del 99% en México. Es decir, menos del 1% de los delitos en México son castigados" (Le Clercq y Rodríguez 2016).

8 Preocupados por la sistematización de dispositivos orientados al control de políticas y funcionarios públicos, sean estos electos o no, buscamos elaborar un mapa lo más amplio posible de experiencias en México. En esta sistematización tomamos en cuenta aquellos arreglos institucionalizados donde la participación ciudadana forma parte

Para el primer momento trazamos distintas rutas de investigación; en primer lugar, el grupo de trabajo del "CCiudadano. Construcción y articulación de lo público" del CIESAS (CCiudadano-CIESAS) ha ido generando, en sus diez años de trabajo, un mapa de la diversidad de iniciativas y mecanismos de CDNE existentes. Esta información no se encontraba aún sistematizada y documentada, pero constituyó la principal fuente de referencia. En segundo lugar, se indagó en distintas fuentes de información que nos permitieran conocer tipos de CDNE que habían quedado fuera de la mirada del CCiudadano-CIESAS. De esta forma, se revisaron (a) bases de datos de las convocatorias a premios a la innovación y gestión de los gobiernos locales y de financiamiento para el trabajo en distintos rubros de las organizaciones de la sociedad civil (OSC); (b) artículos en revistas especializadas y libros vinculados con la participación ciudadana, la rendición de cuentas, la participación democrática, etc.; y, finalmente, (c) la consulta a distintas instancias de gobierno en las 32 entidades de la República, utilizando los mecanismos de acceso a la información pública gubernamental.

Esta ruta de recopilación permitió crear el primer conteo de los mecanismos. En un segundo momento, para poder dar cuenta de las características y los detalles de cada mecanismo, recurrimos a fuentes bibliográficas y hemerográficas. Debido a la falta de fuentes secundarias suficientes (a veces a su ausencia total), revisamos algunas fuentes de información primaria: leyes y disposiciones, portales de internet y documentos de trabajo de los mecanismos investigados. La carencia de información secundaria, y sobre todo la falta de documentación primaria accesible, ha sido un obstáculo para esta investigación, por lo que algunas de las descripciones del censo se encuentran en un grado de generalidad alto que nos hubiera gustado detallar más. Sin embargo, estamos convencidos de que los 44 casos mexicanos que presentamos en el censo representan un panorama general de los tipos de experiencias de control democrático no electoral en México.

En la Tabla 3.5 se resumen algunos datos que permiten dar una mirada transversal de los 44 dispositivos. El primero es la enorme desproporción de

---

del entramado, pero también las múltiples experiencias ciudadanas que aspiran a influir en la toma de decisiones, como movimientos y asociaciones sociales de muy diverso tipo.

dispositivos que conforman una característica estructural de la alternancia en el país: el modelo de "participación acotada" (Hevia e Isunza 2012), lo que se ratifica en este estudio cuando descubrimos que más de 7 de cada 10 de los dispositivos de control tienen un carácter meramente consultivo. Si comparamos esta cifra con la situación panorámica de la oferta participativa del gobierno federal, donde los mecanismos decisorios llegaban apenas al 14%, queda claro que los dispositivos de CDNE estudiados dan una mayor importancia a la toma de decisiones.

Tabla 3.5: Alcance de la Participación y tipo de CDNE

Alcance de la participación %		*Lugar en el entramado Estatal/social (Tipos de CDNE) %*	
Consultivo	74	Institucional (I)	34
Deliberativo	26	Institucional Mixto (IM)	61
		Extra Institucional (EI)	5
Fuente: Elaboración propia.			

Por otro lado, la tipología sugerida para ordenar los casos en términos de su disposición temporal, lugar en el eje sociedad/Estado y distribución espacial, funciona para ciertas reflexiones comparativas pero depende fuertemente de la decisión de qué experiencia capturar y cuál no. Es decir, la frecuencia de experiencias Institucionales Mixtas y de distribución espacial baja podrían estar mostrando una sub-representación producto de la decisión metodológica, por ejemplo, de incluir en una sola entrada los cientos de casos de Comités de agua (caso 95 de la base de datos), y no un registro por cada experiencia.

Sin embargo, un dato que llama la atención es el peso de las experiencias institucionales e institucionales mixtas (95%) frente a las extra-institucionales (5%), lo que confirma el carácter Estado-céntrico del régimen de controles vigente en el país.

Cuando comparamos la distribución de los casos documentados en la base de datos del proyecto de investigación, con la propuesta de clasificación por tipos de participación que elaboró el equipo de Colombia (Velásquez y González 2013), encontramos que más del 40% de los dispositivos de CDNE se abocan a tareas de vigilancia de las labores de los servidores públicos en diferentes ámbitos del gobierno. La tercera parte de las experiencias registradas se ubica en las formas menos "duras" de incidencia de la participación sobre la cosa pública (el continuo que va de la información a la concertación), y poco más de una cuarta parte de los dispositivos documentados se concentra en las formas "duras" de incidencia.

Sin embargo, sólo un caso de dispositivo de "decisión" remite a experiencias con una participación ciudadana generalizada (Ordenamiento Ecológico Territorial. Cooperativa Agropecuaria Regional Tosepan Titataniske, que equivale al 2.27%) y dos de los cinco casos de gestión experimentan una implantación territorial nacional, aunque localizada (Comités Locales de Agua y Mecanismos de Participación Social en Guarderías, que equivalen al 4.54%).

Tabla 3.6: Clasificación por tipo de participación/Vigilancia de dispositivos mexicanos[9] Censo de CDNE (n=44)

Tipo de participación	%
Información	5
Consulta	18
Iniciativa	5
Concertación	5
Decisión	16
Gestión	11
Otro tipo	
Vigilancia	41
Fuente: Elaboración propia.	

9 "*Información*: Acceso a datos y mensajes a través de los cuales el sujeto participativo adquiere elementos de juicio para perfilar su conducta en el escenario público. *Consulta*: los participantes opinan sobre una situación determinada. Esa opinión constituye un insumo para la toma de decisiones. *Iniciativa*: Es la formulación de sugerencias por parte de los sujetos de la participación, destinadas a mantener o transformar una situación. *Concertación*: Acuerdo mediante el cual dos o más actores definen la solución de un problema y los medios para ejecutarla. *Decisión*: adopción de una acción, escogida a partir de dos o más alternativas. *Gestión*: Manejo de recursos de diversa índole para la obtención de un resultado final. *Vigilancia*: Seguimiento realizado por una persona o un grupo al cumplimiento de las decisiones tomadas (González 1995).

Con las reservas apuntadas sobre lo que llamamos "censo" de dispositivos, que es en realidad una muestra documentada de experiencias sistematizadas en la base de datos del proyecto de investigación, señalaremos algunas características observadas a partir de la forma en que los propios actores nombran a las experiencias. Estas denominaciones, que generalizamos con la noción de "tipología nativa", se refieren a los 44 dispositivos que documentamos para el caso mexicano, la mayoría de los cuales precisamente están en esta muestra porque tienen una importancia relevante ya sea por su incidencia efectiva en las políticas públicas, sea por su generalización espacial o institucional o bien por la importancia en términos de efectivizar un régimen de controles, donde la participación ciudadana tenga un papel reconocido.

Si bien en la Tabla 3.6 se sistematizaron los 44 dispositivos a partir de la clasificación de Velásquez y González (2013), como se muestra en la Tabla 3.7 la "tipología nativa" mexicana identifica las experiencias con las mismas denominaciones (como "consulta") aunque con diferente significado. En primer lugar, de los datos de esta Tabla 3.7 destaca que más del 40% de los dispositivos se enfocan en tareas de vigilancia y fiscalización, que van desde iniciativas societales externas a la política (como el monitoreo ciudadano) hasta la oferta de fiscalización interna a ciertas obras y servicios (la contraloría social).

En el otro extremo (6.81%) están los dos casos en los que existe un dispositivo por medio del cual los ciudadanos pueden contener, modificar o anular la acción de servidores públicos, utilizando mecanismos de coerción anclados en el sistema jurídico mexicano. Por otro lado, destaca el equilibrio que encontramos (del 11.35 al 15.90%) entre otras dos formas genéricas de organizar los dispositivos según la tipología nativa mexicana: la consulta, y las quejas y denuncias. Aquí la relación sociedad/Estado se ciñe, normalmente, al flujo de información desde la primera hacia las segundas, y pocas veces este flujo deriva en un resultado vinculado con lo expresado por la ciudadanía. Finalmente, destacan los dispositivos que real o potencialmente ejercen un nivel alto de control sobre los representantes: lo que se conoce como gestión, cogestión y democracia directa (25.00%). Su alta frecuencia en la muestra por país no implica que sean dispositivos frecuentes, generalizados ni, de lejos, articulados. Más bien se trata de experiencias exitosas (o potencialmente activadoras de una ciudadanía que incide en la cosa pública) en las que el tejido social (previo o construido ex profeso) toma en sus manos las políticas públicas.

Tabla 3.7: CDNE en México, organizados por tipología nativa (n=44)

Tipo	*Subtipo*	*Frecuencia*	*%*
1. Consulta	Consejos consultivos	6	13.63
	Consulta pública	1	2.27
	Total tipo	7	15.90
2. Queja y denuncia	Sistema de quejas y denuncias	3	6.81
	Buzón de quejas	2	4.54
	Total tipo	5	11.35
3. Gestión, cogestión y democracia directa	Comités ciudadanos	4	9.09
	Mecanismos de democracia directa	4	9.09
	Codiseño y cogestión OSC/gobierno	1	2.27
	Organizaciones sociales comunitarias/indígenas	2	4.54
	Total tipo	11	25.00
4. Vigilancia y fiscalización	Contraloría ciudadana/social	8	18.18
	Observatorios Ciudadanos	5	11.35
	Grupos vecinales (contexto urbano)	2	4.54
	Monitoreo ciudadano	1	2.27
	Grupo multisectorial	1	2.27
	Organismos de derechos humanos	1	2.27
	Total tipo	18	40.90
5. Justiciabilidad de derechos	Juicio de protección de derechos político electorales	1	2.27
	Juicio de Amparo	1	2.27
	Juicios administrativos	1	2.27
	Total tipo	3	6.81
Fuente: Elaboración propia.			

El universo de casos sistematizados muestra una tendencia hacia ciertas formas de incidencia centradas en la implementación y la transparencia (lo que hacen el 40% de los dispositivos de CDNE), menos en la normatividad, el combate a la corrupción y la participación ciudadana (que impactan entre el 16 y el 13% de los casos) y bastante menos en las prioridades y la agenda (donde sólo el 5.3 y el 9% de los CDNE inciden).

Tabla 3.8: Formas de incidencia de los CDNE documentados en la base de datos del proyecto (n=44)

Dimensión de incidencia	*Frecuencia**	*%*
Normatividad	21	16.0
Agenda	12	9.0
Prioridades	7	5.3
Implementación	28	21.0
Transparencia	25	19.0
Participación ciudadana	18	14.0
Combate corrupción	17	13.0
Otro	5	3.8
* Nota: cada CDNE puede tener más de un tipo de incidencia Fuente: Elaboración propia.		

Finalmente, en términos de qué tipo de relaciones guardan los CDNE sistematizados con otros dispositivos de control, en la Tabla 3.9 se puede observar que hay una clara tendencia, que se mantiene si nos concentramos sólo en los CDNE definidos como de incidencia Alta-media, a mantener relaciones con dispositivos estatales (44%) y sociales (un tercio), mientras que, a gran distancia, se encuentra la tendencia a mantener relaciones con dispositivos mixtos (14%) e internacionales (uno de cada diez).

Tabla 3.9: Relaciones con otros dispositivos de control de los CDNE documentados en la plataforma de internet (n=44)

Tipos de dispositivos de control	*Frecuencia*	*%*
Sociales	19	33
Estatales	25	44
Mixtos	8	14
Internacionales	5	9
Fuente: Elaboración propia.		

Casos de estudio: experiencias ejemplares

A partir de los criterios de selección de la investigación comparativa, y una vez discutidos los diversos ejemplos y experiencias encontradas en el censo, se decidió profundizar en el estudio de 6 casos, atendiendo al principio de ejemplificar por lo menos 4 de los 8 tipos creados (a partir de 3 criterios), además de un caso de control, en el que se actualizara una incidencia Baja-nula.

Los casos escogidos se muestran en la siguiente tabla.

Tabla 3.10: Casos de estudio. Experiencias ejemplares (A partir de tipología por tres criterios)

Id	*Id en base*	*Caso*	*Tipo (a partir de criterios de Continuidad/ Lugar sistémico/ Cobertura)*	*Incidencia*
1	12	Contraloría social	Permanente/ Institucional Mixto/ Alta	Baja-nula (caso control)
2	72	Juicio contencioso administrativo	Muy frecuente/ Institucional/ Alta	Alta-media
3	95	Comités de agua	Permanente/ Institucional Mixto/ Media	Alta-media
4	100	Mecanismo de Participación Social en Guarderías (MPSG)	Permanente/ Institucional/ Media	Alta-media
5	136	Regidor 19. Participación ciudadana en el Cabildo de Ciudad Juárez, Chihuahua	Permanente/Institucional Mixto/ Baja	Alta-media
6	141	Cooperativa Agropecuaria Regional *TosepanTitataniske*	Permanente/ Institucional Mixto/ Media	Alta-media

En esta muestra está presente el "caso de control" (folio 12: Contraloría social) que es un dispositivo permanente/institucional/de cobertura alta, pero con una baja o nula incidencia. En los otros cinco casos se repite el tipo marcado por dos características (continuidad y lugar sistémico); decidimos incluir uno de los pocos instrumentos de control asentados en el Poder Judicial que, sin embargo, son poco trabajados en articulación con otros dispositivos de control o movilización ciudadana o popular: los juicios contenciosos administrativos (folio 72); tampoco quisimos dejar fuera el caso del monitoreo de las guarderías del Instituto Mexicano del Seguro Social (IMSS) (folio 100), ya que nos pareció un buen ejemplo de institucionalización eficaz del control surgido de una movilización de víctimas con su consecuente generalización y constitución dentro del aparato estatal, y engarzado a los sistemas de control interno ya existentes.

Programa de Contraloría Social en México. Dispositivo implementado por la Secretaría de la Función Pública (SFP)

Descripción breve

Es un mecanismo institucional creado por la Secretaría de la Función Pública (SFP) con el objetivo de que los beneficiarios de programas sociales puedan vigilar, evaluar y controlar que dichos programas se desarrollen de acuerdo a sus metas establecidas y que los recursos públicos asignados sean ejercidos de forma correcta.[10]

10 El concepto de "contraloría social", en algunos países como México se encuentra asociado a programas "institucionalizados" de control ciudadano diseñados y promovidos desde el Estado y las oficinas gubernamentales encargadas de operarlos. "Sin embargo, es importante señalar que los mecanismos formales que permiten la participación de los beneficiarios de programas sociales en acciones de vigilancia y control, harían referencia en principio sólo a un tipo de participación para el control ciudadano (la institucionalizada), mientras que el concepto tiene un significado más amplio y puede incluir prácticas autónomas de control, es decir, el trabajo de vigilancia y monitoreo del quehacer gubernamental por parte de actores sociales autónomos, existan o no los mecanismos dentro del Estado que faciliten o permitan este tipo de trabajo" (Ocejo 2011: 38).

Antecedentes

La Contraloría Social surge en 1991, durante el gobierno de Carlos Salinas de Gortari. En su inicio la Contraloría Social se refería a los Comités de control y vigilancia de obras por parte de los beneficiarios. Desde aquel momento hasta el día de hoy, este programa ha sido impulsado por el gobierno federal a través de la Secretaría de la Función Pública (SFP) y los Órganos Estatales de Control (OEC) en el marco de los programas de desarrollo social. En la actualidad es obligatoria la constitución de Comités de contraloría social integrados por los beneficiarios de esos programas para todas las dependencias responsables de programas federales de desarrollo social (Ocejo 2011: 77).

El ejercicio de control

Los Comités de contraloría social tienen como objetivo fiscalizar el ejercicio de los recursos públicos (federales) y la aplicación de los programas de desarrollo social en los espacios locales; están formados por algunos de los beneficiarios de dichos programas sociales federales, quienes orientan su acción fiscalizadora sobre los actores (instancias federales, estatales o municipales, empresas prestadoras de servicios o constructoras de obras públicas, etc.) responsables de la implementación de los programas sociales federales.

Este ejercicio de contraloría social, idealmente sigue el siguiente proceso:

a) Los delegados estatales de los programas sociales federales son responsables de facilitar el establecimiento de comités formados por beneficiarios.
b) El número de comités y su composición varía según el programa social.
c) Algunas funciones de estos comités son,
   - solicitar la información a las autoridades federales, estatales y municipales encargadas de los programas de desarrollo social;
   - vigilar el ejercicio de los recursos públicos y la aplicación de los programas de desarrollo social;

- emitir informes sobre el desempeño de los programas y ejecución de los recursos públicos; y,
- atender e investigar quejas y denuncias y presentarlas ante la autoridad competente.

El dispositivo de contraloría social forma parte de los mecanismos de participación ciudadana institucional establecidos por la Secretaría de la Función Pública y es obligatorio para todas las dependencias responsables de programas federales de desarrollo social.

Sobre su incidencia y resultados

¿Cuáles serían las capacidades de incidencia de la contraloría social si los ejercicios empíricos lograsen trascender la rutina burocratizada? En particular, cuatro:

a) *Implementación*: dirigiendo su vigilancia al ejercicio de los recursos de programas sociales federales y su correcta aplicación.
b) *Corrupción*: evitando y detectando oportunamente la utilización irregular de recursos públicos.
c) *Transparencia*: gracias a sus tareas de vigilancia, así como la comunicación que deben tener los miembros del comité de contraloría social con el resto de los beneficiarios, pueden fungir como instancias que favorecen la transparencia y el acceso a la información.
d) *Participación*: ya que son los beneficiarios de los programas sociales quienes deben formar el comité y llevar a cabo las tareas de monitoreo y vigilancia.

¿Cómo logra incidir este dispositivo? El marco legal y normativo que estructura formalmente la Contraloría Social de los programas de desarrollo social permitiría suponer una articulación sinérgica entre la sociedad civil involucrada en los programas de Contraloría Social y las autoridades gubernamentales relacionadas; sin embargo, consideramos que en realidad el peso de la Contraloría Social se puede entender mejor bajo una lógica de costo reputacional. No obstante, escándalos recurrentes en los que se ha hecho del conocimiento público la extendida utilización facciosa de los programas sociales con fines electorales, pone severamente en cuestión el vigor de dicho mecanismo. De hecho, no se cuenta con estudios o evaluaciones que hayan analizado los efectos que ha tenido el trabajo de los comités en la modificación en el diseño o el funcionamiento de los programas sociales, en tanto que mecanismos de control.

Juicio contencioso administrativo

Descripción breve

El juicio contencioso administrativo es un mecanismo institucional de defensa jurídica de los ciudadanos, a partir del cual pueden controvertir resoluciones emitidas por las autoridades de la administración pública frente al Tribunal de lo Contencioso Administrativo.

Antecedentes

Los orígenes del juicio contencioso administrativo se remontan a enero de 1937, cuando entró en vigor la Ley de Justicia Fiscal y se creó el Tribunal Fiscal de la Federación. En un primer momento, la competencia del Tribunal era estrictamente fiscal, conociendo de las controversias que se suscitaban de actos o resoluciones emitidas por autoridades fiscales. Sin embargo, rápidamente, durante los años siguientes las competencias del Tribunal se fueron extendiendo, así como el marco jurídico en el que se inscribe y lo regula. En 1978, a través de Ley Orgánica del Tribunal Fiscal de la Federación, se prevé la regionalización del Tribunal. A finales del año 2000, con las reformas a la Ley Orgánica del Tribunal Fiscal de la Federación y al Código Fiscal de la Federación, se cambia el nombre de la propia Ley y de la institución, que a partir de entonces se llamaría "Tribunal Federal de Justicia Fiscal y Administrativa", y de este modo se reconocía nominalmente la competencia que, a través de los casi 65 años de existencia, se le había ido asignado al Tribunal. Así mismo, esta reforma implicaba que a partir de entonces el Tribunal tendría "competencia para conocer de los juicios que se promuevan contra las resoluciones dictadas por las autoridades que pongan fin a un procedimiento administrativo, a una instancia o resuelvan un expediente en los términos de la Ley Federal de Procedimiento Administrativo" (TFJFA "nuestra historia").

Esta lógica de ampliación de la materia que regula la justicia administrativa se repite en los estados de la federación. Por ejemplo, en el estado de Veracruz, entre 1989 y 2001 se establecieron las nuevas reglas de lo que actualmente se denomina el Tribunal Contencioso Administrativo del Estado.

El ejercicio del control

Mediante el juicio contencioso administrativo se controla, por un lado, las resoluciones de la autoridad que determinen la existencia de una obligación fiscal[11] y, por el otro, las resoluciones de diversas autoridades en materia administrativa.

El dispositivo descansa en una estructura institucional formada por las salas y plenos de los tribunales contenciosos administrativos (federal o estatales). Estos tribunales conocen, a petición de individuos o grupos de individuos afectados por un acto de autoridad, las denuncias que les presentan. A través de los juicios contencioso administrativos los ciudadanos buscan someter a su control, a través de los tribunales, a diferentes actores de la administración pública. En concreto, la acción de cualquier servidor público en su relación (materializada de actos de autoridad) con la ciudadanía.

El procedimiento consiste en que el o los demandantes deben presentar su escrito (demostrando su interés y acreditando su personalidad) ante los tribunales para iniciar el juicio. Es común que exista la figura de los asesores jurídicos gratuitos, que son pagados por el sistema de Consejo de

11 En el caso de la ciudad de México: determinaciones por contribuciones; impuesto predial, agua, adquisición de inmuebles, nóminas, derechos por descarga a la red de drenaje, negativa de devolución por pago de lo indebido, mandamientos de ejecución y responsabilidad resarcitoria; órdenes de suspensión y restricción de servicio hidráulico (Tribunal de lo contencioso administrativo, ciudad de México).

la Judicatura estatal.[12] Cualquier ciudadano, individual o colectivamente, presenta un escrito simple con los argumentos que sostienen su presunción de que una autoridad (identificada) ha hecho un acto de autoridad (concreto) que le afecta algún derecho, ya sea por acción o por omisión. El magistrado de la sala del tribunal, al que se turna el caso, determina si el escrito de demanda cumple con los requisitos de forma y fondo para que el juicio inicie formalmente. Si no es así, pide a las tres partes que complementen los faltantes (quejoso, autoridad demandada y, si existe, el "tercero perjudicado", es decir, la persona o grupo de personas que potencialmente serían afectadas por la sentencia del Tribunal contencioso administrativo). Una vez que se admite a trámite el juicio, se realiza el estudio y, en su caso, las audiencias orales para escuchar los argumentos de las partes. El Tribunal emite su sentencia y, si es contra la autoridad demandada, dicta las medidas de apremio, si fuera necesario, para que dicha autoridad modifique el acto que se determina ilegal.

Este dispositivo estatal de contrapeso a la acción de los funcionarios públicos forma parte de los mecanismos institucionales que establecen herramientas jurídicas para contener horizontalmente los actos de autoridad.

Sobre su incidencia y resultados

A través del juicio contencioso administrativo se pueden lograr dos resultados de incidencia: la modificación o anulación de resoluciones administrativas. Es un caso típico de *accountability* horizontal, es decir, de un mecanismo de equilibrio entre intencionalidades.

a) *Normatividad*: Las resoluciones de los tribunales crean jurisprudencia, que son parte del entramado legal vigente.
b) *Implementación*: Hay varios ejemplos de modificación de programas y políticas afectados por resoluciones de tribunales administrativos.
c) *Transparencia*: La información que los ciudadanos pueden conocer como parte de los juicios muchas veces no es accesible a través de los

12 No contamos con información etnográfica suficiente para saber el alcance real de esta figura en los sistemas judiciales estatales y en el federal.

sistemas de transparencia y acceso a la información, sean estatales, municipales y/o federales.

d) *Lucha contra la corrupción*: En algunos casos, es una forma de detener complicidades entre agentes gubernamentales y socios privados en actos violatorios a derechos de ciudadanos.

Un resultado intermedio de este dispositivo de CDNE, pero de gran importancia, podría consistir en el fortalecimiento de una cultura cívica de la legalidad y apelación a los derechos ciudadanos como mecanismo de resolución de conflictos, a partir de los recursos que actualmente se tienen y que en pocas ocasiones son utilizados. Los resultados finales serían la propia modificación o anulación de las resoluciones administrativas de violaciones concretas a los derechos de los ciudadanos.

Comités de agua potable. La autogestión como control

Descripción breve

Son asociaciones ciudadanas con distintos formatos legales (asociaciones civiles, patronatos, etc.) que se organizan normalmente a partir de asambleas locales, con la finalidad de proveer de agua potable a la población de la que forman parte. La dirección está formada por presidente, secretario y tesorero (con sus suplentes). Estos cargos son honoríficos. Hay algunos casos de empleados (fontaneros, encargados del pozo, etc.) que pueden recibir un pago. Los comités deciden todo lo relacionado con la gestión del recurso, sólo con los mínimos límites que les marcan organismos públicos de agua y salud (Navarro, Marmain y Pérez 2010).

Los Comités tienen dos tipos de origen y varias formas de funcionamiento. Algunos provienen de formas ancestrales de gestión de manantiales y tomas de ríos, mientras que otros surgen de la organización de vecinos para la introducción del servicio o la mejora del existente. En algunos casos estos órganos sociales mantienen una relación de colaboración con el prestador del servicio municipal, aunque generalmente marcan distancia en lo que se refiere a sus formas de organización, finanzas y rendición de cuentas. La forma de articularse con el sistema municipal es también muy diversa. En dos ejemplos municipales documentados en el estado de Veracruz se puede observar esto: en Emiliano Zapata un representante de un Comité local forma parte de la representación de usuarios en el órgano de gobierno de la Comisión municipal de agua y saneamiento, mientras que esto no existe en Coatepec donde se reconoce el buen nivel organizativo y de representación de los Comités locales existentes (Isunza 2013).

Antecedentes

A partir de 1982 el gobierno federal mexicano implementa la descentralización, entre otras, de la política de manejo de los recursos hídricos, incluyendo la destinada al uso doméstico. En el entramado institucional, la provisión del agua potable y el saneamiento se ubicó como una obligación de los poderes públicos locales (ayuntamientos) y, supletoriamente, de los poderes públicos estatales (gobiernos de las entidades federativas o estados). Las empresas privadas, gracias a las reformas de 2004 de la Ley de Aguas Nacionales (publicada en 1992), están facultadas a participar en la gestión del agua potable.

El ejercicio de control

Los comités de agua ejercen el control sobre el conjunto del ciclo de la provisión de agua potable: son los ciudadanos quienes ejecutan las tareas relacionadas como la captación, tratamiento, distribución y cobro por el bien gestionado.

En concreto, son los ciudadanos de la demarcación espacial en la que el Comité de agua gestiona el recurso (un barrio, una colonia, una comunidad o un poblado), quienes materializan el ejercicio del control sobre su comité y, por lo tanto, sobre el conjunto del proceso de gestión del agua potable.

Los Comités de agua comúnmente asumen un funcionamiento de asamblea-comité, por medio del cual se ejerce la gestión del agua potable en una comunidad rural o un fraccionamiento o colonia urbana. En el comité se ejerce un autocontrol que se basa tanto en el cálculo de costo reputacional por no cumplir con las expectativas de los conciudadanos como en la fuerza de los compromisos morales-sociales de esa misma red adensada de relaciones.

Los Comités de agua, entendidos en su faceta de dispositivo de CDNE, forma parte de una serie de dispositivos de autogestión en los que la distinción ciudadanía/proveedor de servicios es prácticamente inexistente. El control se ejerce sobre el Comité por parte de la asamblea, mientras que la provisión del servicio (mediante el que se materializa la política pública que hace viable el ejercicio de un derecho) se controla a través de esa autogestión.

Sobre su incidencia y resultados

Los Comités locales de agua centran su incidencia, principalmente en dos dimensiones:

a) *Normatividad*: a través de la elaboración de sus propias normas. Aunque en algunas entidades federativas existe alguna normatividad general esto no sucede en la mayoría de los estados de la República. Sin embargo, cada comité tiene sus reglas, escritas o no. Incluso deciden quién entra y quién no en la dotación del servicio, costos y periodicidad de las cuotas, tiempos de renovación de cargos de las mesas directivas, etcétera.
b) *Implementación*: la realidad cotidiana de los Comités es una forma en que la propia ciudadanía implementa la provisión del agua potable.

Ante la incapacidad por parte del Estado en el ámbito local, la gestión de la política de agua potable es posible gracias a estas formas comunitarias de auto-organización.[13]

13 Cabe apuntar que, comúnmente, estas formas comunitarias de provisión del agua potable no se encargan de las necesarias labores del saneamiento de las aguas, lo que se explica por problemas de coordinación con los organismos públicos operadores del agua y saneamiento, y se traduce en graves problemas de salud pública.

Mecanismo de participación social en guarderías (MPSG). Un dispositivo implementado por Transparencia Mexicana y el Instituto Mexicano del Seguro Social (IMSS)

Descripción breve

El Mecanismo de Participación Social en Guarderías (MPSG) es un modelo de supervisión presencial que realizan los padres de familia sobre las condiciones de calidad y seguridad de las guarderías del Instituto Mexicano del Seguro Social (IMSS).[14] La supervisión se basa en una selección aleatoria de las guarderías a fiscalizar. El capítulo mexicano de Transparencia Internacional valida el procedimiento y el IMSS atiende observaciones de mejora. El MPSG ha evaluado todas las guarderías contratadas por el IMSS. Según la valoración realizada por este dispositivo hasta marzo de 2017, más de 46 628 padres de familia han participado en este ejercicio, invirtiendo voluntariamente más de 93 256 horas de su tiempo, cerca de 8535 visitas, y se ha logrado que quede instalado todo el equipamiento de protección civil en todas las guarderías, solucionando las deficiencias existentes en 2009. Actualmente, de 461 visitas realizadas en 2016, 323 han obtenido el 100% en estándares de seguridad; 98% de los padres de familia encuestados el mismo año, dijo estar muy satisfecho con el servicio.

Antecedentes

El 5 de junio de 2009, en la ciudad de Hermosillo, capital del estado de Sonora (noroeste del país), se incendiaron las instalaciones de la Guardería ABC del Instituto Mexicano del Seguro Social (IMSS), la cual operaba bajo un esquema de prestación de servicios públicos por particulares. En el incidente fallecieron 49 niños y 75 sufrieron lesiones graves.

Este accidente dejó al descubierto que las guarderías del IMSS carecían de un sistema de supervisión transparente, efectivo y confiable de

14 EL IMSS es la agencia del Estado federal mexicano responsable de la asistencia y la seguridad social a los trabajadores afiliados que no forman parte de los trabajadores del Estado.

las condiciones de seguridad. La propuesta realizada por Transparencia Mexicana (capítulo mexicano de Transparencia Internacional) al IMSS fue diseñar un mecanismo formal de supervisión confiable, transparente y, sobretodo, que involucrara a los padres de familia, a fin de recuperar su confianza en el sistema y garantizar la calidad y la seguridad de las guarderías.

Ejercicio del control

Como se mencionó anteriormente, el MPSG controla las condiciones de calidad y seguridad de las guarderías de las 35 delegaciones del IMSS. Este mecanismo complementa y no sustituye las obligaciones administrativas y legales de supervisión y control del IMSS en la materia.

Son los padres de familia quienes ejercen las funciones de control sobre las guarderías operadas por particulares, contratadas por el IMSS en sus 35 delegaciones.

El dispositivo funciona de la siguiente manera:

a) Se selecciona mensualmente de manera aleatoria el 10% del total de las guarderías, a las que se sumen 10 unidades de las ya fueron visitadas en meses anteriores.
b) En cada una de las guarderías se eligen de manera aleatoria a 20 padres de familia, a quienes se les extiende una invitación personalizada para participar en el ejercicio de monitoreo. Los primeros siete padres de familia que confirman su asistencia son los que realizan la visita a la guardería de manera totalmente voluntaria.
c) Cada visita dura aproximadamente dos horas, periodo en el que los padres evalúan las condiciones de operación de las guarderías. El resultado de esta evaluación se captura inmediatamente en un formato en internet para obtener un reporte de resultados, el cual se hace público en un lugar visible de la guardería y en el portal electrónico del IMSS.
d) La evaluación de los padres de familia es enviada a la organización Transparencia Mexicana, la cual emite un reporte sobre las observaciones de los padres.
e) Esto conduce a la aplicación de medidas correctivas y la revisión de procesos en el IMSS.

Los contratos celebrados con los prestadores del servicio de guarderías definen los estándares de calidad y seguridad que revisan los padres de familia. El cumplimiento con estos estándares es una obligación para mantener la relación contractual de las guarderías concesionadas con el IMSS.

Aunque el dispositivo de monitoreo fue desarrollado originalmente por una organización de la sociedad civil, hoy en día forma parte de los mecanismos de monitoreo del sistema de guarderías del IMSS. Considerando los costos y los beneficios de la iniciativa, es viable mantenerla en funcionamiento y extender su aplicación para la evaluación de otros servicios que el IMSS provee, como la atención médica.

Sobre su incidencia y resultados

Este dispositivo de CDNE incide, principalmente en tres formas:

a) *Implementación*: asegura el cumplimiento de todas las guarderías del IMSS con los estándares de calidad y seguridad establecidos en los contratos de prestación del servicio mediante la supervisión voluntaria de los padres de familia.
b) *Participación ciudadana:* involucra a los padres de familia (usuarios) en el monitoreo a la seguridad en las guarderías y la calidad en la prestación de los servicios.
c) *Transparencia y corrupción:* Asegura la transparencia en relación con los documentos formales que sustentan las condiciones de seguridad de las guarderías y la detección oportuna de irregularidades.

Estas formas de incidencia se pueden realizar gracias a que se crea un acuerdo previo entre una organización social y el gobierno federal sobre el diseño y la implementación del modelo, como complemento del sistema de monitoreo institucional. El MPSG facilita y asegura la supervisión presencial de las guarderías por los padres de familia. El capítulo mexicano de Transparencia Internacional valida el procedimiento y el IMSS atiende las observaciones de mejora. Tanto la *sinergia* entre la organización social facilitadora, la institución gubernamental controlada y los padres de familia, como el *costo reputacional* que podría pagar el IMSS aseguran tan altos niveles de cumplimiento en los estándares definidos previamente para la prestación del servicio. La tragedia que originó este dispositivo, con su enorme costo sobre todo mediático para el gobierno federal, seguramente ha jugado un papel fundamental en la continuidad del *costo reputacional* como mecanismo causal de este CDNE.

Los principales resultados mensurables de este dispositivo, de octubre de 2010 a marzo de 2017 son:

a) Más de 8535 visitas a todas las guarderías de prestación de servicios indirecta
b) Más de 46 628 padres participantes
c) Se han digitalizado y colocado en Internet más de 10 400 documentos electrónicos de las guarderías: cédulas de seguridad y de protección civil, los datos bio-profesionales del personal directivo, escrituras constitutivas, evaluaciones de los padres y contratos que amparan la prestación del servicio;
d) Se ha instalado el equipamiento en materia de protección civil en todas las guarderías; y
e) De todas las visitas realizadas, se ha llevado a cabo el 99.23% de los simulacros programados.

De esta manera, el modelo analizado demuestra que: (a)los servicios públicos pueden ser sujetos al escrutinio ciudadano mediante esquemas de participación voluntaria, sustentados en modelos de evaluación metodológicamente rigurosos, (b)es factible lograr altas tasas de participación voluntaria si se pone en contacto directo a los usuarios con los procesos de prestación de los servicios públicos que reciben, y (c) es posible dotar de una alta legitimidad a los procesos de participación ciudadana si se cuenta con la evaluación y certificación externa de un actor no gubernamental con trayectoria y prestigio entre los distintas partes involucradas.

Regidor 19. Participación ciudadana en el Cabildo de Ciudad Juárez, Chihuahua[15]

Descripción breve

Se trata de un mecanismo de seguimiento y evaluación del Cabildo de Ciudad Juárez, Chihuahua, impulsado por la organización Plan Estratégico Juárez, A.C. (PEJ). A través del control y vigilancia permanentes, la asociación ha logrado abrir paulatinamente las sesiones de Cabildo a la ciudadanía, contribuyendo así a transparentar el funcionamiento de este órgano en el que se toman las decisiones más importantes para el municipio.

Antecedentes

Regidor 19 nace como una incitativa de la organización Plan Estratégico de Juárez A.C. para vigilar el funcionamiento del Cabildo. La principal objeción a la que se enfrentó fue la negativa de las autoridades para permitir la participación de la ciudadanía en las reuniones ordinarias, que era donde se decidían los asuntos que luego se votaban en las sesiones plenarias. Ante esta situación PEJ decidió interponer un juicio de amparo promovido por su fundador, para que se le permitiera el acceso.

El ejercicio del control

Regidor 19 funciona alrededor de cinco ejes temáticos:

1) Presupuesto, que da seguimiento y monitoreo al presupuesto y finanzas públicas del municipio;
2) Plan Municipal de Desarrollo, que lleva a cabo seguimiento, monitoreo y evaluación de las políticas de desarrollo del municipio;

15 Este apartado fue elaborado con base en información del estudio de caso: "Regidor 19: Participación Ciudadana en el Cabildo de Ciudad Juárez Chihuahua" editado por CCiudadano-CIESAS, en 2016, realizado por Luz Fojo Nava y Abraham González Austria de la organización Participando por México A.C.

3) Comisiones de Regidores, que sigue las reuniones de las comisiones del municipio a través de las minutas publicadas por el gobierno;
4) Cabildo, que da seguimiento a los asuntos tratados, las votaciones y las asistencias de los miembros del Cabildo –el seguimiento se hace en línea o presencial– y
5) Litigios Estratégicos, que brinda apoyo legal para gestionar amparos, presentar denuncias y realizar gestiones jurídicas que beneficien a la ciudad.

Regidor 19 publica un informe anual donde expone el seguimiento a las labores de los regidores en el Cabildo y en sus comisiones. La organización también realiza un reporte de asistencias y registro de votación de los regidores, cuya información se publica en el sitio web que cuenta con recursos virtuales como transmisiones en vivo de las sesiones ordinarias del Cabildo; un acervo fotográfico y videográfico del programa; el registro de las votaciones de los regidores y un sistema de información con los resultados del monitoreo al desempeño del Cabildo en materia del Plan Municipal de Desarrollo.

Sobre su incidencia y resultados

a) *Normatividad:* Después de varios meses de discusión en la que PEJ trabajó directamente con la Comisión de Gobierno del Cabildo, el 17 de mayo de 2017 se aprobó la modificación al Reglamento Interno del Cabildo para establecer la participación de los ciudadanos en las sesiones de cabildo, así como en las sesiones previas y en las de comisione
b) *Agenda:* Las acciones que ha implementado Regidor 19 han transformado la dinámica de funcionamiento del Cabildo en Ciudad Juárez, dando como resultado un aumento en los índices de información pública y más visibilidad de las funciones del cuerpo de regidores, entre otros.
c) *Implementación*: Se ha mejorado la sistematización de la información, ya que ahora los regidores generan minutas y otro tipo de documentos sobre los temas tratados en las reuniones del Cabildo. Otro de los logros de esta apertura es el desarrollo del Plan Municipal de Desarrollo;

hoy en día, el plan tiene responsables claros, líneas de acción precisas e indicadores y metas anuales.

d) *Transparencia*: Han logrado transparentar e impulsar la rendición de cuentas en el proceso de toma de decisiones en el Cabildo y en el Plan Municipal de Desarrollo.

e) *Participación ciudadana*: El proyecto ha promovido la participación y organización de las comunidades; ha generado un movimiento de voluntarios para el seguimiento de Regidor 19, que es sólo una de las actividades que los ciudadanos interesados pueden realizar con apoyo de la organización. Asimismo, la asociación ha contribuido a cambiar la percepción que tiene la población sobre la capacidad de influencia de su comunidad y las decisiones que toma su gobierno.

f) *Combate a la corrupción*: Como un efecto secundario, a través de la vigilancia al Cabildo, el proyecto contribuye a que los Regidores cumplan con sus funciones y no hagan acuerdos opacos en sesiones previas al cabildo.

Ordenamiento Ecológico Territorial del municipio de Cuetzalan, Sierra Norte de Puebla Descripción breve

El Ordenamiento Ecológico Territorial (OET) del municipio de Cuetzalan es un mecanismo legal a través del cual la comunidad gestiona y ejerce el control de su territorio con el fin de preservar la conservación del hábitat. Sus lineamientos y política de uso del suelo restringen y prohíben el establecimiento de megaproyectos dentro de su territorio. Este instrumento ha servido como herramienta para la protección del territorio y sus recursos naturales. Desde su elaboración, el OET ha contado con la participación de amplios sectores de la población; en 2010 fue aprobado y publicado en Diario Oficial del Estado de Puebla.

Antecedentes

En 2009 la Comisión para el Desarrollo de los Pueblos Indígenas (Cdi) promovió un megaproyecto de desarrollo turístico, denominado *Bosque de*

Niebla, el cual comprendía una extensión aproximada de 30 hectáreas. Éste implicaba la creación de empresas turísticas sobre áreas estratégicas para los afloramientos de agua que surten a las localidades del municipio, así como el desplazamiento de las organizaciones locales y las familias cuetzaltecas en la prestación de servicios turísticos (Meza, 2011). Por lo que, habitantes del municipio de Cuetzalan, organizaciones sociales como la Cooperativa Agropecuaria Regional Tosepan Titataniske (la unión de cooperativas más grande de la sierra Nororiental del Estado de Puebla), el Centro de Asesoría y Desarrollo entre Mujeres A.C. (CADEM), Comaletzin A.C., entre otras se opusieron a la implementación de este megaproyecto. Esta articulación ciudadana, apoyada por las autoridades municipales e investigadores de la Benemérita Universidad Autónoma de Puebla (BUAP) fue el antecedente directo del Ordenamiento Ecológico Territorial del municipio de Cuetzalan.

El ejercicio de control

Desde de su elaboración el Ordenamiento Ecológico Territorial contó con la participación de diversos sectores de la población. El Comité del Ordenamiento Territorial Integral de Cuetzalan (COTIC) es la instancia de coordinación encargada de la realización de las acciones y los procedimientos, así como del seguimiento y la evaluación del Programa de Ordenamiento Ecológico Territorial (POET). Se divide en dos instancias:

- Órgano ejecutivo: es donde se toman las decisiones para la operación, instrumentación y seguimiento del POET.
- Órgano técnico: es el responsable de los estudios y análisis técnicos necesarios para la operación, instrumentación y seguimiento del POET.

El órgano técnico cuenta con dos grupos de trabajo y catorce comisiones. Los ejes que motivan la propuesta del modelo del POET son (Cupreder 2011):

1) Preservación y recuperación de la calidad ambiental que ha caracterizado a Cuetzalan, con base en el mejoramiento de las condiciones socioeconómicas de sus habitantes.

2) Enaltecimiento de los mejores valores de la cultura originaria dentro de la pluralidad con que cuenta hoy el municipio.
3) Establecimiento de una política de conversión productiva, agropecuaria, silvícola y acuícola, en dirección de la alternativa orgánica.
4) Creación y enraizamiento de normas de convivencia para lo ambiental, lo económico y lo social; normas aceptadas por la mayoría de los cuetzaltecas en su concepción y ejecución.
5) Políticas de prevención estructural de desastres ocasionados por fenómenos naturales o sociales.
6) Defender a Cuetzalan y a los cuetzaltecas de los embates negativos y al mismo tiempo aprovechar las mejores iniciativas provenientes del exterior

Las principales acciones de control pueden definirse de la siguiente manera (Cupreder 2011):

a) Elaboración e implementación del Ordenamiento Ecológico Territorial con la participación de diversos sectores de la población local.
b) Promoción de procesos de sensibilización y capacitación en diversos temas ambientales vinculados a la gestión local del territorio y sus recursos naturales.
c) Desarrollo de diversos proyectos en las localidades del municipio, encaminados al cumplimiento del POET (saneamiento ríos, manantiales y arroyos, gestión del agua, entre otros).
d) Elaboración de un padrón de comités de agua de todas las localidades del municipio
e) Creación de un medio de comunicación local *Kuojtakiloyan*, órgano informativo del COTIC editado en náhuatl y español.

Sobre su incidencia y resultados en términos de:

a) *Normatividad:* habitantes del municipio, académicos, activistas y organizaciones sociales del municipio han logrado la aprobación del Ordenamiento Ecológico Territorial, herramienta legal para gestión del territorio, la cual ha servido para frenar la implementación de megaproyectos en el municipio de Cuetzalan.

b) *Implementación*: Mediante reuniones de Cabildo, los habitantes de Cuetzalan lograron detener el establecimiento de una tienda departamental Wall Mart. En 2008 crearon el Comité de Ordenamiento Territorial. Su primera acción fue oponerse a la instalación de esta trasnacional, por lo que el presidente municipal tuvo que negar el permiso. Posteriormente, en 2009 lograron detener el megaproyecto *Bosque de Niebla* auspiciado por la Cdi, inversionistas nacionales y extranjeros y la Universidad Anáhuac (Meza, 2011).

c) *Participación ciudadana:* Han promovido la participación de las comunidades del municipio no sólo desde su elaboración del OET, sino a través de la capacitación y formación de los habitantes en diversos temas vinculados a la gestión local del territorio y sus recursos naturales.

Conclusiones

El régimen de rendición de cuentas en México muestra una tendencia a la permanencia de ciertos rasgos autoritarios, antiliberales y corporativo-clientelares que sobreviven en la dilatada transición política iniciada al final de la década de los ochenta. Desafortunadamente, la alternancia en el poder ejecutivo en los estados o el gobierno de la República (en 2000) tampoco variaron significativamente esta situación; antes bien, los tímidos pasos dados entre 2000 y 2003 respecto a la participación ciudadana, la profesionalización del servicio público federal y el aseguramiento de instituciones públicas de contrapeso se acotaron o sufrieron francos retrocesos a partir de entonces.[16]

16 La apertura simulada y la creación de sofisticadas normas e instituciones, infelizmente se demostraron como parte de una estrategia desarticulada en la que hicieron sinergia una parte de la élite política, sin capacidad para modificar de fondo las reglas del

Con excepción de tímidos y desarticulados pasos en términos de la transparencia y el acceso a la información, la prefiguración de ciertos avances en los sistemas de evaluación y fiscalización así como la leve diversificación de las fuentes de información masiva, el campo en el que se desarrollan las iniciativas de controles democráticos no electorales (CDNE) en México es francamente desfavorable. El núcleo del problema tal vez no es la existencia de instituciones, normas y el reconocimiento de lo que falta por hacer, sino lograr un cambio en la correlación de fuerzas política en la que (1) la impunidad en la acción pública tenga consecuencias, (2) las normas e instituciones existentes se rediseñen pensando en su articulación y eficaz desempeño para el efectivo control de los servidores públicos, (3) la participación ciudadana no sea más adorno de discursos sino fundamento de las políticas,[17] (4) los actores sociales y políticos que asumen la defensa de los derechos cuenten en el sistema judicial con aliados estratégicos y no la reserva de herramientas contra su accionar, y (5) las agencias de control estatal ejerzan sus funciones al margen de la presión de los poderes fácticos.

En 2012 el Partido Revolucionario Institucional (PRI) regresa al poder que había ejercido durante siete décadas, después de un paréntesis de 12 años. Poco tiene que desmontar en una agenda de profundización democrática, ya que los dos gobiernos del Partido Acción Nacional (PAN) pasaron sin innovaciones de relevancia. El horizonte político no parece promisorio en términos de controles democráticos si se atiende a tres datos duros. Primero, la inexistencia de ejemplos en los ámbitos municipal y estatal en los que el PRI haya innovado en el ejercicio del poder durante los 12 años que se mantuvo fuera del poder ejecutivo federal. Segundo, la falta de una agenda seria y articulada de controles estatales y participación ciudadana en

---

juego, con otra parte que jamás estuvo dispuesta al autocontrol ni, mucho menos, al control democrático de sus acciones y decisiones.

17 Después de una cierta apertura a una restringida agenda pro participación en el año 2000, las élites políticas y todos los partidos políticos “des-invitaron” a las organizaciones de la sociedad de la mesa donde se tomaron las decisiones estratégicas. No pensamos que se trate de incapacidades civiles frente a competentes y maquiavélicos actores políticos. Más bien ese proceso refleja la incapacidad sociocultural del país para construir un proyecto político democrático participativo que compartieran sociedad, partidos y Estado.

el plan de gobierno federal. Y, tercero, que esta carencia de proyecto democratizador y recuperador del protagonismo ciudadano tampoco existe; si bien se ha avanzado en un marco regulatorio en materia de transparencia y acceso a la información, incluso se ha participado en experiencias como la de gobierno abierto, estos ejercicios han contribuido a clarificar los procedimientos y las obligaciones de los funcionarios, pero, la realidad es que no se ha actualizado un nexo causal entre, reglas más claras que den como resultado mayor transparencia, ni una mayor participación ciudadana.

En el campo de las luchas sociales por la democratización de la vida pública se muestran cuatro escenarios que contienen una serie de retos específicos en lo que respecta a la acción de dispositivos de CDNE. El primer escenario corresponde a los movimientos nacionales y regionales de protesta que desempeñan un aliciente contra la aceptación acrítica de proyectos, iniciativas y reformas impulsadas e impuestas sin tomar en cuenta la opinión de la ciudadanía. Ejemplos vigentes de este escenario son las movilizaciones masivas contra la reforma educativa (que más bien implica una reforma laboral del sector público educativo) y las protestas por comicios federales, estatales y municipales legítimos. En estos casos la masiva movilización busca modificar acciones u omisiones de los servidores públicos, ante la insensibilidad y la indolencia de los representantes. La fuerza de estos actores busca activar *costos reputacionales* a través de la presión canalizada por los medios de información y el descontento de otros ciudadanos afectados por tomas de vialidades, espacios públicos, oficinas, etcétera. Esto es posible, además de ser una de las formas más cotidianas y buscadas de presión, por la falta de canales institucionales de comunicación y concertación. La incapacidad del poder judicial no provee de vías alternativas para la resolución de conflictos y, en la mayoría de las veces, tampoco las instituciones de control por mandato específico se convierten en mediadores de las confrontaciones. El enorme desgaste social que implican las movilizaciones masivas no es suficiente para modificar el ritual establecido. En este escenario el reto reside en traducir los enormes cúmulos de energía social en asociaciones y redes que logren modificar la vida cotidiana, es decir, en decantar algo de esa energía social en nuevas formas de relación con el Estado que vayan más allá de la denuncia, la confrontación y la contención. Así mismo, estos actores podrían retomar una política de articulación de dispositivos de CDNE para modificar, así sea a mediano plazo, la configuración del régimen de rendición de cuentas.

El segundo escenario se refiere a los grupos especializados de la sociedad que desde el año 2000 se han vuelto protagonistas de los diálogos con el poder público y los poderes fácticos en los temas de control de los servidores públicos, la vigilancia de su desempeño, la propuesta de reformas y la evaluación de las políticas en general. Estos grupos tienen ante sí el desafío de mantener un papel de "puentes" entre los diversos tipos de actores de una sociedad cada vez más fragmentada y un régimen de rendición de cuentas repleto de "corto-circuitos". Estos grupos especializados son organizaciones no gubernamentales pero también varios miembros de la academia, que en sociedades como la mexicana hacen las veces de voz crítica y fiscalizadores de la cosa pública, que en otros países realizan organizaciones sociales especializadas. Estos actores son claves en la asesoría de ciudadanos y asociaciones, en la difícil tarea de descifrar el barroco escenario de los CDNE I e IM, en la compleja y costosa maraña de dispositivos de control estatales y en el árido lugar que es la esfera pública, en un país tan centralizado y con medios de información masiva monopolizados. Por esto, ciertas organizaciones "de élite" no sólo cumplen labores de asesoría, puente entre sectores y promotoras de cambios y diálogos, sino que al mismo tiempo juegan un papel central como formadoras de opinión pública.

El tercer escenario es el de las articulaciones intersectoriales, que es muy frágil cuando existe, e incipiente en la mayor parte de la geografía nacional. La dispersión de las luchas y reivindicaciones muchas veces niega la posibilidad de acumular conocimiento en el uso de dispositivos de control democrático, lo que implica enormes inversiones de fuerza y recursos en las reivindicaciones locales. En un campo político cultural "vacunado" por valores depredadores de las fuerzas aliadas, la posibilidad de tejer alianzas entre fuerzas con experiencia y sectores recién incorporados en la movilización se ve con escepticismo. Sin embargo, las nuevas realidades de las políticas públicas que se presentan en toda su complejidad ante la ciudadanía (por ejemplo, la minería, las obras hidráulicas, las políticas urbanas, los programas sociales y rurales, etc.), así como la emergencia de nuevos actores sociales (jóvenes formados sin horizontes de ocupación formal, indígenas y campesinos con niveles más altos de capital social y humano ante políticas que les sitúan fuera de un proyecto de país, mujeres activas en el campo laboral pero sin los servicios sociales necesarios para compatibilizar una opción familiar, etc.) han abierto posibilidades antes impensables de reconfiguración de los espacios de articulación intersectorial. Es en esta coyuntura que el desafío se presenta en la articulación, también, de experiencias de CDNE de diversa escala y origen, así como la experimentación de nuevas formas de activación de otros mecanismos de control de los servidores y las políticas públicas.

Finalmente, el cuarto escenario mira hacia los actores sociales anclados en identidades y redes densas. En particular pensamos en los pueblos indígenas que experimentan ya varias décadas de experiencias organizativas, luchas por el reconocimiento y construcción de dispositivos de CDNE; igualmente, los incontables ejemplos de CDNE en los que la ciudadanía toma en sus manos políticas como el agua, el manejo de bosques, la prestación de servicios sociales o, incluso, la viabilización del consumo popular en comunidades urbanas, periurbanas y rurales. Cómo profundizar sus experiencias de CDNE, al tiempo que la sociedad y el Estado de otros ámbitos pueden anclar innovaciones democráticas a partir de esas vivencias, parece ser el horizonte más promisorio en este cuarto escenario.

Finalmente, en términos panorámicos, los retos del régimen de rendición de cuentas se encuentran con los desafíos de los CDNE. Estos son la estabilización de un régimen de derechos (no sólo declarativos sino materializados en instituciones, presupuestos, políticas y controles estatales y democráticos), el fortalecimiento de la arquitectura de pesos y contrapesos (sea con las instituciones existentes, sea modificando algunas, o bien mediante la creación de nuevas), así como la refundación de la administración pública, a partir del reconocimiento de la participación ciudadana como centro de la acción pública.

La apuesta y promesa de los CDNE radica en la capacidad de (1) imaginar nuevas formas de gestionar lo público (como innovaciones en las relaciones sociedad/Estado en las dimensiones de información, diálogo, cogestión, vigilancia), (2) acotar al poder público basados en la recuperación de la idea de soberanía, que va más allá de la representación legítima fundada en la autorización (el voto como uno más de los cimientos de las sociedades democráticas), y (3) impulsar la democratización del Estado a partir del mejoramiento de las instituciones estatales de control existentes, pero también en la transformación de las relaciones sociedad/Estado, muy particularmente en los CDNE IM.

Bibliografía

Ackerman, John (2007). *Organismos autónomos y democracia: el caso de México*. México: Siglo XXI Editores-Instituto de Investigaciones Jurídicas-UNAM.

Aziz Nassif, Alberto y Ernesto Isunza Vera (2007). "La crisis del modelo electoral mexicano: financiamiento, medios, instituciones y política social". *Foro Internacional*, XLVII (4), octubre-diciembre, 740–84.

—— (2017) *Las razones del fracaso democrático. Rupturas, capturas y resistencias*. Colección México. México: CIESAS. México.

Buscaglia, Edgardo (2012a). "Cooperación Internacional: ¿Seguridad humana o pax mafiosa?". *Variopinto*. Noviembre.

—— (2012b). "Seguridad Humana: La transición hacia una democracia con Estado de Derecho". *Variopinto*. Diciembre.

Bustamante, Angélica (2012). "Proponen castigo a regidores flojos", *El Mexicano*. Disponible en: <http://www.oem.com.mx/elmexicano/notas/n2420878.htm>.

—— (2013). "Ingresa Fernández con amparo a sesión previa de Cabildo", *El Mexicano*. Disponible en: <http://www.oem.com.mx/elmexicano/notas/n3015902.htm>.

Calderón Sosa, Rodrigo (s.f.). *Territorio, actores y gestión urbana del agua. El caso del Municipio de Ecatepec de Morelos, Estado de México*. S/l.

Castillo Pérez, Erandi Amor (2012). *Elementos para la vinculación de las organizaciones de la sociedad civil: hacia una gobernanza del agua en la Zona Metropolitana de Xalapa, Veracruz*. Tesis de maestría en desarrollo regional. Tijuana: El Colegio de la Frontera Norte.

Ceja Vargas, Laura Lorena (2008). *La Contraloría Social de los Programas Sociales Federales. ¿Un Diseño para Ejercer Derechos?* Tesis para obtener el grado de Maestría en Gobiernos y Asuntos Públicos. México: Facultad Latinoamericana de Ciencias Sociales.

Cejudo, Guillermo (coord.) (2017). *Métrica de Gobierno Abierto*. Inai-CIDE. Disponible en: <http://eventos.inai.org.mx/metricasga/>.

Centro de Estudios de las Finanzas Públicas (2010). "Principales indicadores económicos". Disponible en <http://www3.diputados.gob.mx/

camara/001_diputados/006_centros_de_estudio/02_centro_de_estudios_de_finanzas_publicas/03_bancos_de_informacion/01_estadisticas_historicas/01_indicadores_macroeconomicos_1980_2010/01_principales_indicado res_economicos>.

Coneval (Consejo Nacional de Evaluación de la Política de Desarrollo Social) (2011). "Coneval. Evolución de las dimensiones de la pobreza 1990–2010". Disponible en <http://www.coneval.gob.mx/cmsconeval/rw/pages/medicion/evolucion_de_las_dimensiones_pobreza_1990_2010.es.do>.

Cornelius, Wayne A., Ann L. Craig y Jonathan Fox (1994). *Transforming State-Society Relations in Mexico: The National Solidarity Strategy*. La Jolla: Center for U. S.-Mexican Studies, Universidad de California-San Diego.

CPEUM (Constitución Política de los Estados Unidos Mexicanos) (2015). Disponible en: <http://www.diputados.gob.mx/LeyesBiblio/ref/cpeum.htm>.

Crespo, José Antonio (2007) "Empate, conflicto, incertidumbre". *Desacatos*, 24, 181–94.

—— (2008). *2006: hablan las actas: las debilidades de la autoridad electoral mexicana*. México: Random House/Mondadori.

Cupreder (Centro Universitario para la Prevención de Desastres Regionales) (2011). "Ordenamiento Ecológico Territorial del Municipio de Cuetzalan: instrumento para la coexistencia socioambiental". Conferencia presentada el 12 de febrero en la Universidad Autónoma de Ciudad Juárez, Chihuahua. Disponible en <https://www.academia.edu/28966059/Ordenamiento_Ecol%C3%B3gico_Territorial_de_Cuetzalan>.

Dehouve, Danièle (2001). *Ensayo de geopolítica indígena, los municipios tlapanecos*. México: Miguel Ángel Porrúa/ CIESAS/ CEMCA.

Domínguez Aguilar, Mauricio (2009). "Procesos recientes del acceso al agua potable en el México urbano: el caso de la Zona Conurbada de Mérida, Yucatán". *Investigaciones Geográficas, Boletín del Instituto de Geografía, UNAM*, 69, 68–84.

Escalante, Fernando (2011). "Homicidios 2008–2009. La muerte tiene permiso". *Nexos*, 397, 36–49.

Espinoza Valle, Víctor Alejandro y Alejandro Monsiváis Carrillo (coords.) (2012). *El deterioro de la democracia. Consideraciones sobre el régimen político, lo público y la ciudadanía en México*. Tijuana: El Colegio de la Frontera Norte.

Franco Pellotier, Víctor Manuel, Danièle Dehouve y Aline Hémond (eds.) (2011). *Formas de voto, prácticas de las asambleas y toma de decisiones: un acercamiento comparativo*. México: CIESAS.

González, Esperanza (1995). *Manual sobre participación y organización para la gestión local.* Cali: Foro Nacional por Colombia.

Guerrero de León, Aída Alejandra, Peter R. W. Gerritsen, Luis Manuel Martínez-Rivera, Silvia Salcido-Ruíz, Demetrio Meza-Rodríguez y Humberto Rafael Bustos-Santana (2010). "Gobernanza y participación social en la gestión del agua en la microcuenca El Cangrejo, en el municipio de Autlán de Navarro, Jalisco, México". *Economía, Sociedad y Territorio*, 33, 541–67.

Hevia, Felipe y Ernesto Isunza Vera (2010). "La perspectiva de interfaz aplicada a las relaciones sociedad civil-Estado en México". En Alberto J. Olvera (coord.). *La democratización frustrada. Limitaciones institucionales y colonización política de las instituciones garantes de derechos y de participación ciudadana en México*, pp. 61–130. México: CIESAS/Universidad Veracruzana.

—— (2012). "Participación acotada: consejos consultivos e incidencia en políticas públicas en el ámbito federal mexicano". En Maxwell A. Cameron, Eric Hershberg y Kenneth E. Sharpe (eds.). *Nuevas instituciones de democracia participativa en América Latina: la voz y sus consecuencias*, pp. 105–35. México: Facultad Latinoamericana de Ciencias Sociales.

HRW (Human Rights Watch) (2011). *Ni seguridad ni derechos. Ejecuciones, desapariciones y tortura en la "guerra contra el narcotráfico" de México*. Washington, D.C.: Human Rights Watch.

IMSS (Instituto Mexicano del Seguro Social) (2016). *Encuesta Nacional a Usuarios de Guarderías*. Comunicación electrónica. 5 de mayo de 2017.

—— (2017). *Mecanismo de Participación Ciudadana*. Comunicación electrónica. 5 de mayo de 2017.

—— (2017). *Participación Social en Guarderías*. Disponible en: <http://datos.imss.gob.mx/group/participaci%C3%B3n-social-en-guarder%C3%ADasl>.

Isunza Vera, Ernesto (2001). *Las tramas del alba. Una visión de las luchas por el reconocimiento en el México contemporáneo, 1968–1993*. México: CIESAS-Miguel Ángel Porrúa.

—— (2006). "Árbitros ciudadanos de las disputas partidarias. Una mirada sobre los consejos electorales federales en la contienda de 2000 en México". En Isunza Vera, Ernesto y Alberto J. Olvera (coords.). *Democratización, rendición de cuentas y sociedad civil: participación ciudadana y control social*, pp. 545–69. México: CIESAS/ Universidad Veracruzana/ Miguel Ángel Porrúa.

—— (2011). "Derechos y regímenes de rendición de cuentas. Otra mirada del agua potable y el saneamiento en la zona metropolitana de Xalapa, Veracruz". Ponencia presentada en el *XII Seminario Nacional de Política Social en México. Balance de la Política Social 2006–2012 y los desafíos del futuro*. Celebrado el 20 y 21 de octubre en la Universidad Iberoamericana. México.

—— (2012). "Escudriñando el régimen de rendición de cuentas: Participación, representación y control en el México postalternancia". En Víctor Alejandro Espinosa

Valle y Alejandro Monsiváis (coords.). *El deterioro de la democracia: consideraciones sobre el régimen político, lo público y la ciudadanía en México*. El Colegio de la Frontera Norte. Tijuana, pp. 347–68.

—— (2013). *Caso México: Zona Metropolitana de Xalapa, Veracruz*. Documento de trabajo para el proyecto Rendición de Cuentas Multidimensional en el Acceso al Agua Potable y el Saneamiento: un Análisis de Cuatro Casos en América Latina. Nueva York-Bogotá: Programa de las Naciones Unidas para el Desarrollo.

—— (2015). *Informe final (4 documentos) de la consultoría "para la elaboración de un documento de mapeo, análisis y sistematización de marcos jurídicos y buenas prácticas internacionales, nacionales y estatales con respecto a los diversos mecanismos de participación ciudadana con énfasis en cada uno de los grupos prioritarios (mujeres, indígenas, jóvenes y personas con discapacidad) y que sean susceptibles de ser replicadas en México"*. México: Programa de las Naciones Unidas para el Desarrollo (PNUD).

Isunza Vera, Ernesto y Felipe Hevia (2006). *Relaciones sociedad civil-Estado en México. Un ensayo de interpretación*. Cuadernos para la democratización #4. Programa Interinstitucional de Investigación-Acción sobre Democracia, Sociedad Civil y Derechos Humanos. Xalapa: CIESAS/ Universidad Veracruzana.

Le Clercq Ortega, Juan Antonio y Gerardo Rodríguez Sánchez Lara (2016). *Índice Global de Impunidad México IGI-MEX 2016*. Puebla: Centro de Estudios sobre Impunidad y Justicia/Universidad de las Américas Puebla.

Ley Federal de Procedimiento Contencioso Administrativo (Nueva Ley publicada en el Diario Oficial de la Federación el 1° de diciembre de 2005). Última reforma publicada 28 de enero de 2011.

LGDS (Ley General de Desarrollo Social) (2004). Ley publicada en el Diario Oficial de la Federación el 20 de enero de 2004. Última reforma publicada el 1 de junio de 2016.

Méndez-Silva, Ricardo (comp.) (2010). *Lo que todos sabemos sobre la corrupción y algo más*. México: UNAM.

Merino, Mauricio (2012). *La segunda transición democrática en México. Esfuerzos, tropiezos y desafíos de México en busca de un sistema completo, articulado y coherente de rendición de cuentas*. México: Wilson Center MexicoInstitute/Consejo Mexicano de Asuntos Internacionales.

Meza, Alejandra (2011). "Estado y capital, amenazas para Cuetzalan". *La Jornada del Campo*. 40, enero. Disponible en: <http://www.jornada.unam.mx/2011/01/15/dominio.html>.

Navarro, Hermilio, Gael Marmain y María Antonia Pérez (2010). *Organización y retos de los Comités comunitarios de agua potable. Estudio de caso en el noreste del Valle de México*. Ponencia para el Primer Congreso Red de Investigadores Sociales Sobre Agua. 18 y 19 de marzo. S/l.

Ocejo Rojo, Almudena (2011). *Organizaciones de la Sociedad Civil, control ciudadano e incidencia política en México. Seis casos para entender una práctica heterogénea emergente (2005–2009)*. Tesis para obtener el grado de Doctora en Ciencias Políticas y Sociales. México: UNAM-Programa de Posgrado en Ciencias Políticas y Sociales.

Rebolledo, Antonio (2014). "Corren a representantes de Regidor 19 y suspenden sesión previa de Cabildo". *El Diario de Ciudad Juárez*. Disponible en: <http://diario.mx/Local/2014-04-02_6e1b85a6/corren-a-representantes-de-regidor-19-y-suspenden-sesion-previa-de-cabildo/>.

Recondo, David (2007). *La política del Gatopardo. Multiculturalismo y democracia en Oaxaca*. México: CIESAS/ CEMCA.

Rentería Delmar, Guillermo y Rubén Cota Osuna (2005). *Diagnóstico de la Cuenca Valle de Bravo*. Jiutepec: Instituto Mexicano de Tecnología del Agua.

Roemer, Andrés y Edgardo Buscaglia (comps.) (2006). *Terrorismo y delincuencia organizada. Un enfoque de derecho y economía*. México: UNAM.

Servicios del Pueblo Mixe, A.C. Portal de internet. Disponible en: <http://www.redindigena.net/ser/frameset.html>.

Toledo, Victor (2015). *Ecocidio en México: La batalla final es por la vida*. México: Grijalbo.

Tribunal de lo Contencioso Administrativo del Distrito Federal. *Portal de internet*. Disponible en: <http://www.tcadf.gob.mx>.

Tribunal Federal de Justicia Fiscal y Administrativa (TFJFA). *"Nuestra historia". En Portal de internet*. Disponible en: <http://www.tff.gob.mx/index.php>.

Velásquez, Fabio y Esperanza González (2013). *Colombia. Estudio sobre los controles democráticos no electorales*. Bogotá: Informe de investigación.

Zepeda Lecuona, Guillermo (2004). *Crimen sin castigo. Procuración de justicia penal y Ministerio Público en México*. México: Fondo de Cultura Económica/CIDAC.

FABIO E. VELÁSQUEZ C. Y ESPERANZA GONZÁLEZ R.

4 Colombia. El predominio de los espacios mixtos extrainstitucionales[1]

Previo a la reforma del Estado en Colombia, era posible identificar tres aspectos que caracterizaban al régimen: bajas tasas de participación electoral, movilización popular e intensificación del conflicto armado. Como consecuencia, la reforma se centró en la descentralización y en la institucionalización de la participación ciudadana: en 1991 se elevó a rango constitucional el reconocimiento de los derechos de los ciudadanos y se crearon mecanismos para su defensa y restitución, entre ellos, la acción de tutela, la acción de cumplimiento y la acción popular, que se sumaron al derecho de petición que ya existía. De igual forma, se incluyeron en el texto constitucional mecanismos de participación directa como la iniciativa legislativa popular, revocatoria del mandato, consulta popular, referendo, plebiscito, cabildo abierto, así como espacios de incidencia en la gestión pública. Este esquema de oferta estatal de escenarios y mecanismos participativos tuvo como trasfondo sentar las bases para la negociación de la paz en el país. Sin embargo, este diseño de institucionalidad participativa trajo como consecuencia dos efectos contarios al fortalecimiento de la democracia: por un lado, el establecimiento de un "control desde arriba" de los Controles Democráticos No Electorales (CDNE) (Isunza y Gurza Lavalle, en este volumen) y, por otro, el alejamiento progresivo de la población de los escenarios oficiales y la búsqueda de nuevas modalidades, fuera de la oferta institucional estatal. A través de análisis de seis estudios de caso, el capítulo analiza los factores de éxito de las experiencias, los cuales retoma, en el apartado de hallazgos, como factores que han favorecido un

1 Los autores agradecen la colaboración de Juliana Peña Niño María Alejandra Acosta y Ana María Cárdenas en la sistematización de información.

alto nivel de control de los representados sobre los representantes, entre ellos, la apertura de los agentes estatales a la deliberación, la flexibilización de las instituciones estatales para "adaptarse" a las exigencias del diálogo deliberativo con los participantes, la existencia de actores sociales con capacidades y recursos para involucrarse en la discusión y construcción de acuerdos con sus representantes en el Estado, la acumulación de un historial de organización y movilización, la capacidad de articulación de sectores con intereses diferentes, pero coincidentes en un objetivo compartido de fortalecimiento de lo público y, la eficacia de los procesos, en términos de resultados.

El capítulo inicia haciendo un análisis del contexto histórico que enmarcó la reforma y su enfoque garantista, incluyendo una reflexión sobre los aspectos que motivaron la reforma. La segunda parte plantea un inventario de treinta y cuatro experiencias considerando variables como el origen de la iniciativa, la lógica de los procesos, el carácter de la experiencia, la preponderancia, la inserción en la política estatal y la cobertura. En la tercera sección se analizan cinco casos de estudio exitosos y uno no exitoso con base en las variables señaladas anteriormente para, finalmente, analizar los principales hallazgos de la investigación.

El contexto y la oferta estatal de participación

La reforma del Estado en Colombia en los años 1980 tuvo dos pilares: la descentralización administrativa y la institucionalización de la participación ciudadana.[2] La primera tuvo como propósito fortalecer los departamentos

2 El estudio realizado por Velásquez y González (2003) sobre la participación en Colombia muestra que de los dispositivos institucionales creados hasta entonces solamente una cuarta parte tenían funciones de concertación o de toma de decisiones. La mayor parte eran de consulta o de iniciativa ciudadana, y un poco más de la mitad, de vigilancia de la gestión pública. Esa situación no ha cambiado en años recientes, excepción hecha de los escenarios creados por la Ley de Víctimas (ley 1448 de 2011)

y, sobre todo, los municipios desde el punto de vista político, administrativo y fiscal.[3] La institucionalización de la participación, por su parte, tuvo como propósito la creación de instancias y mecanismos institucionales que canalizaran la iniciativa ciudadana hacia la formulación de políticas públicas (Velásquez y González 2003).

La Constitución de 1991 otorgó rango constitucional a esas dos reformas: definió a los municipios como célula básica del Estado y fortaleció los departamentos mediante la elección de gobernadores y la asignación de funciones de planeación regional y asistencia técnica a los municipios. Además, concibió la participación como un rasgo constitutivo y una función esencial del Estado, y como derecho fundamental de los colombianos. La Constitución introdujo un tercer elemento, relevante para el análisis de los CDNE en Colombia: el reconocimiento de los derechos de los ciudadanos y la creación de mecanismos para su defensa y restitución en caso de ser vulnerados. Es, en ese sentido, una Constitución garantista.[4]

La apuesta por la descentralización, la participación y la garantía de derechos fue la respuesta del sistema político a la crisis de legitimidad de un régimen incapaz de reducir las crecientes desigualdades sociales y de escuchar la voz ciudadana para la toma de decisiones. En efecto, después de la segunda guerra mundial Colombia experimentó una dinámica económica que logró mejorar los indicadores sociales. Sin embargo, ese proceso no logró reducir la brecha social, la que mostraba cifras preocupantes a mediados de la década de 1980.[5] Por su parte, el sistema político era altamente

---

y algunos de los contemplados en el Acuerdo sobre finalización del conflicto armado, firmado entre el gobierno y las FARC.

3 Una mirada de los antecedentes y el diseño de la descentralización en Colombia puede verse en Velásquez (1995).

4 El Título II de la Constitución se denomina "De los derechos, las garantías y los deberes" y se refiere a los derechos fundamentales, los derechos económicos, sociales y culturales, los derechos colectivos y del ambiente, y la protección y aplicación de los derechos.

5 El Índice de Necesidades Básicas Insatisfechas revela esa distancia: 58.9% en las áreas urbanas y 87.9% en la zona rural, en 1973; doce años después, la distancia había aumentado: 32.3% y 72.6%, respectivamente (Ramírez 2001: 507). Entre 1950 y 1975 el gasto público per cápita en educación se cuadruplicó, y entre 1975 y 1978 los

excluyente, no sólo por el monopolio bipartidista (liberal – conservador) del aparato estatal que desde mediados del siglo XIX impidió a terceras fuerzas acceder al manejo del Estado, sino por la ausencia de dispositivos que permitieran la participación de los colombianos en las decisiones públicas.

Estos rasgos fueron erosionando la legitimidad del régimen, lo que quedó reflejado en tres lógicas del comportamiento social y político: las bajas tasas de participación electoral, la movilización popular y la intensificación del conflicto armado. La abstención electoral ha sido característica de la política, particularmente en la elección de Concejos municipales y Asambleas departamentales.[6] Para citar un ejemplo, en 1964 la tasa de abstención en la elección de Concejos fue de 63.2%, y la de Asambleas Departamentales de 63.5%. Dos de cada tres ciudadanos optaban por no acudir a las urnas para ejercer su derecho al voto.

De otra parte, desde mediados de los años 1970, varios sectores de la población se movilizaron para hacerse oír. Entre 1971 y 1983 tuvieron lugar más de 300 paros cívicos en Colombia, de los cuales el 60.3% fueron motivados por problemas de servicios públicos, el 8.7% por vías de comunicación y el 6.3% por deficiencias en el servicio educativo. La mayor parte ocurrieron en municipios con población entre 10,000 y 50,000 habitantes, en zonas periféricas del país (Santana, 1983). Esas movilizaciones tenían un fuerte referente territorial y congregaban a diversos sectores, incluidas las autoridades públicas; giraban en torno a demandas relacionadas con la calidad de vida en el territorio y reivindicaban una mayor participación ciudadana en los asuntos públicos.

---

aumentos fueron significativos; sin embargo, como lo señala Bejarano (1986), estos aumentos no beneficiaron a los más pobres. Lo mismo ocurrió en materia de salud y de seguridad social (Ibid.). Otro indicador de las distancias sociales es el crecimiento de la tasa de desempleo en las principales ciudades del país: en 1970, fue de 7.5%; seis años más tarde era de 10.5%. En 1981, bajó hasta 8.1%, pero en la primera mitad de los ochenta se incrementó hasta llegar a la cifra del 13.9% en 1985, según el DANE (Departamento Administrativo Nacional de Estadística). De igual manera, el sector informal representaba más del 50% de la población ocupada en 1985 (Ramírez 2001: 497).

6 Ver <http://www.registraduria.gov.co/Informacion/elec_pre_2010_histo.htm>. Consulta: 12 de enero de 2011.

Por último, una expresión no menos importante de la crisis del régimen era el conflicto armado. Los principales grupos guerrilleros (las Fuerzas Armadas Revolucionarias de Colombia, las FARC, y el Ejército de Liberación Nacional, ELN) multiplicaron su presencia en el territorio nacional gracias al apoyo de sectores excluidos de los beneficios del desarrollo. El intento del gobierno de exterminar militarmente a estos grupos terminó fortaleciéndolos, lo que obligó a poner en marcha procesos de diálogo, especialmente a partir del gobierno de Belisario Betancur (1982–1986).

En ese contexto, los sectores más progresistas de los partidos tradicionales lideraron la reforma del Estado a fin de frenar la movilización popular, reducir las tensiones y dar un nuevo aire al régimen político. La oferta estatal de participación respondió a ese propósito. Incluyó mecanismos de participación directa (iniciativa legislativa popular, revocatoria del mandato, consulta popular, referendo, plebiscito, cabildo abierto) y espacios de incidencia en la gestión pública (Consejos, Comités, Mesas, etc.). Estos últimos se multiplicaron a una velocidad sin precedentes, especialmente después de aprobada la Constitución en 1991. Algunos fueron sectoriales (educación, cultura), otros poblacionales (juventud, población en condición de discapacidad) y otros territoriales (Consejos de planeación, por ejemplo).

Algunos son instancias de obligatoria creación, mientras otros son discrecionales. En la medida que fueron creados por distintas normas, no existen vínculos entre ellos, lo que produjo una segmentación de la acción ciudadana. Además, las normas que regularon la participación fueron universales en su diseño y aplicación (homogeneidad normativa), de manera que los dispositivos creados tenían el mismo carácter y alcance en una gran ciudad que en un pequeño municipio rural. Y, teniendo en cuenta que se trataba de instancias y mecanismos de iniciativa estatal, los agentes gubernamentales tenían una cierta probabilidad de controlar su funcionamiento, por la vía de su regulación o del manejo cotidiano de los mismos.[7]

7 Ello ocurrió en contextos de asimetría de recursos y de información entre el Estado y los actores sociales, lo que permitió instrumentalizar la participación por parte del Estado (ver al respecto Velásquez y González 2003).

A los espacios institucionales se fueron sumando escenarios no institucionales de participación, creados generalmente por iniciativa social. El balance entre ambos tipos de espacios ha cambiado según condiciones de tiempo y lugar, aunque recientemente los segundos tienen mayor acogida por su mayor flexibilidad y adaptación a circunstancias específicas, y porque las instancias institucionales han perdido credibilidad a ojos de la ciudadanía, como lo indican varias encuestas.[8]

El otro componente que interesa a este análisis es la creación de dispositivos para la protección de los derechos ciudadanos, consagrados en los artículos 86 a 92 de la Carta. Esta creó la acción de tutela como un mecanismo para reclamar ante los jueces la protección de un derecho vulnerado por la acción o la omisión de una autoridad pública (artículo 86). Definió también la acción de cumplimiento como mecanismo para que un ciudadano pida cumplir una ley o un acto administrativo (artículo 87), y la acción popular como dispositivo para la protección de los derechos colectivos (artículo 88). El artículo 92 señala que "cualquier persona natural o jurídica podrá solicitar de la autoridad competente la aplicación de las sanciones plenarias o disciplinarias derivadas de la conducta de las autoridades públicas". Estos mecanismos se sumaron al derecho de petición, por medio del cual un ciudadano solicita información sobre un asunto o una respuesta a inquietudes propias. La respuesta del funcionario debe producirse en un lapso determinado o, de lo contrario, someterse a una sanción disciplinaria.

Las disposiciones constitucionales sobre participación y protección de los derechos ciudadanos tuvieron un mismo trasfondo: sentar las bases para la negociación de la paz en el país. La Constitución fue un acuerdo interpartidista[9] en favor de una paz que el país veía cada vez más lejos, no

8 Ver las encuestas del programa "Cómo Vamos", la de cultura política del DANE, las de cultura urbana de la Alcaldía de Bogotá y las realizadas por Foro a nivel nacional y en Bogotá (2003, 2005 y 2009).

9 La Asamblea Nacional Constituyente del 91 tuvo una presidencia tripartita en cabeza de los partidos tradicionales (liberal y conservador) y la naciente Alianza Democrática M-19, producto de la desmovilización del M-19 en 1990. La Constituyente tuvo, además, representación de los indígenas.

sólo por el recrudecimiento del conflicto armado, sino por la aparición de los grupos paramilitares. A pesar de que en 1990 se desmovilizaron varios grupos, el más importante de los cuales era el Movimiento 19 de Abril (M-19), la negociación de la paz con las FARC y el ELN no se veía tan cercana, y menos con la emergencia de otros grupos armados. La apuesta de los constituyentes fue acordar una nueva arquitectura estatal y de nuevas formas de relación entre el Estado y la sociedad que allanaran el camino hacia la construcción de una paz estable y duradera.

Experiencias de participación

Para la elaboración de este capítulo se hizo un inventario de experiencias de CDNE[10] cuya caracterización se presenta en este apartado.

Las experiencias pueden ser examinadas, en primer lugar, en función del alcance de la acción ciudadana.[11] La Tabla 4.1 presenta la clasificación de las 34 experiencias según esa variable.

10 El inventario no es estadísticamente representativo. Es una base de datos que incluye casos relevantes cuya caracterización está documentada.

11 *Información*: Acceso a datos y mensajes a través de los cuales el sujeto participativo adquiere elementos de juicio para perfilar su conducta en el escenario público. *Consulta*: los participantes opinan sobre una situación determinada. Esa opinión constituye un insumo para la toma de decisiones. *Iniciativa*: Es la formulación de sugerencias por parte de los sujetos de la participación, destinadas a mantener o transformar una situación. *Concertación*: Acuerdo mediante el cual dos o más actores definen la solución de un problema y los medios para ejecutarla. *Decisión*: adopción de una acción, escogida a partir de dos o más alternativas. *Gestión*: Manejo de recursos de diversa índole para la obtención de un resultado final. *Vigilancia*: Seguimiento realizado por una persona o un grupo al cumplimiento de las decisiones tomadas (González 1995).

Tabla 4.1: Niveles de Participación

Niveles de la participación	*Frecuencia*	*Porcentaje*
Información	1	2.9
Consulta	1	2.9
Iniciativa	6	17.7
Concertación	10	29.4
Decisión	5	14.7
Gestión	6	17.7
Vigilancia	5	14.7
Total	34	100.0

Fuente: Elaboración propia

Este resultado contrasta con los datos del estudio de Velásquez y González (2003) sobre la participación institucional en el período 1986–2000, según los cuales las funciones de los espacios institucionales eran principalmente de iniciativa y vigilancia. En el inventario realizado, las experiencias reflejan un cambio importante, a saber, la apuesta de los actores sociales por dar un mayor alcance a su intervención, lo que resulta consistente con las nuevas formas de relación entre el Estado y la sociedad para dirimir asuntos públicos. En efecto, desde finales de los noventa la ciudadanía, desencantada con los resultados de las instancias institucionales, ha buscado nuevas vías de interacción con sus gobernantes, basadas principalmente en lógicas de movilización, antes que de institucionalización. Esas lógicas buscan eficacia de la acción colectiva, incidencia en los asuntos públicos y mayor capacidad de intervenir en la decisión y en la gestión de procesos, así como en la vigilancia sobre la ejecución de los mismos (Velásquez 2017).

La Tabla 4.2 muestra una clasificación de las 34 experiencias a partir de otras variables: el origen de las experiencias (gubernamental o ciudadano); la lógica de los procesos (institucionalización o movilización); el marco institucional (estatal, mixto o extra-institucional); la preponderancia (si la experiencia es consultiva o deliberativa); la articulación con las políticas estatales y, finalmente, la cobertura. Como puede verse, la mayoría de los casos han sido de iniciativa *ciudadana* (62%), e involucran a la población en procesos de planeación y en la formulación de políticas públicas consistentes con las aspiraciones de la ciudadanía. Esto muestra el potencial de acción colectiva existente en el país y contrasta abiertamente con la lógica de "oferta estatal de participación" que caracterizó al país en el último cuarto de siglo. El dato es además consistente con el hecho de que tres de cada cuatro experiencias promueven la participación a través de las lógicas de movilización.

Tabla 4.2: Matriz de clasificación de los casos colombianos registrados en el Inventario-Censo 2013

Origen de la iniciativa		*Lógicas de los procesos de control*		*Carácter de la experiencia*		*Preponderancia*		*Inserción en política estatal*		*Cobertura*	
Ciudadano	62%	Institucionalización	26%	Institucional	3%	Deliberativo	92%	Articulado	82%	Alta	12%
Gubernamental	38%	Movilización	74%	IM	50%	Consultivo	8%	Desarticulado	18%	Media	88%
				EI	47%						

Las dinámicas institucionales tienen una participación minoritaria en las 34 experiencias seleccionadas (26%). Los fenómenos sociales derivados del conflicto armado y de la baja credibilidad en los espacios institucionalizados generaron prácticas participativas no formales, entre las cuales se destacan las protestas sociales, las movilizaciones sociales y las veedurías ciudadanas a la gestión pública, entre otras.

Una de las variables que más interesan a este estudio se refiere al carácter de la experiencia. El balance a ese respecto llama la atención, pues coincide con lo que se acaba de señalar: el 50% de las experiencias censadas tienen un carácter institucional-mixto, lo que quiere decir que el Estado no sólo reconoce a los diferentes actores sociales como interlocutores válidos, sino que propicia espacios en los que ambos convergen para resolver los asuntos en cuestión. El 47% de las experiencias son de carácter extra-institucional (EI), las cuales requieren necesariamente la movilización ciudadana. Solamente uno de los casos fue clasificado como institucional (el uso de la tutela como mecanismo de protección del derecho a la salud).

Las experiencias mixtas (IM) s pueden ser clasificadas en dos categorías:

1) *Experiencias mixtas que operan a través de espacios públicos de encuentro* (IM-EPE): son espacios de encuentro entre representantes del Estado y de la sociedad, que operan como esfera independiente de la institucionalidad del Estado. El objetivo es discutir asuntos de interés público, y –en lo posible- llegar a la concertación y la toma de decisiones. Esta categoría incluye la distinción entre espacios formales y no formales. Los primeros tienen un nivel de reglamentación alto, que señalan las funciones de los espacios, sus integrantes, sus instrumentos, procedimientos y los productos esperados. Los segundos son escenarios *ad hoc*, transitorios, que operan bajo reglas no codificadas, surgidas de la dinámica del proceso y de la relación entre los actores.
2) *Experiencias mixtas que operan a través del uso de mecanismos de participación directa* (IM-MPD): son experiencias en las que la ciudadanía ejerce su control a través de alguno de los mecanismos de participación directa consagrados en la ley (leyes 134 de 1994 y 1757 de 2015): iniciativa popular legislativa, revocatoria del mandato, referendo, consulta popular, plebiscito y cabildo abierto.

La mitad de las experiencias son mixtas; de ellas, el 82.4% son del tipo IM-EPE y solo el 17.6% son clasificadas como IM-MPD. De las 14 clasificadas como IM-EPE la mitad se han desarrollado a través de espacios de encuentro no institucionales; el 43% a través de espacios formales, mientras una implica ambos tipos de espacios. El inventario ha incluido tres experiencias de control realizadas a través de mecanismos de participación directa (IM-MPD), una consulta popular sobre minería, la revocatoria del mandato de un alcalde y un referendo, promovido por el ex Presidente Álvaro Uribe.

Por último, las experiencias pueden ser analizadas a través de tres variables: inserción en políticas públicas, preponderancia y cobertura. La mayoría de estas iniciativas se *han insertado* en políticas estatales (82%) y desembocaron en la formulación, modificación y/o ajuste de políticas públicas y/o normas. Allí está una de las claves de la incidencia ciudadana en las acciones públicas.

El 92% de las experiencias fueron catalogadas con preponderancia *deliberativa*; lo que subraya los avances alcanzados en las dinámicas participativas del país, pues se evidencia el acercamiento de los representantes y representados para realizar las discusiones y construir consensos. No obstante, la preponderancia deliberativa no garantiza que las propuestas ciudadanas sean tenidas en cuenta para la toma de decisiones, pues muchos de estos procesos aún se desarrollan en el marco de relaciones verticales en las que los agentes estatales tienen un alto margen de discrecionalidad.

En cuanto a la cobertura, la mayoría de las experiencias alcanzan un nivel medio (88%), muy pocas un nivel alto (12%) y ninguna un nivel bajo. Esto se debe a que la mayor parte de los casos registrados tienen un alcance regional y por esta razón las decisiones o acciones ejercidas no trascienden el espacio geográfico donde se realizan.

Los casos seleccionados

Para el análisis en profundidad fueron seleccionados seis casos, cinco exitosos y uno no exitoso. La Tabla 4.3 muestra los casos y su clasificación.

Tabla 4.3: La muestra Estudios de Caso

Casos	*Clasificación*
Reforma de la Ley Estatutaria de Participación Ciudadana	Esporádico, institucional mixto informal, cobertura media
Presupuesto Participativo de Pasto	Permanente, institucional mixto formal, cobertura baja
Veeduría Ciudadana al Plan de Desarrollo de Medellín	Permanente, extra-institucional, cobertura baja
Política de Juventud en dos localidades de Bogotá	Esporádico, institucional mixto formal, cobertura baja
Tutelas en defensa del derecho a la salud	Permanente, institucional, cobertura alta
Participación en el Programa Familias en Acción	Permanente, institucional mixto formal, cobertura alta

La Reforma de la Ley Estatutaria de Participación Ciudadana (LEPC)

En noviembre de 2010, Foro Nacional por Colombia propuso la reforma de la ley estatutaria de participación (ley 134 de 1994). La propuesta fue acogida por el Ministerio del Interior, encargado de fijar la política en materia de participación ciudadana. El Ministerio aceptó que esa reforma se apoyara en un proceso de deliberación pública, para lo cual fueron organizadas Mesas de Participación en trece capitales, en diferentes regiones (Bogotá, Medellín, Cali, Barranquilla, Pereira, Bucaramanga, Pasto, Popayán, Quibdó, Arauca, Sincelejo, Yopal y Villavicencio). Como resultado, Foro presentó al Ministerio del interior en junio de 2011 un proyecto de ley, basado en las propuestas de las Mesas, e inició, junto con otras organizaciones de la sociedad civil, un diálogo con el gobierno y el Congreso de la República que culminó en junio de 2012 con la aprobación de la nueva LEPC, luego de las cuatro rondas de discusión en las dos Cámaras legislativas.

La experiencia tuvo dos momentos: el trabajo de las Mesas en las trece ciudades y la posterior negociación del proyecto con el Ministerio y el Congreso de la República. Los actores en ambos momentos no fueron exactamente los mismos. En las Mesas participaron cerca de 840 personas, pertenecientes a organizaciones de la sociedad civil y del Estado:[12] organizaciones sociales de base, ONG, gremios empresariales, sindicatos y cooperativas, instancias de participación ciudadana, partidos políticos, agencias de cooperación internacional y entidades de las diferentes ramas del poder público a nivel nacional y territorial (450 en total).

En el segundo momento participaron varias OSC[13] y representantes de partidos políticos, de algunas entidades del Estado y de la cooperación internacional con sede en Bogotá, las cuales mantuvieron un permanente

12 Se abrió además un blog del proceso en el que participaron cerca de 7.000 personas con comentarios y aportes.

13 De manera permanente participaron Foro Nacional por Colombia, la Fundación Social, la Corporación Nuevo Arco Iris, La Misión de Observación Electoral, Transparencia por Colombia, la Corporación Viva la Ciudadanía y la Confederación Colombiana de ONG. Estas organizaciones, a su vez, tuvieron contacto con líderes y

contacto con el Ministerio del Interior y, luego, con los ponentes del proyecto de ley en el Congreso de la República. Estos actores contaban con una *expertise* (jurídica, de investigación, de conocimiento y de intervención en comunidades específicas) en temas de participación, lo que les permitió sostener un diálogo horizontal con el Ministerio y los congresistas.

Este proceso, sin precedentes en la historia del país, poco más de año y medio, desde la apertura de las Mesas de Participación, en enero de 2011, hasta la aprobación de la LEPC en junio de 2012 y la posterior remisión del articulado a la Corte Constitucional.[14] Durante ese período se mantuvo la presencia de la gran mayoría de organizaciones y redes en el proceso, lo que le otorgó solidez y una alta legitimidad ante los representantes del Estado. Ello resulta significativo por tratarse de una iniciativa surgida del seno de la sociedad civil, no de instancias estatales.

El proceso buscó una modificación de fondo del marco normativo de la participación, lo que implicaba derogar la ley 134 de 1994, modificar otras, como la ley 850 de 2003 sobre veedurías ciudadanas, generar un nuevo marco de referencia para las leyes que regulan las instancias de participación y definir nuevas pautas para el ejercicio de ese derecho, así como para su promoción y apoyo por el Estado. El diagnóstico de base señalaba varias deficiencias del marco vigente:

- El poco uso de los mecanismos de participación directa por parte de los ciudadanos, por desconocimiento de la norma o por el número de los requisitos impuestos para su aplicación.
- La ausencia en la ley de una regulación de los espacios de participación en la gestión pública.

---

organizaciones en varias regiones del país y organizaron debates sobre los contenidos de la ley en Medellín, Cali y Barranquilla.

14 Por tratarse de una ley estatutaria que reglamenta un derecho fundamental, el proyecto debió ser revisado por la Corte Constitucional. Esta devolvió el articulado al Senado por una cuestión de forma. El senado corrigió esa falla y entregó de nuevo a la Corte el texto de la ley aprobada para que emitiera su fallo, el cual fue dado a conocer en abril de 2015. La ley fue sancionada por el Presidente Santos el 15 de julio de ese año y le fue asignado el N° 1757.

- La dispersión normativa, producto de la expedición de una gran cantidad de leyes que crearon dispositivos de participación, luego de aprobada la Constitución de 1991.
- La pérdida de interés y de confianza ciudadana en los espacios institucionales de participación.
- La ausencia de políticas de participación orientadoras del quehacer de las entidades públicas.
- Los recursos públicos escasos (nacionales y territoriales) dedicados a promover la participación.
- La ausencia de una institucionalidad estatal adecuada para asumir las tareas de formulación de la política respectiva y de promoción de la participación.

La propuesta buscaba, entonces, que la nueva ley flexibilizara los requisitos para el uso de los mecanismos de participación directa; articulara las instancias de participación y sus actores creando escenarios de encuentro y sinergias en su acción; motivara el uso ciudadano de la institucionalidad participativa; reconociera las formas no institucionales de participación; obligara a las autoridades públicas a formular políticas públicas de apoyo a la participación; definiera pautas para la financiación de la participación; y estableciera una institucionalidad adecuada para el manejo de la participación.

En los dos momentos del proceso, la argumentación con sustento factual y las propuestas razonadas fueron los elementos dominantes que condujeron a la formulación de la nueva ley. La discusión permitió identificar los acuerdos y los desacuerdos sobre diferentes materias, y, sobre todo, entregar al Congreso de la República un material valioso para la definición final del articulado.

La propuesta de reformar la LEPC revestía una gran importancia no sólo porque podría ofrecer un marco regulatorio renovado, sino porque podría impactar la política del gobierno en esa materia. El Presidente Santos incluyó en su plan de desarrollo una agenda nacional de participación que contemplaba una política de fortalecimiento de la sociedad civil y otra de cultura ciudadana. La reforma de la ley de participación no estaba contemplada como parte de dicha agenda, pero encajaba perfectamente en la intención gubernamental de dar un impulso a la participación. Así, la iniciativa de Foro y el proceso posterior de aprobación de la nueva ley se articularon a un propósito que el gobierno habría de desarrollar en su primer mandato.[15] Además, se insertó fácilmente en la lógica del Ministerio del Interior. La intuición de los funcionarios del Ministerio era que una ley de participación construida de manera participativa le daría una gran legitimidad, no sólo a la ley sino al propio gobierno. Por eso el Ministerio dispuso los medios para realizar la consulta y, en su momento, abrirse al diálogo con las OSC.

La deliberación transcurrió en escenarios no institucionales de participación. Quienes impulsaron la nueva ley crearon sus propios espacios de interacción con el gobierno y con el Congreso e, incluso, con la Corte Constitucional[16] mesas de participación en las trece ciudades, encuentros permanentes de trabajo con el Ministerio del Interior, reuniones con congresistas, foros de divulgación de la iniciativa, etc.

El principal resultado de esta experiencia fue la aprobación de la nueva ley. Pero cabe también destacar como resultado la inclusión de un buen número de propuestas s de la sociedad civil en el articulado final. La Tabla 4.4 incluye los principales logros al respecto, así como aquellos puntos sobre los cuales no pudo haber acuerdo con el Ministerio y el Congreso de la República.

Tabla 4.4: Acuerdos y desacuerdos sobre propuestas estratégicas de las OSC

Propuestas de las OSC	*Acuerdos/desacuerdos*
Derogación de la ley 134 de 1994	Desacuerdo. Ni el Gobierno ni el Congreso aceptaron derogar la ley 134.
Introducción de definiciones y principios en el articulado	Desacuerdo parcial. Quedaron algunas definiciones y principios dispersos a lo largo del articulado.
Flexibilización de mecanismos de participación directa	Acuerdo parcial en torno al procedimiento para el uso de los mecanismos y a un reordenamiento del articulado.

15 El presidente Santos fue reelegido en 2014 para un nuevo mandato de cuatro años.

16 Las OSC que lideraron el proceso dirigieron varias comunicaciones a la Corte Constitucional, en las que señalaban vicios de constitucionalidad y aciertos de la ley.

Propuestas de las OSC	*Acuerdos/desacuerdos*
Regulación de la planeación y el presupuesto participativo	Acuerdo parcial. No se incluyó el tema de planeación participativa. Se incluyó articulado sobre presupuesto participativo.
Vigilancia social a la gestión pública	Acuerdo total en conceptos, objetivos y dispositivos, excepto la creación del Sistema Nacional de Control Social y Cuidado de lo Público, no aceptado por el gobierno.
Alcance de la rendición de cuentas	Acuerdo total sobre objetivos, alcance y dispositivos.
Rendición de cuentas del Congreso	Desacuerdo. A última hora los congresistas eliminaron el artículo que los obligaba a rendir cuentas a la ciudadanía.
Rendición de cuentas de las instancias de participación	Acuerdo total.
Creación del Consejo Nacional de Participación	Acuerdo parcial. Se aceptó crear el Consejo, pero como órgano consultivo del Ministerio del Interior.
Creación de Consejos Municipales y Departamentales de Participación	Acuerdo, aunque solamente serán obligatorios en los departamentos y en los municipios de categoría especial, 1 y 2
Creación del Sistema Nacional de Participación	Acuerdo parcial. No fue introducido como tal en el articulado, pero se definió que una de las funciones del Consejo Nacional de Participación era la creación y la reglamentación del Sistema.
Financiación de la participación	Acuerdo sobre fuentes y destinación de los recursos.
Condiciones y garantías para la participación	Desacuerdo. El Ministerio excluyó ese tema del articulado señalando que es materia de política y no de legislación.
Incentivos para la participación	Acuerdo sobre el diseño e implementación de incentivos simbólicos.
Artículo sobre consulta previa	Desacuerdo. El gobierno argumentó que si se incluía ese artículo la ley debería ser sometida a consulta previa.

Como puede observarse, sobre temas estratégicos propuestos por las OSC hubo más acuerdos que desacuerdos, lo que indica que la ley incluyó buena parte de las iniciativas ciudadanas. El balance es positivo y sugiere que la experiencia de participación fue en términos generales exitosa.

De otra parte, el proceso movilizó a un número importante de líderes, organizaciones, redes sociales y entidades estatales en torno a la discusión del articulado de la nueva LEPC. Las Mesas de participación sesionaron en 178 ocasiones en las trece ciudades, más de trece sesiones por ciudad en promedio. En ellas participó una amplia gama de entidades que permitieron incorporar en la discusión importantes puntos de vista y, finalmente, construir un consenso en torno a las propuestas formuladas. Además, el proceso permitió estrechar lazos entre un grupo de organizaciones cuya experticia se relaciona con el manejo y el análisis de la participación ciudadana en Colombia. Esas organizaciones entablaron un diálogo horizontal y productivo con las agencias estatales y lograron que la nueva ley incluyera temas que no habrían sido tenidos en cuenta de no haber sido soportados por los argumentos de esas organizaciones. Esa alianza de organizaciones siguió trabajando en el seguimiento al concepto de la Corte Constitucional y, luego de sancionada la ley en 2015, en su reglamentación y difusión.

Cuatro factores permitieron el éxito de la experiencia: en primer lugar, la experiencia de las OSC que intervinieron en el proceso en materia de participación, lo que fue reconocido por el Ministerio del Interior como una fortaleza de las organizaciones. Un segundo factor fue la capacidad de organización y articulación que tuvieron las organizaciones que lideraron el proceso, en cabeza de Foro. En tercer lugar, el interés de líderes sociales y de funcionarios públicos en el tema. La propuesta de reforma de la LEPC generó un entusiasmo en diversos sectores (organizaciones sociales, partidos políticos, entidades del Estado, cooperación internacional, medios de comunicación) que ni Foro ni el propio Ministerio habían imaginado en un principio. Finalmente, hay que señalar la apertura del Ministerio del Interior y del Congreso al diálogo con la ciudadanía como un factor clave para el avance del proceso. No solo por motivos de conveniencia sino de convicción, los representantes del Ministerio, en cabeza del Viceministro de la Participación, y del Congreso facilitaron el diálogo.

Así, la convergencia entre la voluntad política de los agentes estatales y la movilización ciudadana fueron las claves para el éxito de esta experiencia. No fue posible incluir en la nueva ley todas las iniciativas nacidas del debate ciudadano, pero sí buena parte de ellas. Las leyes son perfectibles y seguramente será posible en el futuro dar nuevos pasos para mejorar el marco normativo de la participación en Colombia.

Planeación y Presupuesto participativo de Pasto (Nariño, Colombia)

Pasto es la capital del Departamento de Nariño, al sur del país. Tiene una población cercana a los 420,000 habitantes. El presupuesto participativo es una iniciativa del alcalde de la ciudad en 2001, y surgió durante su campaña electoral como parte del programa de gobierno en representación del Movimiento Convergencia Cívica, surgido del seno de las organizaciones y de los movimientos cívicos de la ciudad y el Departamento como alternativa al sistema bipartidista. La idea surgió para animar una forma diferente de participación ciudadana que permitiera superar los grandes problemas de la ciudad, entre los que destacaban el desempleo, la corrupción y la falta de transparencia. El candidato a la Alcaldía propuso la tríada "participación-educación-productividad" como fórmula para enfrentar esos problemas y resolverlos con una presencia ciudadana visible y significativa.

Dos experiencias fueron referencia para el diseño de este esquema de participación: los cabildos rurales, puestos en marcha por Antonio Navarro Wolff cuando fue alcalde de la ciudad, y el presupuesto participativo de Porto Alegre (Brasil). A través de los cabildos rurales se buscaba un protagonismo visible de la población en la priorización, formulación y monitoreo de los proyectos de desarrollo en el área rural. Los cabildos permitían, además, recuperar la confianza de la población en sus autoridades municipales y sentar las bases para la generación de una cultura democrática y de nuevas formas de relación entre el Estado y la sociedad basadas en el diálogo y la concertación.

Por su parte, la experiencia de presupuesto participativo de Porto Alegre fue el referente internacional más importante para el diseño esta experiencia. Se vio como una idea sostenible, abierta a la participación de todas las personas, que incluía momentos de concertación, de monitoreo y de rendición de cuentas y, sobre todo, que tenía impacto directo en el manejo del presupuesto y en el mejoramiento de las condiciones de vida de la población.

Una de las características más importantes de la experiencia de Pasto es que logró articular la planeación y el presupuesto participativo. La primera es una práctica obligatoria de todas las autoridades públicas en Colombia, ordenada por la ley 152 de 1994. Los planes definen objetivos estratégicos y metas específicas de acción para el período de mandato de la respectiva autoridad. Lo que hizo la alcaldía de Pasto fue ligar estrechamente la planeación y el presupuesto participativo en un solo proceso conocido como el Sistema de Planificación, Presupuestación, Gestión y Control del Desarrollo Local de Pasto. La experiencia, por definición, ha sido abierta a toda la población, pero se destacan como actores los voceros comunitarios, el Consejo Municipal de Planeación,[17] los gremios económicos, las instituciones educativas, las Juntas de Acción Comunal y otras organizaciones sociales de base, la Iglesia Católica a través de su Oficina de Pastoral Social, las redes de ONG de la ciudad y el Concejo Municipal. La experiencia mezcla, por tanto, la participación de individuos, así como de organizaciones, redes, gremios e instancias de participación.

La experiencia de Pasto fue diseñada como un proceso permanente con mecanismos de sostenibilidad, entre los que destacan la voluntad política de los alcaldes (todos han seguido promoviendo el presupuesto participativo), la definición de reglas de juego y la presencia de los diferentes sectores de la ciudadanía, la que hasta el momento es uno de los principales pilares del sistema. El Sistema se ha mantenido y fortalecido a lo largo de sus doce años de implementación.

El proceso fue diseñado en dos niveles y en dos momentos. Los niveles corresponden a la discusión de contenidos temáticos y territoriales de la ciudad. Los cabildos operan en dos escenarios: el territorial, para discutir los problemas de las comunas y corregimientos, y temático, para discutir

17 El Consejo Municipal de Planeación es una instancia de representación de grupos, organizaciones y redes sociales de un municipio, cuya función es emitir un concepto sobre la propuesta de plan de desarrollo del respectivo alcalde, promover la participación ciudadana en la discusión del plan y llevar a cabo el monitoreo y la evaluación del plan. Está integrado por representantes de diferentes sectores económicos y sociales, designados de ternas presentadas al Alcalde por el respectivo sector, para un período de ocho años.

aspectos de carácter sectorial, que no se resuelven territorialmente. En cada uno de esos niveles hay dos momentos de la deliberación: uno de contextualización (cuáles son los problemas, sus causas, consecuencias y posibles soluciones) y otro de concertación (seleccionar la mejor solución y asignar metas y presupuestos).

El procedimiento consta de dos fases: la de planeación y la de presupuesto participativo. El componente de presupuesto participativo se desarrolla una vez que el Concejo de la ciudad ha aprobado el plan de desarrollo. Se inicia entonces un segundo momento del Sistema que comprende pre-cabildos, en los que se presenta el plan de desarrollo de la ciudad, las proyecciones financieras, se identifican los proyectos y se determinan los techos presupuestales por territorio. Luego, las reuniones comunitarias priorizan los proyectos y elaboran las respectivas fichas de proyecto. En un tercer momento se llevan a cabo los cabildos, en los que se califican los proyectos y se eligen los voceros ciudadanos. Finalmente, tienen lugar las asambleas de voceros ciudadanos que adoptan los presupuestos de inversión por territorio y por tema, compatibles con los techos presupuestales fijados por la Alcaldía. Esos presupuestos son presentados al Concejo de la ciudad, el cual toma la decisión final. El Sistema incluye en la vigencia siguiente rondas de rendición de cuentas sobre la ejecución del Plan y de los presupuestos aprobados en la vigencia anterior.

Se trata de un proceso deliberativo, especialmente en la fase de presupuesto participativo. Durante la planeación, el papel de la ciudadanía y del Consejo Municipal de Planeación es de carácter consultivo, pues así lo ordena la ley de planeación. No obstante, la Alcaldía ha querido darle mayor peso a la voz ciudadana, organizando las asambleas comunitarias que definen los contenidos del plan. En la fase de presupuestos, la lógica es ampliamente deliberativa y con mecanismos para la concertación final de acuerdos sobre las asignaciones presupuestales.

En esta experiencia destaca la manera como se inserta en la dinámica de la gestión pública. El plan de desarrollo es la columna vertebral de la gestión municipal y la inversión pública es el instrumento para convertir el plan en realidades cotidianas que impactan las condiciones de vida de la población. Este ejercicio une esas dos dinámicas (planeación y presupuestos participativos) y las articula al programa de gobierno. No es, por tanto, un ejercicio marginal de participación, sino que forma parte de la estructura de decisiones durante el mandato del alcalde.

Otra fortaleza es la incorporación de las organizaciones sociales a los gremios económicos y a instancias de participación como los Consejos de Planeación. Así, el proceso se inserta en la institucionalidad participativa de la ciudad y no corre como una experiencia paralela a otros procesos participativos, sino como eje articulador de iniciativas ciudadanas y de escenarios de interlocución con las autoridades públicas. Hace uso de instancias formales, pero también crea sus propios escenarios, como son las reuniones comunitarias o las asambleas de voceros. Es un ejercicio de articulación de lo institucional con lo no institucional, lo cual facilita una cierta fluidez de comunicación entre las autoridades públicas y los diferentes sectores de la ciudadanía organizada y no organizada.

Esta experiencia ha tenido efectos importantes: primero, la generación de nuevos actores que enriquecieron el mapa de interlocutores de las autoridades. En especial, cabe mencionar a los voceros ciudadanos, quienes han cumplido un papel importante en el reacomodo de las fuerzas políticas y sociales de la región, pues han sido actores definitivos en el momento de establecer las reglas de juego de los cabildos y las asambleas ciudadanas y de aprobar la cartera de proyectos. También han jugado un papel importante en la rendición de cuentas y en la renegociación de los presupuestos. Hoy existe una Red de Voceros Ciudadanos en Pasto que los ubica como interlocutores de otros actores sociales y del gobierno municipal. Otros actores fortalecidos han sido las Juntas de Acción Comunal y las ONG que también constituyeron su propia red de apoyo al proceso.

Un segundo impacto ha sido el uso más racional y transparente de los recursos públicos. La planeación y el presupuesto ya no son el fruto de una negociación, a espaldas de la ciudadanía, entre el alcalde y el Concejo de la ciudad, sino el producto de una concertación en la que los tres actores juegan de manera transparente. Además, al establecer techos presupuestales según necesidades de los territorios y de los sectores, y someter las propuestas ciudadanas a análisis de factibilidad, las decisiones tomadas permiten hacer un uso más eficiente de los recursos para atender las demandas ciudadanas.

Un tercer efecto es el cambio de la administración municipal en sus procedimientos para el manejo de proyectos de desarrollo local en el ciclo de gestión. Esos procedimientos deben incluir a los ciudadanos que participan en los pre-cabildos, en los cabildos y en las asambleas de voceros, lo que implica adaptarse a lógicas comunitarias que antes no tenían peso en la administración pública. Un aspecto que ha centrado la atención de las autoridades públicas es la oferta de información para nutrir estos procesos. Este es el origen del Sistema de Información de Resultados de la Gestión Pública (SIGER), el instrumento que permite cumplir los compromisos del Gobierno e informa a la opinión pública sobre los resultados de la gestión.

El fortalecimiento de actores, el uso eficiente y transparente de los recursos públicos y las transformaciones en el seno de la administración municipal para facilitar la planeación y el presupuesto participativo se han conjugado para propiciar soluciones a los problemas de la ciudad. La participación ha sido así un medio para mejorar la calidad de vida, como sugieren los indicadores que la Alcaldía creó para medir el impacto de la inversión en los territorios del municipio.[18]

Un último efecto relevante de esta experiencia es la creación de confianza entre los actores sociales y las autoridades públicas. Los vínculos entre las organizaciones sociales se han estrechado y la comunicación con las autoridades municipales se ha hecho más fluida. La rendición de cuentas ha sido un instrumento vital en esa dirección, obligando a las autoridades a dar el parte de realizaciones con base en las decisiones tomadas en la vigencia anterior.

Esta experiencia ha sido considerada como exitosa. Con los altibajos característicos de todo proceso social, la planeación y el presupuesto participativo de Pasto se han mantenido como prácticas centrales de la gestión de la ciudad, convirtiéndose en una institución que la ciudadanía reclama como suya. Eliminarla tendría un alto costo político.

18 La Alcaldía creó la Agencia para el Desarrollo Local de Pasto, cuya ejecución presupuestal ha sido alta y ha jugado un importante papel en la atención de las necesidades ciudadanas.

Veeduría ciudadana al Plan de Desarrollo de Medellín

Medellín es la segunda ciudad del país, capital del Departamento de Antioquia, con una población cercana a los 2.700,000 habitantes. Una de las experiencias de control democrático que ha tenido mayor impacto en la ciudad es la Veeduría al plan de Desarrollo de la ciudad. La idea de hacer un seguimiento al Plan de Desarrollo surgió en 1996 de una alianza entre sectores diversos que decidieron unir esfuerzos para contribuir a una mejor gestión de la ciudad.[19]

La Veeduría ciudadana realiza un trabajo de investigación e incidencia en la opinión pública para ofrecer a la ciudadanía y a las autoridades locales una valoración de la ejecución del Plan de Desarrollo de la Ciudad, así como propuestas para mejorar el desempeño de las autoridades públicas en cumplimiento de su agenda programática. Esto lo hace a través de la elaboración de informes y pronunciamientos públicos en los que se analiza la evolución de indicadores sobre temas específicos del desarrollo de la ciudad.

En un comienzo, los informes se publicaban al final del mandato del alcalde. Posteriormente, se vio la necesidad de tener una presencia permanente en la opinión pública, por lo que se hicieron informes al comienzo, durante y al final de cada período de gobierno. Actualmente, la iniciativa cuenta con una batería de indicadores que permiten hacer seguimiento en el tiempo a variables específicas relacionadas con la vida de la ciudad.

La Veeduría Ciudadana tiene actualmente una estructura ágil y flexible que le permite actuar con rapidez y sentido de oportunidad. Su órgano principal es la Asamblea Plenaria, constituida por representantes de las entidades

19 Participaron en la creación de la Veeduría la Asociación Nacional de Industriales (Andi), Proantioquia, las Corporaciones Presencia Colombo-Suiza, Conciudadanía, Vamos Mujer, Convivamos y Penca de Sábila, las Mesas de Empleo y Educación de Medellín, la Asociación Ecológica Yaripa, el Centro de Integración y Desarrollo Cooperativo, la Universidad de Antioquia, la Escuela Nacional Sindical, la Sociedad Colombiana de Arquitectos, el Instituto Popular de Capacitación, el Fondo de Salud María Magdalena, la Federación Antioqueña de ONG y el Consejo Municipal para la Juventud y la Corporación Región. Algunas de estas entidades dejaron de hacer parte de la alianza y otras se incorporaron posteriormente, pero el espíritu de diversidad institucional se mantuvo.

socias, que define la orientación de la Veeduría, avala los pronunciamientos públicos y propende por la unidad, la participación y la representación de las entidades asociadas. La Asamblea designa un Comité Coordinador, conformado por nueve instituciones elegidas por la Asamblea. El Comité se encarga de que la Veeduría genere sus productos y los haga llegar a la opinión pública. En cabeza del Comité está un presidente, con el apoyo de una Secretaría Técnica y unos grupos operativos.

El trabajo de la Veeduría comprende cuatro fases: un momento preparatorio, cuando se define la estrategia de inserción en cada gobierno de la ciudad, se identifican los temas que serán objeto de seguimiento y se preparan los términos de referencia para la búsqueda de información y para la contratación de consultores; un segundo momento exploratorio, de acopio de información. Las fuentes empleadas son los datos oficiales, las encuestas de percepción y las mesas de trabajo sobre temas específicos. La información muchas veces no es suficiente o no está disponible. Por esa razón, la Veeduría se ha visto obligada a producir su propia información a través de entrevistas, encuestas, Mesas de trabajo de expertos y grupos de discusión.

El tercer momento es la interpretación de la información y la formulación de pronunciamientos públicos. El equipo trabaja hipótesis sobre los aspectos analizados, les da sustento factual y las convierte en tesis para la opinión pública. También se diseñan propuestas encaminadas a mejorar la gestión del sector objeto del monitoreo. Finalmente, hay una fase comunicacional, en la que los productos del trabajo realizado se difunden a través de eventos públicos, elaboración de comunicaciones escritas y uso de los medios de comunicación. Entre 1995 y 2011 la Veeduría Ciudadana al Plan de Desarrollo dio a conocer 20 pronunciamientos sobre diferentes aspectos de la gestión pública en Medellín, los que incluyen recomendaciones de corto y mediano plazo. En el mismo período la prensa local registró 117 notas relacionadas con los productos elaborados por la Veeduría Ciudadana. Además, ésta tuvo un programa de radio entre 2003 y 2004 ("Ojo a nuestra ciudad"), con 74 emisiones.

Tres temas han sido privilegiados en sus más de quince años de existencia: el desarrollo social; la seguridad, la convivencia y la participación ciudadana; y el ordenamiento territorial, el hábitat y la cuestión ambiental.

Sin embargo, no desestima el análisis del proceso de gestión, de las normas, los procedimientos y la estructura organizativa de la Alcaldía.

La Veeduría pretende promover un debate sobre los planes de desarrollo y la gestión pública. De ahí que el elemento comunicacional sea de primordial importancia dentro de sus estrategias de acción. Encontrar los instrumentos claves para promover la deliberación ciudadana, generar una opinión informada y calificada en los diferentes sectores de la ciudadanía, hacer presentes los logros y las dificultades en la gestión de la ciudad y proponer líneas de conducta para mejorar la calidad de esta última son los temas centrales de esta iniciativa.

Los productos de la Veeduría Ciudadana se han convertido en un referente de actuación para los funcionarios públicos y el equipo de gobierno. Los eventos realizados y los documentos producidos constituyen un insumo para la gestión de las autoridades. La Veeduría ha ganado así una legitimidad ciudadana y política. Algunos alcaldes la han visto con buenos ojos y entienden que es un elemento del entorno de la gestión pública, pero otros que no gustan de la crítica, interponen barreras para la entrega de información. Esta actitud es más la excepción que la regla.

La Veeduría ha creado sus propios procedimientos, instrumentos y escenarios de opinión pública y de relación con la administración municipal, moviéndose por fuera de las instancias institucionales de participación. Ello no obsta para que se relacione con algunas de ellas, en especial con el Consejo Municipal de Planeación.

La Veeduría Ciudadana ha generado varios impactos: en primer lugar, los informes de la Veeduría constituyen material de referencia para las diferentes entidades del gobierno municipal, sobre todo porque se basan en el análisis juicioso de información y en valoraciones hechas con sentido crítico y propositivo. Desde ese punto de vista, esta experiencia ha tenido una incidencia política alta en las decisiones públicas. En segundo lugar, la Veeduría proporciona información sistematizada que ningún otro organismo no estatal produce sobre el plan de desarrollo y sobre la gestión pública, lo que constituye un valioso patrimonio para los diferentes actores locales. Además, ha permitido la interacción entre el sector privado, las entidades académicas, los colegios profesionales y las ONG en función de asuntos de interés general.

La credibilidad de la Veeduría Ciudadana proviene de ser una alianza de naturaleza diversa, junto al rigor de su análisis y de sus informes, así como del carácter propositivo de estos últimos. Las afirmaciones que ofrece se basan en datos, en información y, aunque las valoraciones pueden ser objeto de controversia, se fundan en juicios con base factual.

A pesar de las dificultades para el acceso a información y para la consecución de recursos, la Veeduría Ciudadana es una experiencia exitosa por su aporte y permanencia, por la información que provee y por demostrar que una alianza entre sectores con intereses dispares puede operar siempre y cuando se trate de unir esfuerzos y recursos en pro de lo público.

La política de juventud de Bogotá

El Alcalde de Bogotá, Luis Eduardo Garzón, dio a la participación un lugar de primer orden en su plan de desarrollo 2004–2008. En la exposición de motivos del Plan se señala: "La Bogotá que estamos construyendo tiene como principio central la participación ciudadana, porque creemos en la democracia real, aquella en la que las comunidades inciden activamente en la transformación de la realidad y en la definición de políticas públicas de largo alcance legitimadas por todos y todas. Sólo mediante la participación, las comunidades pueden sentirse verdaderamente incluidas en un sistema político democrático que los reconoce y estimula a seguir adelante en la búsqueda del bienestar".[20]

La política de juventud fue una de las metas que se propuso la administración distrital[21] en ese período. Aunque hubo intentos de avanzar en esa formulación por parte de su predecesor, Antanas Mockus, Garzón desconoció lo realizado hasta entonces e inició un nuevo proceso de elaboración de la política, argumentando que su enfoque era diferente: una política más incluyente y fundamentada en una perspectiva de derechos. El Concejo de la ciudad estaba interesado en sacar adelante una política de

20 Alcaldía de Bogotá (2004: 1).

21 Bogotá es Distrito Capital, de ahí la denominación de "Administración distrital".

juventud, lo que facilitó la tarea del alcalde. El proceso fue diseñado para cuatro momentos:

a) Estudios de diagnóstico y observación de tendencias de la población juvenil en Bogotá;
b) Construcción de escenarios futuros (tendencial, deseable y posible);
c) Elaboración y debate público de los lineamientos estratégicos de la política, consignados en el "Documento borrador para la discusión de la política pública de juventud para Bogotá D.C., 2006–2016. La discusión se llevó a cabo a través de mesas de trabajo locales y de encuentros inter-locales.
d) Apropiación local de la política y aproximación a planes de desarrollo juvenil.

El proceso contó con una amplia participación de actores: organizaciones juveniles, los consejos locales y el Consejo Distrital[22] de juventud, organizaciones no gubernamentales relacionadas con el trabajo juvenil, organizaciones ambientales, grupos universitarios, el Observatorio de Juventud de la Universidad Nacional y representantes de la cooperación internacional, estos dos últimos en calidad de acompañantes del proceso.

La política, formulada para el período 2006–2016, diseñó las condiciones y las acciones para que los jóvenes pudieran actuar en la ciudad como sujetos de derecho. Como lo señala el Decreto 482 de 2006, por medio del cual fue adoptada, la política "tendrá como fin la promoción, protección, restitución y garantía de los derechos humanos de los y las jóvenes en función de su ejercicio efectivo, progresivo y sostenible, mediante la ampliación de las oportunidades y el fortalecimiento de las potencialidades individuales y colectivas. De igual forma, promoverá el desarrollo de la autonomía de la población joven y el ejercicio pleno de su ciudadanía mediante mecanismos de participación con decisión, teniendo como principio transversal la corresponsabilidad. Todo lo anterior buscará la materialización de sus proyectos de vida en beneficio propio y de la sociedad" (Artículo 6).

22 Bogotá está dividida en 20 localidades. En cada una de ellas opera un Consejo Local de Juventud. A nivel distrital, opera el Consejo Distrital de Juventud.

La política contiene tres apartados: uno, sobre derechos civiles y políticos, trabaja los derechos a la vida, la libertad, la seguridad, la organización, la participación y la equidad; un segundo apartado sobre derechos económicos sociales y culturales define acciones en campos como la educación, el trabajo, la salud, la expresión artística y cultural y la recreación y el deporte. Finalmente, el tercer apartado se refiere a programas relacionados con los derechos colectivos al ambiente sano y al hábitat libre.

Durante el proceso de diálogo con los diferentes grupos y sectores juveniles de la ciudad surgieron voces de crítica a la manera como la Administración distrital estaba llevando a cabo la formulación de la política. Dos comentarios de fondo ganaron aceptación entre varios sectores juveniles: en primer lugar, el desconocimiento que el Alcalde Garzón hizo del trabajo realizado por su antecesor, Antanas Mockus, fue considerado un error. Ese esfuerzo debió ser un insumo para la discusión de los nuevos lineamientos. En segundo lugar, el procedimiento definido para motivar la participación de los jóvenes, a saber, la presentación de un documento para su validación por parte de los sectores juveniles, no se avenía a la idea de participación democrática. Algunos señalaron que esa no era una verdadera participación, pues se les llamaba a validar un documento que no fue elaborado por ellos. A su juicio, la política participativa debía ser producto de las iniciativas de los jóvenes y sus organizaciones, no de un documento elaborado por la administración distrital.

Estas críticas plantean un interrogante del alcance de la participación. La intención de la Administración fue involucrar a los jóvenes para que aportaran directamente al proceso y alimentaran la decisión final. Ello fue interpretado por varios sectores como un llamado a consulta, no como una deliberación con base en la cual se recogieran las principales propuestas de los jóvenes para la estructuración de la política. Ese rasgo, sin embargo, no le resta valor a la propuesta del gobierno distrital, sobre todo porque estaba articulada a una concepción de la participación consignada en el Plan de Desarrollo de la ciudad. La política de juventud hacía parte de una propuesta gubernamental más amplia de formulación de políticas poblacionales, entre las que se destacaron la de afrodescendientes, la de mujer y género, la de la población LGBT y la política para la niñez. Estaba articulada a una lógica programática, promovida por el alcalde desde su campaña electoral. Incluso, respondía a algunas normas nacionales y a los lineamientos de política juvenil diseñados por el gobierno nacional a través de la Consejería presidencial para la juventud.

La Alcaldía utilizó todos los canales a su alcance: institucionales y no institucionales. Se apoyó en los Consejos de juventud (instancias institucionales de participación de los jóvenes), pero creó también escenarios propios como los encuentros inter-locales y las mesas de trabajo locales. De esa manera, se buscaba tener una amplia cobertura y llegar a todos los sectores juveniles, no sólo a aquellos que giraban en torno, por ejemplo, de los Consejos.

La concretó en un decreto de gobierno que sigue vigente hoy día, política se con desarrollos de los dos últimos gobiernos de la ciudad. Ese resultado, sin embargo, fue polémico. Grupos juveniles no quedaron conformes con la política por no haber sido un proceso "de abajo hacia arriba" (*bottom up*), y por haberse sentido utilizados por la Administración Distrital para legitimar una propuesta que ya estaba concebida antes del contacto de las autoridades distritales con la población juvenil. No obstante, esas críticas, la política logró movilizar a diferentes grupos de jóvenes, incluidos los de sectores medios y bajos, llegó a las instituciones educativas y tuvo una cobertura aceptable en términos cuantitativos y diversa en términos cualitativos. El cambio generacional ha obligado a la renovación de liderazgos y hoy son otros los líderes que levantan la bandera de los jóvenes en la ciudad. No fue ese un tema prioritario en el gobierno del Alcalde Gustavo Petro (2012–2015) ni del Alcalde Peñalosa (2016–2019), pero tampoco completamente olvidado.

El Decreto que expidió la política espera que nuevos liderazgos juveniles lo tomen como propuesta para reivindicar sus derechos o como punto de partida para el diseño de nuevas políticas. Sin embargo, esos liderazgos no están a la vista o no han tenido la capacidad de articularse para poner en los primeros lugares de la agenda pública el tema de la política juvenil. Tampoco está a la vista la voluntad de la actual administración distrital para darle empuje a estos lineamientos o a formulaciones alternativas. Es decir, no parecen estar dadas las condiciones para la convergencia de los dos principales factores que propician la participación en un campo determinado:

la voluntad de las autoridades públicas para propiciar el proceso, y la existencia de actores con motivaciones, capacidades, recursos y capital social.

Las tutelas en defensa del derecho a la salud

La tutela representa una de las formas más utilizadas por los colombianos para reclamar sus derechos. La acción de tutela, consagrada en el artículo 86 de la Constitución colombiana, es el mecanismo mediante el cual cualquier ciudadano puede reclamar el Estado la protección de sus derechos fundamentales cuando percibe que estos se encuentren vulnerados o amenazados por la acción u omisión de una entidad pública o de los particulares en los casos que establece la Ley.

El mecanismo fue reglamentado mediante el Decreto 2591 de 1991, el cual lo define así: "Toda persona tendrá acción de tutela para reclamar ante los jueces, en todo momento y lugar, mediante un procedimiento preferente y sumario, por si misma o por quien actúe a su nombre, la protección inmediata de sus derechos constitucionales fundamentales, cuando quiera que éstos resulten vulnerados o amenazados por la acción o la omisión de cualquier autoridad pública o de los particulares (en los casos que señala este decreto). Todos los días y horas son hábiles para interponer la acción de tutela".

Una ventaja de este mecanismo es que no exige un abogado para interponer el recurso ante un juez. Cualquier ciudadano en su calidad de tal puede hacerlo y el juez debe darle prelación sobre cualquier otro proceso que esté en sus manos. El fallo, en caso de ser favorable al demandante, implica que el agente que ha vulnerado el derecho lo restituya inmediatamente, so pena de sanciones penales.

Según los estudios de la Defensoría del Pueblo (2012), órgano encargado de velar por los derechos de los ciudadanos, la tutela es el mecanismo más empleado por los colombianos para defender sus derechos y el más eficaz para restituirlos: "La acción de tutela fue el mecanismo más eficaz que nació con la Constitución de 1991 para la protección de los derechos humanos, no sólo por su eficacia y oportunidad sino porque se ha constituido en la acción más utilizada por los colombianos para reclamarlos ante las entidades del Estado y los particulares que administran dineros públicos, sin necesidad de recurrir a otros medios. Han sido 20 años de uso efectivo de la tutela que han facilitado a una gran mayoría de compatriotas ser beneficiados, pero también varios años de lucha para no permitir su desmejoramiento" (Defensoría de Pueblo 2012).

El derecho más tutelado en Colombia ha sido el derecho a la salud, a pesar de que en un principio no fue consagrado como derecho fundamental en la Constitución, salvo en el caso de los niños (artículo 44). Por esa razón, las primeras tutelas en salud estaban relacionaban con los derechos a la vida, a la dignidad humana y a la integridad personal para acceder a tratamientos, medicamentos, cirugías, procedimientos y otros servicios. Las tutelas aumentaron a partir de la entrada en vigencia de la Ley 100 de 1993, que creó el Sistema de Seguridad Social Integral, dentro del cual estaba contemplado el servicio de salud para los colombianos. Entre 1999 y 2003, el 25,7% de las tutelas invocaban el derecho a la salud, de las cuales el 70% se hacían para reclamar servicios contenidos en el Plan Obligatorio de Salud (POS), que las empresas prestadoras de servicios (EPS) se negaban a brindar.

Posteriormente, entre 2003 y 2005, más de la tercera parte de las tutelas interpuestas invocaban el derecho a la salud; mientras el crecimiento general de acciones interpuestas aumentó con respecto al periodo anterior en un 160%, el de las tutelas en salud fue del 280%, y de éstas el 87% aproximadamente favorecieron a los accionantes. A partir del 2006, el derecho a la salud empezó a ser el más tutelado y en el 2008 logró su pico más alto de participación con un 41,5% del total de las tutelas.

Ese año la Corte Constitucional emitió la Sentencia T-760, tras realizar un estudio de las tutelas presentadas hasta entonces en materia de salud. Dicho estudio encontró que la mayoría de las acciones estaban dirigidas a reclamar un servicio previsto en el Plan Obligatorio de Salud, y que las entidades administradoras del Sistema de Seguridad Social, por desconocimiento, negligencia, o trámite burocrático, no brindaban.

Hasta ese momento, la Corte podía proteger el derecho a la salud mediante tres vías: 1) su conexión con el derecho a la vida, a la integridad personal, y a la dignidad humana; 2) en contextos donde el tutelante es sujeto de especial protección (niños, adultos mayores, personas con discapacidad);

y 3) la afirmación en general sobre el carácter fundamental del derecho a la salud. Sin embargo, la Corte Constitucional buscaba disminuir el número de tutelas anuales al obligar a las entidades competentes a garantizar el goce efectivo del derecho a la salud, como derecho fundamental, definiéndolo como la "facultad que tiene todo ser humano de mantener la normalidad orgánica funcional, tanto física como en el plano de la operatividad mental, y de restablecerse cuando se presente una perturbación en la estabilidad orgánica y funcional de su ser", razón por la cual la Sentencia emitida ordenó a las entidades eliminar los obstáculos para acceder a los servicios y unificó los regímenes de salud (el subsidiado y el contributivo).

Estudios posteriores mostraron que en 2009 las acciones interpuestas disminuyeron en aproximadamente 15% con respecto al año anterior, ocupando el segundo lugar entre los derechos más invocados, después del de petición. Esa tendencia siguió hasta 2010, pero se reactivó nuevamente en 2011 con un incremento del 12,11% (Defensoría 2012).

La Defensoría del Pueblo considera que la tutela ha sido el mecanismo más efectivo para acceder al derecho a la salud en los últimos 20 años, pues al ser una acción judicial subsidiaria, residual y autónoma, devino un instrumento ágil y eficaz en la defensa de derechos, respondiendo así al modelo de Estado Social y Democrático de Derecho consagrado en la Constitución. La instauración de este tipo de mecanismos en la Constitución pretendió que el ciudadano contara con herramientas para poder hacer valer sus derechos en riesgo de vulneración.

Lo anterior puede leerse en tres sentidos: el primero, como la posibilidad brindada desde entonces a la ciudadanía de exigir al Estado la protección integral de sus derechos. El segundo hace referencia al tipo de relación establecida entre el Estado y la sociedad, pues corresponde a un tipo de práctica individual que determina la actuación del Estado de acuerdo a la solicitud de un sujeto concreto de derechos. El tercero es el carácter positivo de la normatividad allí reclamada y del mecanismo usado para hacerlo. Así, la tutela puede ser considerada como un control democrático no electoral en tanto el ciudadano acude a un juez para que éste obligue a las entidades prestadoras del servicio de salud, mediante sentencia, a garantizar el servicio, entregar medicamentos de alto costo y prestar la atención debida a los pacientes.

En la tutela intervienen, pues, dos agentes institucionales: de un lado, los jueces con jurisdicción en el lugar donde se interpone el recurso de tutela, así como los magistrados de la Corte Suprema de Justicia y de la Corte Constitucional, segunda y tercera instancia para el estudio de un fallo. La Corte Suprema de Justicia es la encargada de emitir el fallo y ordenar una conducta determinada a las entidades de salud públicas y privadas cuando el juez falla en contra del demandante o cuando no lo hace en los plazos estipulados por la norma. La Corte Constitucional es tercera instancia, encargada de estudiar los fallos de las dos instancias anteriores y unificar la jurisprudencia constitucional. De otro lado, los organismos de control como la Defensoría del Pueblo, las Personerías y la Procuraduría General de la Nación, que tienen la función de vigilar el cumplimiento de las Sentencias y de orientar al ciudadano sobre el uso de los recursos existentes para proteger sus derechos.

La particularidad de esta acción ciudadana respecto a las experiencias analizadas es el uso directo de un instrumento normado al que cualquier ciudadano pueden acceder en cualquier momento. En el país, entre 1992 y 2011, se registraron 3 321 457 tutelas, de las cuales han sido favorables al accionante el 80%; el 20% restante no prosperaron por diferentes razones, entre las que se destacan la muerte del accionante antes de la emisión del fallo, el hecho superado y cuando el derecho reclamado no estaba relacionado con un derecho fundamental o no constituía riesgo de vulneración.

Por último, es importante destacar que la acción de tutela en general, y de salud en particular, logra por la vía jurídica incidir en las decisiones y acciones del Estado y de los entes encargados de garantizar un servicio eficiente en salud. Por ello, sigue siendo el mecanismo más utilizado por los ciudadanos en una proporción de 23,5 habitantes por cada 10,000 (2011), y sigue siendo el acceso a servicios previstos en el Plan Obligatorio de Salud el motivo de mayor utilización.

Participación en el Programa Familias en Acción

Familias en Acción es el programa de subsidios condicionados implementado por el gobierno colombiano desde 2001 hasta la actualidad. Durante la primera década fue el programa bandera de la política social de los gobiernos del Presidente Álvaro Uribe (2002–2006 y 2006–2010). Surgió primero como respuesta a los impactos de la crisis económica de finales de los años 1990 y luego se convirtió en la principal herramienta del gobierno de lucha contra la pobreza. Su núcleo consiste en la entrega de subsidios monetarios a familias con niños menores de 18 años, uno nutricional para menores de 7 años, y uno escolar, para niños entre 7 y 18 años. A cambio de ello, las familias se comprometen a realizar controles nutricionales para sus hijos y a garantizar la permanencia de estos últimos en el ciclo escolar.

El Plan Nacional de Desarrollo 2006–2010 asignó al Programa el rol de eje articulador de la Red de Protección Social para la Superación de la Extrema Pobreza, creada por el Consejo Nacional de Política Económica y Social (CONPES). La meta propuesta por el gobierno fue lograr una cobertura de 1,5 millones de familias en 2007 y de 3 millones en 2009.

El Programa otorga un lugar central a los temas de capital social y participación, considerados como componentes básicos del modelo de gestión. El capital social fue concebido en el Programa como la mayor confianza entre los beneficiarios y en las instituciones del Estado. Por su parte, la participación fue entendida a partir de varias dimensiones: en primer lugar, la deliberación. Las madres beneficiarias del Programa participan en la medida en que conversen sobre su propia condición como beneficiarias, expresen sus puntos de vista y reclamen al Estado cuando el Programa no opera de manera adecuada.

Una segunda dimensión es la de corresponsabilidad: se busca que las madres beneficiarias se inserten en diferentes escenarios creados por el Programa para que lo conozcan mejor, lo apropien y, sobre todo, garanticen su correcto funcionamiento. Una tercera dimensión es la de control social, entendido como el derecho que tienen las madres beneficiarias a realizar un seguimiento a la gestión pública, a sus resultados, y denunciar cualquier irregularidad.

El Programa creó unos dispositivos para plasmar esta triple dimensión de deliberación, corresponsabilidad y control social: en el nivel municipal, los comités de madres líderes, las asambleas municipales de madres, los encuentros de cuidado, el comité municipal de certificación y las veedurías ciudadanas. En el nivel regional, los encuentros departamentales de madres líderes. Las madres titulares en un municipio conforman la

Asamblea municipal. Ellas eligen a sus líderes (una madre líder por cada cincuenta titulares), las cuales conforman el comité municipal de madres líderes, cuya principal función es apoyar la operación del Programa en el municipio y colaborar en la organización y celebración de los encuentros de cuidado y de las actividades programadas por el enlace municipal.

Los encuentros de cuidado son espacios diseñados para promover entre las beneficiarias el cuidado de sí mismas, de la salud y la educación de los menores de edad y el mejoramiento de las condiciones de vida de la familia. Los encuentros buscan, además, estrechar los lazos de solidaridad y cooperación entre las beneficiarias, generar sinergias, edificar confianza, así como reconocer y valorar las identidades en el marco de la cultura propia de sus respectivas comunidades.

El Comité municipal de certificación es un espacio mixto consultivo, en el que participan el alcalde, el enlace municipal del programa y representantes de diferentes entidades municipales, así como un representante de las madres titulares. Su principal función es hacer seguimiento a la operación del programa y certificar el cumplimiento de los compromisos adquiridos por las madres a cambio del subsidio. El Programa creó además un dispositivo de control social para que las madres tengan la posibilidad de presentar sus quejas y hagan seguimiento a la operación del Programa en su municipio.

¿Qué tanto operaron estos dispositivos y cuál fue su efecto sobre las autoridades públicas y sobre el Programa? ¿Qué tanto incidieron las madres beneficiarias en los asuntos públicos en su municipio?.[23] En primer lugar, hay que señalar que el diseño de los dispositivos de participación es competencia exclusiva del gobierno central, el cual formuló un modelo único para todas las regiones y municipios, independientemente de sus particularidades sociales, territoriales y culturales. Las madres beneficiarias no tienen ninguna posibilidad de adaptarlas a sus realidades específicas. Su única opción

23 El análisis que se realiza a continuación se basa en el estudio del Programa Familias en Acción, realizado por Foro nacional por Colombia entre 2010 y 2012. El período analizado fue 2000–2010. El Programa ha tenido continuidad, pero no tiene en el actual gobierno la fuerza que tuvo en la década anterior. Ha sufrido algunas reformas que no tocan en lo esencial el diseño de la participación. Ver Velásquez, F. González E., Peña, J. y Rodríguez, C. R. (2012).

es amoldarse a ellas. Así, no es posible crear dispositivos diferentes a los ya previstos. En algún momento, por ejemplo, la población desplazada planteó una serie de exigencias al Programa, que éste no podía responder porque no eran parte de su diseño. Los responsables del Programa señalaron que el programa no podía atender cuestiones que se salieran de su competencia ni atender reclamos colectivos, porque la participación de las madres beneficiarias se hacía a título individual.

Este segundo aspecto de la respuesta gubernamental es relevante porque indica el talante del programa en materia de participación. Aunque uno de los pilares de la gestión del Programa es la formación de capital social, éste en la práctica es entendido como el encuentro de mujeres beneficiarias del programa en escenarios previstos para ello con el fin de crear lazos de confianza mutua, más no para generar organización o acción colectiva. como Quienes diseñaron el programa fueron insistentes en afirmar que el estatuto de las madres beneficiarias es el de mujeres personas individuales que reciben un subsidio del Estado, y no de un colectivo con identidad e intereses que pueden llegar a reivindicar en algún momento.

Este enfoque de confianza entre individuos —de corte netamente liberal— tiene que ver también con el alcance y las modalidades de ejercicio de la participación. En efecto, la participación de las madres en los diferentes escenarios del Programa es una acción realizada a título individual. No es un medio para que las madres desarrollen acciones en defensa de sus intereses como beneficiarias del Programa o como ciudadanas de un municipio. Es más bien una herramienta de carácter instrumental que compromete a las madres en esos escenarios para que garanticen el buen funcionamiento del Programa. Ello produce una especie de cooptación de las madres mediante el otorgamiento del subsidio, de manera que su energía participativa termina dirigida exclusivamente a fortalecer el Programa y no a habilitarlas como sujetos de derechos y como ciudadanas activas.

La participación es, por tanto, sinónimo de encuentro, interacción en escenarios propios, y de acciones para opinar sobre la marcha del programa, sin que ello incida en las decisiones que a nivel nacional o municipal se toman sobre el funcionamiento de este último. Tampoco se relaciona la participación con la posibilidad de que las madres intervengan en escenarios públicos en defensa de sus intereses y derechos. Incidir es presentar quejas y reclamos y contribuir a que el programa funcione según los parámetros fijados por el gobierno nacional.

Así, Familias en Acción impone límites a la participación de las madres beneficiarias. Esta debe contribuir a la marcha del Programa sin que las madres devengan representantes de un colectivo para influir en las decisiones públicas en su municipio o departamento. Los procesos de capacitación, formación y sensibilización de las mujeres no pretenden fortalecerlas como ciudadanas, como protagonistas de su propio desarrollo, sino como beneficiarias de un subsidio.

Las madres reconocen el valor de los espacios creados para el encuentro mutuo: las asambleas de madres y los encuentros de cuidado cumplen esa función, lo que no deja de tener un valor, en la medida en que saca a las mujeres de su espacio doméstico y las pone en relación con otras madres en su municipio y en su región. Sin embargo, cuando se trata de que ellas se proyecten al escenario público o a la contienda política, el Programa interpone barreras. Por ejemplo, cuando algunas madres líderes quisieron lanzarse como candidatas al Concejo de su municipio, el Programa les pidió que dejaran su condición de madres líderes e incluso que renunciaran al Programa como beneficiarias.

El programa creó un dualismo entre ser beneficiaria y ser ciudadana. Lo primero es asunto propio del Programa. Lo segundo era algo contrario a sus objetivos, lo que implica para las madres dejar su condición de beneficiarias para involucrarse en algún escenario de participación en el municipio. Quizás el escenario que más se acerca a un concepto de participación incidente es el de control social sobre el funcionamiento del Programa. No obstante, las experiencias en ese campo también se circunscriben a la marcha del programa y no logran generar un alcance mayor en términos de proyección hacia lo público municipal.

En síntesis, hay una distancia entre el enfoque sobre la participación y la práctica desarrollada en el marco del Programa. En la realidad, el discurso queda muy corto en su aplicación. Por ello se considera este como un caso fallido, en el que la participación no permite la construcción de actores colectivos ni su incidencia en el diseño de programa o en los asuntos de política pública municipal.

Principales hallazgos

La institucionalidad participativa y de control en Colombia fue diseñada como un esquema de oferta estatal de escenarios y mecanismos, fuertemente regulados, de interacción entre representantes y representados. A través de esos dispositivos (mecanismos de participación directa, consejos sectoriales, territoriales y poblacionales, mecanismos de protección de derechos individuales y colectivos) los grupos en el poder buscaron contener la movilización social surgida en los años 1970–1980 como respuesta a la crisis del régimen político. Las normas que crearon esos dispositivos establecieron límites y el alcance de la acción colectiva, sometiéndola a procedimientos que diferentes grupos sociales deberían adoptar para canalizar sus demandas hacia el Estado.

Los estudios realizados hasta ahora (Velásquez y González, 2003, 2006; Foro, 2011) indican que ese esquema dio lugar a dos tipos de efectos que actúan en contravía del fortalecimiento de la democracia participativa: de un lado, el "control desde arriba" de los procesos de CDNE, con un fuerte poder discrecional de las autoridades públicas en el diseño de los dispositivos y de manejo instrumental del alcance de las prácticas de control; de otro, un alejamiento progresivo de la población de los escenarios institucionales de participación y la búsqueda de nuevas modalidades, por fuera de la oferta institucional estatal, para canalizar demandas y desarrollar el control ciudadano sobre los agentes del Estado.

Los casos analizados en este informe en su mayoría se salen de ese esquema dominante de "oferta estatal de participación". Esas experiencias no acudieron por lo general al uso de los espacios institucionales de participación existentes, sino que crearon sus propios dispositivos: las mesas de participación (reforma de la LEPC), los cabildos de presupuesto participativo (Pasto, S.F.), la organización de eventos públicos y la publicación de informes y pronunciamientos (Veeduría al Plan de Desarrollo), y la creación de mesas locales y encuentros inter-locales (políticas de juventud). El único caso en el que los dispositivos institucionales han sido claves para efectos del control es el de las tutelas en defensa del derecho a la salud. El mecanismo, consagrado en la Constitución y desarrollado normativamente en términos de sus condiciones y procedimientos, es el instrumento utilizado por los ciudadanos para hacer valer su derecho a la salud y para obligar a las entidades públicas y a los particulares que prestan el servicio a restituir el derecho a quienes han sido vulnerados por su acción u omisión.

El diseño de escenarios no institucionales para facilitar la relación entre representantes y representados no significa haber desechado el uso de los canales institucionales. La experiencia de planeación y presupuesto participativo de Pasto, por ejemplo, involucró al Consejo Municipal de Planeación en todo el proceso y le otorgó un papel primordial en la movilización ciudadana. Además, los pre-cabildos y los cabildos se han convertido en una institución informal que representantes y representados consideran un referente clave de la gestión municipal en materia de planeación y de asignación de recursos. Lo mismo ocurrió con la Veeduría Ciudadana al Plan de Desarrollo de Medellín, que también involucra al Consejo de Planeación, y con la formulación de la política de juventud en Bogotá, que articuló a los Consejos de Juventud al proceso. Sin embargo, no fueron esos los canales principales a través de los cuales se desarrollaron esas experiencias. Fueron actores subsidiarios que se incorporaron a un proceso que sobrepasaba su propia dinámica, pero que, a su vez, los potenció como espacios de encuentro y deliberación.

Algunas características de esos nuevos dispositivos, por lo menos en las experiencias que lograron un nivel de incidencia medio-alto, es que, en contraste con lo que usualmente ocurre con los espacios institucionales, propician relaciones más horizontales, menos asimétricas entre las partes, facilitan, por tanto, la deliberación racional y la negociación estratégica, y crean mejores condiciones para el control de los representantes por los representados. Un ejemplo interesante a ese respecto es el proceso de formulación de la nueva ley estatutaria de participación. Los escenarios creados para el encuentro entre los diferentes actores garantizaron durante la discusión, la presentación de los argumentos de parte y parte y, por momentos, la negociación de los contenidos del articulado. De esa forma, la sociedad civil logró un número importante de acuerdos con sus contrapartes, que fueron ratificados en la aprobación final de la ley, logrando un alto nivel de incidencia.

Algo similar podría decirse del presupuesto participativo de Pasto, otra experiencia de alta incidencia ciudadana en las decisiones sobre planeación y asignación presupuestal en la ciudad. Los pre-cabildos, las asambleas comunitarias, los cabildos y las asambleas de voceros son esencialmente espacios deliberativos y de construcción de propuestas que paulatinamente van consensando con las autoridades públicas en una relación horizontal. No ocurre lo mismo en el Programa Familias en Acción, donde los dispositivos más que deliberativos son instrumentales (la participación se estimula para garantizar la buena marcha del programa) y las madres beneficiarias del Programa no tienen poder de incidencia en el manejo del programa ni en otras esferas de la vida colectiva.

Otra característica de las experiencias analizadas es la diversidad de lógicas que configuran el CDNE en el país: la reforma de la ley de participación y la planeación y el presupuesto participativo de Pasto operaron bajo lógicas sinérgicas. En ellas, representantes y representados compartieron proyectos y metas y cooperaron para lograr los objetivos compartidos. Esa unión de voluntades permitió, en el primer caso, construir acuerdos sobre el contenido de la nueva ley y, en el segundo, consolidar un proceso que ha logrado producir cambios sustanciales en los estilos de gestión urbana.

Por su parte, el equilibrio entre intencionalidades fundamentó los procesos de CDNE en otras dos experiencias: la formulación de la política de juventud en Bogotá y el caso de familias en Acción. En la primera, la administración distrital y las organizaciones e instancias de participación de los jóvenes, aspiraban a contar con una política para los jóvenes. Sin embargo, la metodología que postulaba cada una de las partes era diferente: para el alcalde, el proceso consistía en que los jóvenes y sus organizaciones validaran un documento previamente elaborado por la Alcaldía; los jóvenes, por el contrario, aspiraban a que el proceso fuera "de abajo hacia arriba" para que la política fuera el producto de la iniciativa de distintos sectores de jóvenes en la ciudad. Sin embargo, el deseo de ambas partes de sacar adelante una política de juventud primó sobre la diferencia de miradas, lo que permitió que la política fuera expedida mediante decreto de la Alcaldía.

En el caso de Familias en Acción la distancia de pareceres de quienes diseñaron el Programa en el gobierno central, y las madres beneficiarias, era mayor: los funcionarios encargados querían que las mujeres participaran para que el programa funcionaria bien, sin que ello implicara la potenciación colectiva de las mujeres. Estas, por su parte, pretendían cierta autonomía en los diferentes escenarios de su vida diaria y garantizar el subsidio del Estado a cambio del cumplimiento de los condicionantes del programa. Sin embargo, unos y otras estaban unidos por el interés de que el programa marchara bien: el gobierno ganaría legitimidad y acumularía poder electoral; las madres seguirían como beneficiarias y adquirirían nuevos conocimientos como el cuidado propio y el de sus hijos, en lo físico y espiritual.

Finalmente, las otras dos experiencias corresponden más a lógicas de costo reputacional. La Veeduría al Plan de Desarrollo de Medellín es una experiencia de vigilancia ciudadana de la gestión de la ciudad, que genera valoraciones —positivas y negativas— del desempeño de las autoridades públicas en la implementación del plan. Los pronunciamientos de la Veeduría, basados en información fiable, alimentan una imagen de la administración municipal favorable o desfavorable, lo cual implica para las autoridades ganancias o pérdidas de legitimidad y, consecuentemente, de caudal electoral. Conservar una buena imagen puede llevarlas a modificar su conducta y a orientar la gestión hacia procedimientos y metas positivamente valorados por la Veeduría Ciudadana.

Algo parecido puede decirse de la tutela, aunque en este caso el efecto es más difuso, debido a que es una práctica que tiene cobertura en todo el país y cuyos efectos conciernen no sólo a las autoridades públicas sino también a particulares que prestan servicios de interés público, como el de salud. No obstante, el alto número de ciudadanos que hacen uso de ese mecanismo de protección de sus derechos produce una imagen general —más negativa que positiva— del servicio de salud y, en general, del sistema nacional de salud que puede afectar a sus encargados, sean entidades estatales o privadas. El número de tutelas para proteger el derecho a la salud es tan elevado que ya ha dejado en la opinión pública una imagen negativa del servicio y de sus prestadores. Ello ha obligado a estos últimos a modificar sus conductas para mejorar la imagen del sector y al gobierno a emprender una reforma de la ley de salud y una política pública acorde con la garantía de ese derecho para los colombianos.

¿Qué otros factores han permitido un alto nivel de control de los representados sobre los representantes en las experiencias analizadas? Podrían mencionarse los siguientes:

a) La apertura de los agentes estatales a la deliberación con diferentes sectores sociales para la construcción de decisiones públicas. Esa apertura incluye su disposición a vincular la participación a programas gubernamentales, lo que constituye un punto de partida para la construcción de confianzas. Esa apertura no es aún generalizada, pero ha ganado terreno en la última década, especialmente en las ciudades grandes e intermedias.
b) Flexibilización de las instituciones estatales para "adaptarse" a las exigencias del diálogo deliberativo con los participantes. El caso de Pasto y, en parte, la reforma de la ley de participación son buenos ejemplos al respecto. Aún existen rigideces y un alto nivel de descoordinación interinstitucional para atender las demandas ciudadanas. Con todo, existe de un creciente número de autoridades públicas que se han abierto a la voz y al escrutinio ciudadano.
c) La existencia de actores sociales con capacidades y recursos para involucrarse en la discusión y construcción de acuerdos con sus representantes en el Estado. Las experiencias analizadas, especialmente la reforma de la ley de participación y la Veeduría Ciudadana al Plan de Desarrollo de Medellín, tuvieron como soporte social un conjunto de actores conocedores del tema, con buen nivel de información, con tiempo y recursos económicos para involucrarse en los procesos, y con capacidades y experticias en procesos de negociación y de construcción de consensos. La experiencia relacionada con la tutela es un poco diferente, en la medida en que cualquier ciudadano puede acudir a ese mecanismo sin intermediación de terceros. No se requieren más requisitos que acudir a un juez con un documento escrito en el que incluye los antecedentes de la petición, el derecho vulnerado y la solicitud de que le sea restituido.
d) La acumulación de un historial de organización y movilización previo a los procesos, que sirvió de punto de partida para la articulación de sinergias y de acciones colectivas. Esto es claro en todas las experiencias exitosas, especialmente en los casos del presupuesto participativo de Pasto y de la Veeduría Ciudadana al Plan de Desarrollo. También fue un factor importante en la formulación de la política de juventud en Bogotá.

e) La capacidad de articulación de sectores con intereses diferentes, pero coincidentes en un objetivo compartido de fortalecimiento de lo público. La Veeduría ciudadana y la reforma de la ley de participación reflejan cabalmente esa característica.

f) Finalmente, la eficacia de los procesos, en términos de resultados, es un factor clave de sostenibilidad de los mismos. Cuando los actores comprueban que su acción produce resultados los afirma en su convicción y compromiso para seguir adelante. Ello explica la permanencia de experiencias como el presupuesto participativo de Pasto y la Veeduría al Plan de Desarrollo de Medellín, y sobre todo la legitimidad que esos procesos tienen a ojos de la ciudadanía. La interposición de tutelas es el mejor caso para mostrar la eficacia de un dispositivo de control.

Varios de estos factores brillan por su ausencia en la experiencia del Programa Familias en Acción: la apertura del gobierno central al diálogo deliberativo con las madres beneficiarias; la flexibilidad de las estructuras estatales y de los dispositivos participativos; la existencia de actores sociales con capacidades y recursos; la acumulación de un historial de organización y movilización de la población beneficiaria; y la articulación con otros sectores sociales.

Bibliografía

Alcaldía de Bogotá (2004). *Proyecto de Acuerdo Plan de desarrollo, económico, social y de obras públicas para Bogotá 2004–2008 Bogotá sin indiferencia: un compromiso social contra la pobreza y la exclusión. Exposición de motivos*. Bogotá.

Alcaldía de Pasto (s.f.). *De la experiencia del presupuesto participativo a la profundización de la Democracia. Sistematización Cabildos 2008–2011*. Pasto.

Bejarano, J. A. (1986). *La economía colombiana en la década del 70*. 2ª edición. Bogotá: CEREC.

Defensoría del Pueblo (2012). *La tutela y el derecho a la salud 2011: 20 años del uso efectivo de la tutela 1992–2011*. Bogotá.

Foro Nacional por Colombia (2003). *Encuesta sobre participación ciudadana en Colombia*. Bogotá: Fundación Corona.

—— (2005). Encuesta sobre participación ciudadana en la planeación en Bogotá. Bogotá; Foro y Fundación Corona.
—— (2011), *Trayectorias de la participación en Colombia*, Bogotá (mimeo).
González, E. (1995). *Manual sobre participación y organización para la gestión local.* Cali: Foro Nacional por Colombia.
Iniciativa por la participación ciudadana en Bogotá (2009). *Encuesta sobre participación ciudadana.* Foro Nacional por Colombia. Bogotá: Fundación Social y Fundación Corona (mimeo).
Ramírez, C. (2001). 'Desarrollo económico y social en el siglo XX, población e indicadores sociales'. In G. Misas (ed.), *Desarrollo Económico y Social en Colombia. Siglo XX*, pp. 481–514. Bogotá: Universidad Nacional de Colombia.
Santana, Pedro. (1983). *Desarrollo Regional y paros cívicos en Colombia.* Bogotá: Cinep.
Universidad Piloto De Colombia (2011). *Actores, Prácticas y Sentidos de la Participación Local en Bogotá.* Bogotá: Departamento de Publicaciones UPC.
Velásquez, F. (1995), 'La Descentralización en Colombia: antecedentes, desarrollo y perspectivas'. In Varios, *¿Descentralizar en América Latina?* Quito: PGU-LAC y GTZ.
—— (2017). 'Participación ciudadana y construcción de paz en Colombia'. *Revista Foro*, 91, 43–55.
Velásquez, F. y González, E. (2003). *¿Qué ha pasado con la participación ciudadana en Colombia?* Bogotá: Fundación Corona.
—— (2006). *Encuentros con el futuro: cuarto ejercicio de planeación participativa en Bogotá 2004.* Bogotá: Foro Nacional por Colombia y Fundación Corona.
Velásquez, F., González Esperanza, Peña J. & Rodríguez C. R. (2012). *Familias en Acción: tensiones entre lo técnico y lo socio-político.* Bogotá: Foro Nacional por Colombia y Fundación Ford.

DIANNE SCOTT, CATHERINE SUTHERLAND Y GLEN ROBBINS

5 Sudáfrica. Mecanismos de control y régimen de partido hegemónico[1]

Así como buena parte de los países latinoamericanos, Sudáfrica pasó por un proceso de democratización y apertura política que, en su caso, puso fin al Estado de apartheid. En el mismo sentido, los años posteriores a la democratización prometieron la ampliación de la gobernanza, no sólo en el terreno electoral, mediante la introducción de elecciones libres, sino en el terreno social, gracias a la creación de nuevos canales de participación. De hecho, el pronóstico pareció realizarse durante los primeros años: una nueva constitución con claros avances en términos de gobernanza democrática, justicia social e igualdad racial, así como la llegada al poder del partido Congreso Nacional Africano (CNA) sugerían tal realización. Casi cuarenta años después del fin del apartheid, y a más de dos décadas del ascenso al poder de ese partido, el escenario es otro: en la mejor de las hipótesis, ambiguo. Este capítulo realiza un amplio balance de las experiencias más relevantes de control democrático no electoral (CDNE), tal y como es definido por Isunza y Gurza Lavalle en el capítulo introductorio de este libro. Prestamos especial atención a la progresiva transformación del CNA, símbolo de la resistencia contra la segregación racial, en partido único y a sus efectos sobre las innovaciones más prometedoras, como la municipalización y sus correspondientes instituciones de gobernanza local, y las instituciones del Capítulo 9 de la Constitución. No casualmente, los resultados muestran que las modalidades de CDNE más relevantes en el país son de control no electoral institucionalizado, es decir, aquellas que operan sin participación social.

1 Los autores agradecen el apoyo de Vicky Sim y Mary Galvin.

Además de la reconstrucción del contexto que ayuda a entender las características más sobresalientes de los CDNE en Sudáfrica, y del amplio registro de experiencias relevantes de control, examinamos un caso emblemático de control institucionalizado: la Evaluación de Impacto Ambiental y Judicatura ocurrido en el Puerto de Durban Small Craft, para contrastarlo con otros dos casos emblemáticos de fracaso y de éxito que incluyen (o deberían incluir) la participación de la población (el Comité Distrital ante el Consejo de la Municipalidad de eThekwini y los Diálogos sobre el Agua, respectivamente). Para finalizar examinamos las implicaciones de los hallazgos principales para pensar el futuro de la gobernanza democrática en el país.

Contexto político para comprender la experiencia de los CDNE

La abertura política en Sudáfrica dio lugar a un nuevo sistema de gobernanza democrática en el que se inscriben innovaciones en el terreno de los controles democráticos no-electorales (CDNE). De hecho, el nuevo sistema de gobernanza establecido después de las primeras elecciones democráticas, y particularmente la Constitución, han sido aclamados como progresivos e innovadores. Como será mostrado en este capítulo, la realidad es más compleja y ambigua. En un contexto de transformación, y debido a una amplia variedad de factores, la implementación y la operacionalidad de las herramientas democráticas no-electorales han tenido diferentes grados de éxito. Adicionalmente, el dominio del Congreso Nacional Africano (CNA), con poca oposición efectiva, se ha vuelto crecientemente represivo, evidenciando la fusión del Estado con el partido y contribuyendo a socavar las intenciones democráticas de muchos de los mecanismos de CDNE (Piper y Nadvi 2010). Esta sección ofrece los elementos que configuran el contexto político que determinó la implementación y funcionamiento de las experiencias de CDNE.

En 1910, las dos colonias británicas de Natal y el Cabo, así como dos repúblicas del "boer", Orange Free State y Transvaal, se unieron para formar la Unión de Sudáfrica. Las políticas estaban dominadas por los blancos y la segregación, y este fue un período en que las políticas segregacionistas se implementaron en todas las esferas de vida. El CNA se fundó en 1912 y representa uno de los movimientos "modernos" más longevos en África (Thomas 1996).[2] No fue sino hasta 1940, cuando el Partido Nacional (Afrikaner Nationalist Party) ganó las elecciones, que a nivel nacional se introdujeron las políticas discriminatorias y segregacionistas, marginando a las personas negras y alienando casi el 90% de la tierra para la ocupación blanca. Los africanos fueron relegados a las tierras de las zonas periféricas que se encontraban descuidadas y subdesarrolladas; la población negra evitaba ir a las "ciudades blancas" si no era como trabajadores.[3] No es de extrañar que Sudáfrica ha tenido una larga historia de "lucha progresista y colectiva por la equidad socioeconómica y la justicia, especialmente durante el apartheid" (Langa y Jerome 2004: 15). La resistencia contra el Estado del *apartheid* tomó la forma de campañas de desobediencia contra la implementación de las leyes segregacionistas, lo que provocó la prohibición del Congreso Nacional Africano en 1960.[4] El CNA resurgió en la década de 1980 para enfrentarse de manera armada contra las desigualdades raciales del *apartheid*. Parte de la campaña del CNA consistió en lograr la aplicación de sanciones internacionales (Thomas 1996). Este fue un período de violencia enaltecida y de represión. El Estado sudafricano experimentó sanciones internacionales y una resistencia en el interior.

Al final de la década de 1980, el gobierno nacionalista inició el proceso de negociación para una transición pacífica del liderazgo político al retirar la prohibición del CNA y de otras organizaciones, y rechazando algunas leyes del *apartheid*, especialmente aquellas que negaban a la población el desplazamiento hacia las ciudades. Así mismo, se liberó a Nelson Mandela

2 El propósito del CNA era "unificar a los negros" contra la creciente reducción de sus derechos económicos y políticos (Thomas 1996).

3 El término negro como se usa en este contexto para referirse a africanos, indios y gente de color —todos los que sufrieron bajo la legislación discriminatoria.

4 Esto produjo el encarcelamiento de Nelson Mandela, líder de la organización, y la prohibición del ala armada del CNA. El Partido Comunista de Sudáfrica (PCSA) había sido prohibido desde 1950 (Thomas 1996).

y se iniciaron las negociaciones para construir un gobierno democrático no racial. Esto culminó en las elecciones democráticas de 1994 donde el CNA salió victorioso por una mayoría aplastante. Desde entonces el CNA ha sido el partido dominante en Sudáfrica. El nuevo gobierno de unidad nacional heredó una "sociedad fracturada", dividida en cuestiones de raza, clase y género, así como en temas étnicos y de lengua; entre los habitantes rurales y los urbanos, y los propietarios de tierra y los que no contaban con propiedades. Estas divisiones quedaron al desnudo, especialmente en cuestiones de educación, constituyendo barreras reales a la equidad ciudadana (Enslin 2003).

Las reformas políticas a gran escala en el período posterior a 1994 incluyeron: el desmantelamiento de la legislación para la clasificación de la población por raza; el fin de la segregación residencial y de educación; la reestructuración de los límites administrativos para crear municipalidades "de pared a pared" (*Wall-to-wall*)[5] en todo el país; la prohibición del control de afluencia (prevención de la urbanización); la instalación de un sistema de reforma agraria y la potenciación de la economía negra; igual acceso a la educación y al trabajo entre muchas otras reformas (Enslin 2003). El reporte del censo más reciente (Statistics SA 2013) revela una integración creciente en áreas antes exclusivamente blancas o de residencias indias. Sin embargo, la sociedad sudafricana sigue siendo una de las más inequitativas del mundo (Presidencia de la República de Sudáfrica 2013: 29). El 23% de los 51.8 millones de sudafricanos viven por debajo de la línea de pobreza extrema (Presidencia de la República de Sudáfrica 2013: 30). Aunque este porcentaje ha disminuido desde 1994, el número absoluto de personas viviendo en pobreza sigue siendo muy alto. Diecinueve años después del inicio de la nueva democracia, el ampliamente reconocido fracaso del CNA en cumplir con sus promesas electorales socio-económicas relacionadas con la provisión de servicios y empleos, ha dado como resultado una creciente movilización social. Sin embrago, Beresford (2009: 392) muestra que "los

5 Antes de la implementación de la política de municipalización, los gobiernos locales tenían estatutos muy variados, dependiendo de regulaciones de los gobiernos provinciales. La creación de municipios "de pared a pared" difundió y homogeneizó el municipio como única forma de gobierno local, portadora de las mismas atribuciones.

trabajadores aún se identifican de forma sólida con el CNA y que, aunque están al tanto de sus defectos, creen que el CNA *como organización* no es una causa perdida, y que tiene la capacidad para regenerarse". Él argumenta que el CNA aún es central en la "imaginación política" de los trabajadores (Beresford 2009).

Desde 1994 el CNA ha sido el partido gobernante a nivel nacional y en todas las provincias, con excepción de la Provincia Occidental del Cabo, gracias a la mayoría conquistada por la Unión Inter-parlamentaria, con el partido de oposición, la Alianza Democrática (DA). Electoralmente Sudáfrica cuenta con un sistema híbrido que usa tanto el sistema de distrito electoral como el sistema de representación proporcional. Así, los Consejos Municipales consisten en un 50% de Consejeros Distritales (representando a un distrito de la ciudad específico) y un 50% de representantes de partido. En las elecciones municipales del año 2011, el CNA dominó prácticamente todas las municipalidades con poco menos del 62% del voto (Cohen 2011).

La democratización trajo consigo, también, una nueva Constitución (1996) que fortaleció el ámbito local de gobierno, estableció instituciones de CDNE como parte integrante de los órganos del Estado y mandató la participación ciudadana y de la sociedad civil. En relación a la estructura federativa, la Constitución determinó los poderes y funciones de los tres niveles de gobierno, compuestos por el gobierno nacional, nueve provincias y 278 municipalidades, en la que cada ámbito es definido como "distintivo, interdependiente e interrelacionado" conformando el Sistema Constitucional de gobernanza cooperativa (Constitución de SA, 1996, s.40 (1), s. 4). La Constitución estableció la autonomía del gobierno local y lo elevó a la categoría de una esfera de gobierno (Salga 2011), introduciendo tres categorías de gobiernos locales: metropolitano, distrito y municipalidades locales. A las municipalidades se les ha otorgado la tarea crítica de ser el brazo del desarrollo del gobierno de Sudáfrica (Constitución de SA 1996; Libro Blanco en Gobierno Local 1998; Ley de Sistemas Municipales 2000), especialmente a nivel metropolitano.

En relación a las agencias estatales de rendición de cuentas o de *accountability* horizontal (pensadas en este volumen como CDNE institucionales), la Constitución mandató un conjunto de instituciones referidas en el Capítulo 9: el Protector Público, la Comisión de Derechos

Humanos, la Comisión para la Promoción y Protección de los Derechos de las Comunidades Culturales, Religiosas y Lingüísticas para la Equidad de Género, el Auditor General, la Comisión Electoral y la Autoridad Independiente de Comunicaciones. A semejanza del Protector Público (PP), que investiga cualquier conducta en cuestiones de Estado o en la administración pública que se suponga o sospeche sea inapropiada (Parlamento 2007), la parte más innovadora de las instituciones del Capítulo 9 ejercen funciones de protección de la población ante posibles excesos del Estado, así como de promoción de equidad y respeto a los derechos humanos. Una evaluación parlamentaria realizada en 2007 diagnosticó un rendimiento disparejo de las instituciones del Capítulo 9 en la realización de su mandato constitucional, y un estudio más reciente elaborado por Keil (2010) confirma dicha evaluación: la Comisión de Derechos Humanos, el Protector Público y la Comisión Electoral han hecho un buen trabajo mientras que la Comisión para la Equidad de Género y la Comisión para la Promoción y Protección de los Derechos de las Comunidades Culturales, Religiosas y Lingüísticas han fallado a la hora de posicionarse efectivamente como protectores y promotores de la democracia constitucional. Keil (2010: 6) resalta que el contexto de Sudáfrica, con un desarrollo muy desigual y con el dominio de un solo partido, socava la "provisión y protección de los derechos políticos y socio-económicos así como el funcionamiento del sistema democrático". Adicionalmente, el dominio del CNA en la política en todos los niveles es una amenaza potencial a la democracia, pues aún no existe una oposición significativa. En este contexto, las instituciones del Capítulo 9 son especialmente críticas. De hecho, Suttner (2004: 758, en Keil 2010) afirma que las instituciones del Capítulo 9 "pueden de hecho otorgar más protección a los derechos democráticos y contribuir mucho más a la consolidación [del régimen] que la existencia de una oposición fuerte".

Finalmente, en relación a la participación ciudadana y de la sociedad civil, la Constitución específicamente determina que el gobierno debe facilitar el involucramiento del público en procesos legislativos y de otros ámbitos en todos los niveles de gobierno —dentro de la Asamblea Nacional, el Consejo Nacional de Provincias, las Legislaturas Provinciales (Constitución de SA 1996: s. 59, 72 y 118) y las municipalidades locales (Municipal Systems Act, No. 32 del 2000, Sección 16 [1] Capítulo 4). Estas estructuras deben conducir sus asuntos de forma abierta, aunque pueden excluir al público, incluyendo a los medios de comunicación, cuando se considera "que es razonable y justificable en una sociedad democrática abierta" (Constitución de SA 1996: s. 59 [2]). En los procesos de elaboración de la nueva legislación, generalmente se le da al público la oportunidad de hacer comentarios, tanto en audiencias públicas como por escrito. La Constitución garantiza a todos los ciudadanos el derecho de participar en cualquier proceso de toma de decisiones que afecten sus vidas.

Por diversos motivos, las disposiciones constitucionales en materia de participación no han sido efectivas. Scott (2009: iii) afirma al respecto, que en la participación pública en los procesos nacionales y de legislatura provincial en Sudáfrica la evidencia muestra que "las estrategias de participación pública comúnmente empleadas por el sector legislativo de Sudáfrica en su conjunto siguen siendo ineficientes y tienen escasa influencia en la toma de decisiones de los procesos legislativos". Mientras que estas instituciones tienen unidades operacionales de participación pública, y sistemas y procesos vigentes para facilitar la participación, los recursos financieros limitados, las barreras de comunicación, las grandes áreas geográficas que se deben de cubrir y los retos logísticos y técnicos actúan como obstáculos a la participación. Scott (2009) señala que, por lo tanto, el objetivo de la Constitución de fortalecer la democracia a través de la participación pública no se ha conseguido en el ámbito legislativo. Piper y Nadvi (2010, 2012), a su vez, califican estos espacios como "espacios de invitación" en los que "se asume normativamente que las comunidades tienen capacidad para involucrarse en la administración local de forma constructiva". Sin embargo, con base en sus investigaciones afirman que "el pobre diseño de estos espacios, la falta de una genuina voluntad por parte de las elites y el poder relativo de los actores sociales claves significan que, en la práctica, resulten procesos sin sentido o simplemente cooptados por partidos políticos".

Mientras que la participación pública no funcione de forma apropiada a nivel nacional o provincial, será en el nivel local donde los ciudadanos y asociaciones comunitarias deberán tener la capacidad de influir en la toma de decisiones del gobierno. La Ley del Sistemas Municipales de hecho exige que las municipalidades "deban de desarrollar una cultura de gobernanza municipal que complemente al gobierno formal representativo con un sistema de gobernanza participativa" (Ley de Sistemas Municipales, núm. 32 del 2000, s. 16 [1]). Las oportunidades de gobernanza participativa incluyen los procesos asociados con los Planes de Desarrollo Integrado y los presupuestos, procesos espaciales estratégicos, Comités Distritales y los procesos de participación asociados con las aplicaciones de desarrollo y las autorizaciones medio ambientales a nivel municipal. Cabe resaltar que, a través de esas oportunidades, especialmente de los Planes de Desarrollo Integrado, las municipalidades actualmente son mucho más abiertas a las necesidades de los ciudadanos, que durante el apartheid del pasado. Tal vez las municipalidades no consulten a sus residentes tanto como deberían, pero han avanzado algunos pasos para responder a estas necesidades. Por cierto, existen variaciones considerables de municipio a municipio y la generalización debe por ello ser cautelosa. La Municipalidad de eThekwini, por ejemplo, ha ganado numerosos premios y es referencia en muchos círculos como uno de los municipios mejor administrados en Sudáfrica; ha ganado premios Vuna del anterior Departamento de Gobierno Provincial y Local por su desempeño en servicios y ha recibido reconocimiento internacional por varios de sus programas; tiene la mejor clasificación de crédito de cualquier ciudad de Sudáfrica, habiendo entregado más unidades de vivienda pública y más conexiones eléctricas y de agua que otras ciudades y llevado a cabo auditorías claras durante los recientes años de agitación. Aunque estos datos sean significativos, la enorme mayoría de las municipalidades no presentan un panorama prometedor.

De hecho, las Municipalidades han sido criticadas por sus procesos formales de arriba hacia abajo y existen voces preocupadas entre muchos grupos de la sociedad civil de que, en ellas, a lo largo y ancho del país, se siguen formulaciones homogéneas en el modo en que provén servicios a los pobres y no toman en cuenta los contextos locales. También existe un amplio debate en cuanto a la centralización de los procesos de toma de decisiones del partido dominante —el CNA— que ha reducido el involucramiento cívico activo y su diversidad (Ballard y otros 2005). Se sugiere de forma frecuente que las decisiones se toman en las estructuras más altas del CNA antes de llevarse a los procesos de los consejos locales para ser aprobadas. Buccus y Hicks van más allá en la crítica sugiriendo que "alguna duda surge en cuanto a la magnitud de la voluntad política de los representantes y los burócratas superiores electos de poner la ideología de la participación en práctica de manera significativa. Esto se hace evidente por tendencias visibles dentro del partido dirigente, el CNA, y las estructuras gubernamentales de cerrar filas en contra de aquellos que expresan alguna oposición o crítica a sus políticas, etiquetando a los disidentes dentro de sus filas como 'ultra-izquierda', políticamente ambiciosos o incluso, en algunos casos, racistas" (Buccus y Hicks 2008: 156).

Sin duda, el gobierno democrático local en Sudáfrica permanece como un proyecto relativamente joven. En poco más de una década se han instituido cambios mayores para lograr transformaciones significativas en la forma y contenido de los procesos y acciones del gobierno local. Enfrentar los considerables problemas estructurales en las municipalidades y los altos niveles de pobreza ha sido la mayor preocupación del gobierno local. Sin embargo, ha existido algún esfuerzo, a través del tiempo, por desarrollar un conjunto de respuestas más profundas y complejas, especialmente en las municipalidades metropolitanas. A pesar de los esfuerzos de las municipalidades por cumplir su mandato de "reconstrucción y desarrollo", ha existido mucha inquietud civil y protestas, particularmente desde 2000. El CNA domina las municipalidades y ha reaccionado con represión y violencia en muchos casos, siendo común el trato a las organizaciones de la sociedad civil como "ilegales".

Esta breve visión general del sistema político de Sudáfrica y sus estructuras y procesos de gobierno demuestran las intenciones del gobierno de democratizar los procesos legislativos y ejecutivos en todos los niveles (como se refleja en la Constitución, las instituciones nacionales que respaldan la democracia constitucional y en la legislación de los gobiernos locales). Sin embargo, en la práctica el compromiso público real y la influencia cívica en la toma de decisiones del gobierno a través de los canales institucionales de Estado son generalmente débiles. En la planificación establecida y en los procesos de participación asociados con las acciones de desarrollo y las autorizaciones medioambientales a nivel municipal que contienen parámetros y procedimientos claros para darle voz al público, la sociedad civil es capaz de hacer alguna diferencia. Aun así, en los procesos nacionales y provinciales y en la planificación estratégica municipal, el compromiso público real es discrecional y continuamente es débil o inexistente.

El predominio de los controles institucionalizados

El repertorio de CDNE es numéricamente limitado si se lo compara con la variedad de experiencias presentes en otros contextos nacionales contemplados en este libro, como los casos brasileño y colombiano. Un registro sistemático de experiencias reconocidas por expertos en el campo de la participación, por su relevancia local, arroja una lista de 26 experiencias, la mayoría de las cuales son de carácter estatal, que incluye casos de mayor alcance. Seguimos la tipología de controles democráticos no-electorales que diferencia aquellos puramente estatales (institucionales), de aquellos que articulan institucionalmente actores de la sociedad civil con actores estatales (institucionales mixtos), así como de aquellos que funcionan echando mano de la presión social por fuera de los canales institucionales (extra-institucionales). Así, la Tabla 1 muestra que poco más de la mitad de las experiencias registradas constituyen casos de CDNE-I (14), y la mitad restante contiene igual número de casos de control institucional mixto (6) y extra-institucional (6).

El estudio de tales experiencias reveló que su alance es limitado o, en el mejor de los casos, presentan éxito muy variable. Los CDNE de mayor alcance corresponden a instituciones bajo control del ejecutivo federal y no de la sociedad civil o de una articulación entre ambos. En ese sentido, y recurriendo a la formulación de Fabio Velásquez y Esperanza González (2013), el alcance de la sociedad civil en los CDNE suele limitarse a la capacidad de iniciativa. La razón es que en los procesos más importantes y con cobertura nacional relacionados a planeación y estimación de impactos ambientales, el papel de los participantes de la sociedad civil es considerado como consultivo y el tomador de decisiones finales es el Estado y, por ello, la concertación entre actores sociales y estatales no es posible. Otra razón es que tres instituciones del Capítulo 9 de la Constitución, implantadas para apoyar la democracia constitucional de Sudáfrica (el Procurador Público, la Comisión Electoral Independiente y la Comisión de Derechos Humanos), son CDNE que investigan denuncias de abusos de autoridad, irregularidades jurídicas y falta de responsabilidad. Así, la participación sólo se realiza en estas instancias como denuncia contra acciones del Estado, representantes políticos, burocracia pública, negocios, organizaciones e individuos que violan los derechos constitucionales u otras exigencias legales. Es importante advertir que son pocas las formas más democráticas o inclusivas de participación y se vuelven excepcionales cuando se plantea la cuestión de su capacidad de tomar decisiones. El registro de experiencias relevantes listadas en la Tabla 1 cuenta con sólo un caso de "decisión", los Diálogos del Agua-Sudáfrica, que fue un proceso participativo democrático e inclusivo implantado mediante un proceso global para mejorar y democratizar la provisión del agua; un caso, cabe reiterar, muy poco común de CDNE, cuyo éxito descansó en la presencia de fuertes apoyadores locales. Los Diálogos serán examinados en la siguiente sección y son un caso excepcional no sólo por su carácter exitoso, sino porque se trata de una experiencia institucional mixta, a diferencia de los CDNE que suelen contar con algún alcance, por regla general de índole institucional. En el mismo sentido, en los casos sudafricanos identificados no existen formas de participación que impliquen cogestión, las cuales, en la experiencia de los autores, son inexistentes en el contexto de Sudáfrica, aunque se han hecho algunas tentativas para implantar instancias de participación con ese perfil en la gestión de recursos naturales.

Es importante notar que, no obstante, la centralidad de los CDNE institucionales, su preponderancia no implica que ellos operen de manera aislada en relación a las otras modalidades de CDNE. En algunos de los casos registrados, los mecanismos de control del Estado se articulan con otros mecanismos institucionales mixtos y extra-institucionales. De hecho, la falla de los mecanismos instituciones más formales suele causar la activación de los mecanismos extra-institucionales. Así ocurrió, por ejemplo, con la articulación de las organizaciones de la sociedad civil de Abahlali Mjondolo con los Comités Distritales y, en su momento, con la Corte Constitucional; también esto aconteció en la articulación de la organización civil extra-institucional de Alianza de Comunidad Ambiental del Sur de Durban, mediante el dispositivo de la Planificación de Área Local a través de los procesos de participación; y, finalmente, con la articulación de las organizaciones de la sociedad civil de la Campaña para Salvar Vetch con el mecanismo de Evaluación de Impacto Ambiental.

Tabla 5.1: Censo de mecanismos de CDNE en Sudáfrica

	Mecanismo CDNE	*Estado/ Sociedad*
1	Comisión de Planificación Nacional	CDNE-I
2	Comisión de Derechos Humanos	CDNE-I
3	Audiencias del Parlamento	CDNE-I
4	Procesos de Políticas Verdes y Blancas	CDNE-I
5	Instituciones del Capítulo 9	CDNE-I
6	Consejo de Demarcación	CDNE-I
7	Comisión de Derechos Humanos	CDNE-I
8	Corte Constitucional	CDNE-I
9	Cortes de Equidad	CDNE-I
10	Comisión Sudafricana de Género	CDNE-I
11	Comisión de Planificación Provincial	CDNE-I
12	Consejo Económico Provincial (KZN)	CDNE-I
13	Descentralización y Relaciones Intergubernamentales	CDNE-I
14	Comisión Financiera y Fiscal	CDNE-I
15	Consejo Económico Nacional de Desarrollo y Empleo (NEDLAC)	CDNE-IM
16	Audiencias de Evaluación de Impacto Ambiental (bajo NEMA, 1998)	CDNE- IM
17	Diálogos sobre Agua-Sudáfrica	CDNE- IM
18	IDP Municipal y consultas sobre presupuesto	CDNE- IM
19	Planificación de Área Local Municipal	CDNE- IM
20	Comités Distritales Municipales (Ley de Sistemas Municipales)	CDNE- IM
21	Base Abahlali iMjondolo	CDNE-EI (Temática)
22	Alianza de Comunidad Ambiental del Sur de Durban (SDCEA)	CDNE-EI (Temática)
23	Asociación para Salvar Vetch	CDNE-EI (Campaña)
24	Campaña contra el Proyecto propuesto de Protección a la Información del Estado "Campaña sobre el derecho de saber"	CDNE-EI (Campaña)
25	Campaña de Educación Igualitaria para obtener Estándares Mínimos en Escuelas	CDNE-EI (Campaña)
26	Campaña de Acción Pro Tratamiento	CDNE-EI (Campaña)

Fuente: Elaboración de los autores

Antes de examinar los casos más emblemáticos del caso sudafricano, es conveniente mencionar que los CDNE extra-institucionales indicados en función de su relevancia en la Tabla 1 constituyen casos específicos de modalidades extra-institucionales de presión vinculadas a actores con repertorios de movilización que suelen organizarse en torno a campañas amplias o a proyectos más específicos de índole temática. Los actores en cuestión frecuentemente pertenecen a alguna de las siguientes cinco categorías: asociaciones profesionales, organizaciones no gubernamentales o sin fines de lucro, asociaciones de consumidores u organizaciones civiles de área reservada, organizaciones temáticas de área reservada, y grupos de campaña.

Casos emblemáticos de CDNE

Aunque el Estado sudafricano *post-apartheid* cuenta formalmente con diversos CDNE, cuya expresión más nítida son las instituciones del Capítulo 9, como se ha mencionado, los alcances de los mismos varían considerablemente. Escogimos examinar con algún detalle tres casos emblemáticos porque permiten mostrar los elementos que operan minando o potencializando la capacidad de control social ejercido por distintas innovaciones institucionales (Gurza e Isunza 2010). El primer y segundo casos son ejemplos de CDNE-I que, por lo tanto, cuentan en principio con sanciones legales como recurso interno para su efectiva actuación, además de permitir que se impongan costos de reputación a los actores bajo eventual control. Primero, un caso de Evaluación de Impacto Ambiental y Judicatura ocurrido en el Puerto de Durban Small Craft. Las posibilidades de este tipo de evaluación son permanentes y pueden ser accionadas en todo el territorio nacional con el propósito de mitigar los impactos del desarrollo económico sobre comunidades y actores sociales. El éxito de estos mecanismos es variable, debido a los motivos que el análisis del caso de Small Craft dejará claros. El segundo caso son los Comités Distritales, igualmente con acción continua y cobertura territorial nacional. Enfocamos un caso de contencioso de demandas de movimientos sociales con nulo éxito ante el Consejo de la Municipalidad de eThekwini, por lo que esta experiencia de CDNE ha sido diagnosticada por la literatura como un fracaso. El tercer caso es de CDNE-IM, lo que permite mirar afuera del tipo predominante de control en Sudáfrica y examinar el papel de los actores de la sociedad civil que actúan no sólo como "sujetos de la participación", sino como agentes de intermediación y representación ya que ellos están hablando en nombre de (o actuando en el mejor interés de) cierto segmento de la población, actuando como redes de actores sociales, movimientos sociales y organizaciones civiles de promoción de los derechos humanos, asociaciones comunitarias y de auto-ayuda (Gurza e Isunza 2011: 120). En el caso de los Diálogos sobre el Agua, estas representaciones de la sociedad civil son institucionalizadas y pasan a formar parte del Estado, confiriendo el carácter institucional mixto al mecanismo de CDNE. A diferencia de los dos primeros casos, los Diálogos sobre el Agua no contaron con sanciones legales como recurso para hacer efectivas las decisiones, sino con una dinámica de sinergias y con la construcción de metas compartidas entre los diferentes actores involucrados. Se trata de un mecanismo *ad hoc* localizado o de baja cobertura territorial y extraordinario en los que se refiere a su existencia y actuación, y no obstante ha tenido influencia significativa en las políticas de agua y saneamiento. Esta experiencia de CDNE-IM ocurrió como un proceso de escala nacional, pero será observado con mayores detalles los despliegues de tal experiencia en la Municipalidad de eThekwini.

Evaluación de Impacto Ambiental: el caso de Puerto Point Small

La legislación ambiental se modificó con la promulgación de la Ley Nacional de Administración Ambiental (NEMA, por sus siglas en inglés) en 1998. Las Regulaciones de la Evaluación del Impacto Ambiental (EIA) se emitieron bajo esta Ley, estipulando diversos tipos de iniciativas que requieren autorización ambiental. Las Regulaciones de la EIA (actualmente R.543 del 2010) exigen que debe hacerse una Evaluación de Impacto Ambiental de cualquier emprendimiento, y el detalle de la evaluación depende de la escala del mismo.

En tanto que la legislación ambiental es relativamente nueva en Sudáfrica (1998), la capacidad de los funcionarios y el proceso de participación pública ha mejorado lentamente con el tiempo. Ella se aplica en todo el país y a una amplia variedad de propuestas de emprendimientos. Así, es un mecanismo de alta relevancia para el potencial ejercicio de los CDNE, que ha sido aplicada con mayor frecuencia en nueve provincias, incluyendo las de alto crecimiento de Gauteng, KwaZulu-Natal y el Cabo Occidental, las cuales reciben la mayoría de las solicitudes para autorizaciones ambientales. Sin embargo, es ampliamente conocido que los procesos de participación aún continúan siendo relativamente débiles para ejercer el control sobre los posibles impactos de los emprendimientos en comunidades y en la sociedad en general. Adicionalmente, debido a los grandes retrasos en la toma de decisiones ambientales por el gobierno provincial, los desarrolladores de los emprendimientos y los medios de comunicación se han vuelto contra el gobierno con acusaciones de que "el medio ambiente está obstruyendo el desarrollo". Además, emprendedores privados y actores estatales nacionales han utilizado una gran variedad de discursos "desarrollistas" para pedir la derogación de la legislación ambiental (Scott y Oelofse 2008).

Como el Estado nacional hizo obligatorio el proceso EIA a ser implementado por las provincias, el Estado es el actor dominante. Se ejerce una cadena de controles: en nombre del desarrollador del emprendimiento, el consultor ambiental se compromete con los interesados, incluyendo representantes políticos, funcionarios de gobierno y la sociedad civil. Esto se refleja en el Informe EIA presentado al Estado provincial, que usa la información para decidir si el emprendimiento procede y, si es el caso, en qué condiciones. El "compromiso" del Estado con la sociedad civil es indirecto ya que es un mecanismo a través de un consultor del sector privado. No obstante, son aplicables una serie de sanciones y el Estado puede rechazar la solicitud si no se ha representado de forma adecuada el interés público en el Informe EIA.

El mecanismo primario aquí utilizado es el proceso EIA que establece el compromiso del Estado (mediado por un consultor) con la sociedad. Las audiencias públicas y otras metodologías para obtener los comentarios de los interesados son obligatorias, gracias a la legislación ambiental. Dos mecanismos subsidiarios son la apelación EIA y el proceso de revisión EIA, que la sociedad civil puede emplear para ejercer control sobre los resultados del proceso EIA. El reto principal en el proceso EIA es que constitucionalmente el Estado está obligado a administrar de forma sostenible el medio ambiente mientras que de forma simultánea estimula y se compromete con el desarrollo (tanto en favor del crecimiento como en favor de los pobres). El Estado debe integrar estos imperativos y, por lo tanto, el proceso EIA debe resolver las contradicciones que puedan surgir. Cuando tal integración no es satisfactoria, la sociedad civil usa mecanismos secundarios.

En el caso de estudio, el EIA del Puerto Point Small, la movilización de la sociedad civil ejerció el mecanismo secundario de la judicatura (revisión EIA), desafiando al mecanismo EIA, para asegurar el derecho de acceso al espacio público (la playa: interfaz del océano) (Scott y otros 2006; Scott y Oelofse 2008). El control se ejerció sobre poderosos intereses de negocios corporativos apoyados por el Estado (políticos y funcionarios poderosos) para cambiar el resultado del proceso EIA. El caso demuestra que el proceso EIA, y los mecanismos judiciales relacionados, sí son un conducto para cuestionar los procesos de toma de decisiones sobre emprendimientos polémicos.

La Durban Point Development Company (DPDC) es responsable del desarrollo del Point Waterfront (55 hectáreas) en la zona interna de la ciudad/playa de Durban que había decaído con la transformación del puerto de muelle a tráfico de contenedores (www.durbanpoint.co.za). La DPDC es una Sociedad Pública Privada entre la compañía Laurusco Developments y la Municipalidad de eThekwini. La Municipalidad es, por lo tanto, la desarrolladora y el legislador (planificación); esto es, el "jugador" y el "árbitro". El Puerto Point, emprendimiento de Point Waterfront, inició en 2002 con el desarrollo del "proyecto ancla" de uShaka Marine World, finalizado en 2004.[6] Subsecuentemente, la DPDC vendió la tierra a emprendedores inmobiliarios para crear un ambiente de uso de suelo mixto con un componente predominantemente residencial localizado alrededor del sistema de canales. La DPDC propuso el desarrollo de un Puerto Small

6 Este megaproyecto consiste de un acuario a orilla de la playa y un desarrollo de deportes acuáticos, junto con un número de tiendas de ventas, la mayoría orientadas a los turistas, y restaurantes.

Craft como la característica icónica de la unión de los canales de Waterfront con el mar. Esto involucraría el desarrollo de la Playa Vetch (junto a la boca del puerto) hacia un distrito de departamentos en la entrada del puerto.

La DPDC presentó la solicitud para el Puerto Small Craft a la autoridad ambiental de la provincia en 2005. Se llevaron a cabo una serie de informes de especialistas para proveer información al proceso de toma de decisiones. En particular, la Evaluación de Impacto Social encontró que no había apoyo de ninguna de las partes para el desarrollo inmobiliario, incluyendo a los funcionarios municipales; el proyecto sólo contaba con el interés del desarrollador del emprendimiento (la DPDC). Aún más, el proceso de participación pública reveló una gran oposición pública al emprendimiento, ya que eliminaría la playa para uso público e impediría la operación de cuatro pequeños clubes locales de deportes localizados en la Playa Vetch, pues perderían su acceso al mar (Scott y otros 2006). El desarrollo era muy controvertido y las motivaciones de los opositores aparecían con regularidad en los medios.

A pesar de estas objeciones, la solicitud al EIA se aprobó por DAEA el 13 de febrero de 2009. Fue notorio que la decisión fue política, evidenciado en parte por el anuncio de su aprobación por el Premier de la Provincia antes de que la DAEA lo hiciera público. En respuesta la sociedad civil activó el proceso de apelación de EIA. A través de este mecanismo, la Asociación para Preservar Vetch (SVA) lanzó una nueva apelación formal contra la decisión. Desafortunadamente, el proceso de apelación fracasó y se mantuvo la autorización para la iniciativa.

Sin embargo, el proceso de autorización ambiental se articuló con otros dos procesos judiciales. Con el fracaso de los procesos de apelación, comenzando en abril de 2009, la SVA llevó el dictamen "a revisión". Un comisionado experto del Ministro de Medio Ambiente[7] revisó toda la

7 La Ley Nacional de Administración Ambiental (1998) declara en la sección 24I que se puede designar un especialista externo para realizar una revisión de las evaluaciones. El Ministro o MEC pueden nombrar un revisor especialista externo, y puede recuperar costos del solicitante, en las instancias donde, (a) El conocimiento técnico requiera la revisión de cualquier aspecto de una evaluación que no se ha puesto a disposición por la autoridad competente y (b) Se requiere de un mayor grado de objetividad

evidencia a favor y en contra del emprendimiento, en un proceso que se considera independiente ya que excluía la intervención política. La revisión encontró que el proceso EIA había negado los impactos sociales del emprendimiento. El juicio final de revisión declaró que la SVA podría llegar a un acuerdo legal con la DPDC para definir la escala y la sustancia del diseño del Puerto Small Craft. A través de este proceso, el representante legal de la DPDC y tres representantes de la SVA negociaron "un acuerdo de compromiso" y firmaron un acuerdo legal "para un desarrollo multimillonario de Waterfornt junto al muelle Vetch" el 23 de noviembre de 2012.[8] El acuerdo dio como resultado un desarrollo disminuido, mientras se aseguró que dos tercios de la playa permanecerían para uso público y el Muelle Vetch y Limestone Reef permanecerían intocados. El proceso de revisión fue posible a través de las contribuciones financieras del Club de Paddle Ski de Durban y donativos públicos de la campaña para salvar Vetch.

Este ejemplo se puede describir como una campaña extra-institucional a nivel local a través de un grupo pequeño utilizando los procesos ambientales legislativos, por ejemplo, la apelación a la EIA (CDNE-I) y una revisión (CDNE-I), para responder a la falla en el proceso EIA (CDNE-I). Ambos procesos legislativos provén de penalizaciones para asegurar el control. La campaña de la sociedad civil fue por lo tanto insertada en los mecanismos institucionales formales de control democrático no electoral como una respuesta legal al resultado del proceso de toma de decisiones ambientales. El logro principal de la ejecución del EIA, articulado a otros mecanismos secundarios (de revisión y subsecuentes acuerdos legales) por la acción de la sociedad civil, ha sido la revisión de la decisión original para desarrollar un emprendimiento en la totalidad de la Playa Vetch. La revisión ordenó al desarrollador y a las organizaciones de la sociedad civil negociar un resultado modificado. Esto dio pie a una decisión conjunta, sin interferencia

---

que no resulta aparente en el documento presentado, para asegurar si la información contenida en dicho documento es adecuada para la toma de decisión o si requiere corrección (King y O'Beirne 2007).

8 Los hechos sobre Durban pueden conocerse en "Rescate de Vetch anunciado el 9 de diciembre de 2012 por Allan Jackson" (<http://www.fad.co.za/2012/12/09/vetchs-saved/> Consultado el 23 de mayo de 2013.

política, para conservar el acceso público a dos terceras partes de la playa y al océano. Es el enfoque del control sobre los procesos de toma de decisiones ambientales el que al final de cuentas condujo a una reducción en la escala del Puerto Small Craft y a la preservación de un espacio público; un resultado social más aceptable y democrático.

Comités Distritales Municipales

La Ley Municipal de Estructuras (1998) ordena el establecimiento de Comités Distritales en las municipalidades metropolitanas. Los Comités constituyen un mecanismo a través del cual los votantes del distrito pueden comunicarse mediante el consejero con el consejo municipal en cuanto a sus necesidades y a asuntos del Distrito. Ya que el gobierno local es el lugar de "desarrollo gubernamental" y está obligado a implementar iniciativas tanto a favor del crecimiento como a favor de los pobres, el Comité Distrital juega un papel crucial como interfaz entre el Estado y la sociedad civil, en clave de gobernanza participativa. Los Comités Distritales juegan el papel de promover la toma de decisiones democráticas mediante la participación comunitaria, ayudando a la provisión de servicios, así como a la rendición cuentas de la representación política en relación a tal provisión (Stuurman 2009).

El Libro Blanco de Gobiernos Locales de 1998 estableció que los consejos municipales juegan un papel central en la promoción de la democracia local y se enfatiza la inclusión de los grupos marginalizados de la sociedad (Bouillon 2000). De esta forma, la Ley de Estructuras Municipales explícitamente requiere que las municipalidades establezcan mecanismos de participación "para recibir quejas, conducir audiencias públicas, registrar en encuestas los puntos de vista del público, etcétera" (Bouillon 2000: 2). Así, los consejos metropolitanos deben establecer subestructuras tales como Comités Distritales con presencia de los consejeros electos y basados en la participación voluntaria. Más específicamente, la Ley de Sistemas Municipales establece que las municipalidades deben de dividirse en distritos como unidades electorales, con un Consejero representando a los votantes del distrito. En tanto que cada distrito debe tener un Comité

Distrital, liderado por un Consejero, estos mecanismos democráticos deben, en principio, dispersarse por todo el país, dando forma a la tarea esencial de actuar como vasos comunicantes entre la sociedad civil y el Estado.

En el caso de la Municipalidad de eThekwini, la Política de Participación Comunitaria de la Municipalidad define que los Comités Distritales son el principal vehículo para facilitar la participación comunitaria en la ciudad (Municipalidad de eThekwini 2006). En esta política, la Municipalidad establece el ambiente de la participación comunitaria que consiste en los Comités Distritales, foros de sectores distritales y foros distritales, los que alimentan a los foros zonales y una red regional. Sin embargo, en la práctica los trabajos del sistema de Comités Distritales han fallado en propiciar la participación. La Municipalidad de eThekwini ha sido más lenta que otras municipalidades para establecer los Comités Distritales, habiendo hecho poco hasta 2004 (Piper y von Lieres 2008). Los primeros intentos de la ciudad en 2004 para establecer Comités Distritales fracasaron, debido, en parte, a los atrasos en la obtención de las aprobaciones necesarias del gobierno provincial y a la objeción legal derivada de un proceso promovido por el partido de oposición, *Democratic Alliance* (DA), que fue ratificada en los tribunales. Aunque las elecciones de Comité Distrital finalizaron en al menos 70 distritos, DA objetó el aparente secuestro del proceso por el CNA, ya que se alegó que miembros del CNA fueron trasladados en camiones a distritos del DA, provocando resultados electorales sesgados (Piper y von Lieres 2008). Las objeciones legales del DA hicieron fracasar el proceso y los Comités Distritales quedaron en suspenso hasta 2007. Retrasos similares se han experimentado en todo el país.

La segunda ronda de elecciones de Comités Distritales en 2007 dio como resultado el establecimiento de Comités en cada uno de los 100 distritos de la ciudad. Una vez más, estas elecciones se llevaron a cabo entre acusaciones de publicitación insuficiente e interferencia político partidaria del CNA en distritos del DA (Piper y von Lieres 2008). Las Reglas del Comité Distrital de la Municipalidad claramente declaran que los Comités Distritales no tienen orientación política, son independientes, son "imparciales y realizan sus funciones sin miedos, favoritismo o prejuicio" (Municipalidad de eThekwini n.d: 2, 3). Sin embargo, en la práctica, según argumentos del Programa de Desarrollo Democrático (2013), el sistema de

Comités Distritales ha fallado en sus intenciones democráticas. En muchas áreas, los Comités Distritales fueron monopolizados por el partido político del Consejero Distrital local (predominantemente del CNA), al grado de que servían más como apéndices del partido que como una estructura genuina de gobernanza participativa para los ciudadanos. Muchos Comités Distritales interrumpieron sus actividades por completo.

En un intento por resucitar el sistema de Comités Distritales, la Municipalidad lanzó unas nuevas elecciones de Comités Distritales en la ciudad, en agosto de 2012. En ese momento el Vocero Consejero anunció que "los consejeros tendrán un sistema coordinado de reporte ya que ahora realizarán reuniones distritales obligatorias y se espera que informen a la comunidad sobre los proyectos en marcha que suceden en sus Distritos" (Municipalidad de eThekwini 2012c). Aun así, una vez más existieron problemas durante las elecciones con acusaciones de "manipulación política extensa e interferencia y exclusión generalizada de intereses sectoriales importantes" (Municipalidad de eThekwini 2012c). Esto ha sido un hecho en todo el país. No obstante, la Municipalidad procedió con el establecimiento de todos los Comités Distritales en febrero de 2013, y recibieron capacitación (Municipalidad de eThekwini, 2013). De acuerdo con IDP 2013/14, los Comités Distritales entonces desarrollarán planes distritales para identificar faltas en el suministro de servicios en la comunidad y para monitorear programas de suministro de servicios (Municipalidad de eThekwini, 2013), pero aún está por verse en qué extensión los Comités Distritales realmente profundizan la democracia y el involucramiento de la comunidad en temas de desarrollo en el área municipal.

Desde 1994, el CNA ha argumentado que los movimientos sociales deben de ser parte de las estructuras institucionales del Estado y por lo tanto estar alineadas con las políticas institucionales del partido en el poder. De acuerdo con Tshishonga (2012), la agenda más general de democratización, reestructuración y toma de decisiones descentralizada debía conseguirse a través de la formación de un sistema de participación distrital en Sudáfrica, ya que las municipalidades se comprometían con los ciudadanos a través de los Comités Distritales. Estos no solo representan un mecanismo para que los ciudadanos se involucren con el Estado, sino que se han convertido en el modelo predominante (Sutherland y otros 2013). Sin embargo, el control de los Consejeros Distritales y los Comités Distritales sobre las comunidades, y la cooptación de las organizaciones políticas locales en las estructuras del distrito han dado pie a la desmovilización de la sociedad civil (Pithouse 2009). Los "Comités sub-Distritales" existen, pero en muchos casos también se consideran sucursales locales del partido dominante CNA. Las *Stokvels* (organizaciones de ahorro) y los comités basados en el cuidado a la comunidad son abundantes en el micro territorio, pero como estas organizaciones sociales sólo tratan con temas sociales (sus miembros declaran que mantienen a propósito la política fuera de ellos), muchos miembros de estas asociaciones y de la comunidad afirman que no asisten a las reuniones de comité, porque ahí se promueven políticas partidarias y no abordan asuntos comunitarios. Cuando se realizan protestas en comunidades locales en torno a necesidades de vivienda y suministro de servicios, el Consejero rápidamente las reprime con el apoyo de la policía. Muchos miembros de la comunidad indican que no se atreven a protestar ya que le temen a la policía. La desobediencia civil es controlada también con amenazas de retirar asignaciones de vivienda a los asentamientos irregulares. Aun así, en algunas comunidades las protestas sociales han dado origen a la respuesta positiva del Consejero y, por lo tanto, en estos casos ha servido al propósito de atraer la atención hacia un grupo particular o comunidad dentro del Distrito. Es pertinente observar que en Áreas de Autoridad Tradicional (peri-urbana) donde el poder de gobernanza se distribuye entre el Consejero y el Nkosi y sus Ndunas (Líderes Tradicionales), aparentemente hay más espacio para que las comunidades planteen sus problemas y negocien.

Los movimientos de la sociedad civil Abahlali baseMjondolo (AbM) han retado directamente este sistema de favoritismo político adoptando una posición de "no hay vivienda, no hay voto" y confrontando el "control" que los Consejeros Distritales tienen sobre sus comunidades en cuestiones de suministro de vivienda y servicios. Así, Abahlali surge como respuesta al fracaso de los Comités Distritales y los representantes políticos (Consejeros) de formar un mecanismo para dar voz a las necesidades y temas de la comunidad, en especial respecto al suministro de servicios y a las amenazas derivadas de las políticas de vivienda del Estado. De forma irónica, los miembros de Abahlali son miembros del CNA, pero le retiran su apoyo hasta que se cumplen sus necesidades. Como resultado, Abahlali no es bien recibida en las comunidades donde hay un Consejero Distrital fuerte y en las comunidades donde Abahlali es activo existe una resistencia fuerte al CNA. Los miembros del Abahlali frecuentemente son arrestados o amenazados por la policía.

Abahlali baseMjondolo, que significa "gente que permanece en asentamientos", es un movimiento de base que inició en 2005, en el asentamiento informal Kennedy Road, en Durban, para defender los derechos de los habitantes de asentamientos y para democratizar la sociedad desde abajo. La primera protesta ocurrió como resultado de la negación del Estado a cumplir la promesa dada al asentamiento de que mejoraría su comunidad (Bryant 2008; Pithouse 2008a citado en Huchzermeyer 2011). La formación de la organización se realizó en un momento en el que hubo un rápido surgimiento de las protestas sociales a lo largo de Sudáfrica (Pithouse 2009). Aunque Abahlali es una organización con base en Durban, a través de sus entidades afiliadas ha crecido como uno de los movimientos más amplios de vivienda en asentamientos precarios del país y está bien establecido en Pietermaritzburg y Ciudad del Cabo. Al contrario, a otras organizaciones de asentamientos irregulares, Abahlali no coopta a sus miembros dentro de su organización "paraguas" a través de una estructura jerárquica, sino más bien opera de forma horizontal a través de una red de "sucursales", cada una con su base local (Huchzermeyer 2011). Abahlali está representada por más de 30 asentamientos irregulares y aunque no tiene un alcance geográfico extenso en cuestión del número de asentamientos en el que es activa, tiene un alcance simbólico y estratégico amplio, ya que ha tenido éxito al cuestionar la legislación estatal y ha enfrentado directamente las políticas del Estado, y ha desafiado el patronazgo político del sistema distrital y de los Comités Distritales que el CNA introdujo después de 1994. El CNA ha reprimido a Abahlali en el pasado y lo continúa haciendo con ataques regulares y arrestos a sus miembros.

Los retos que Sudáfrica enfrenta para resolver la pobreza y la inequidad, que se refleja de forma importante en las condiciones de vivienda de los pobres, están enmarcados dentro de sendas agendas a favor de los pobres y por el crecimiento. El punto de vista predominante del Estado nacional ha sido erradicar los asentamientos informales ya que representan un "fracaso del desarrollo" y un fenómeno amenazante que no pertenece a las ciudades post-apartheid (Huchzermeyer 2009). Abahlali cuestiona la agenda "libre de tugurios" de la ciudad contra los asentamientos irregulares, argumentando que el acercamiento del Estado para enfrentar la pobreza e inequidad debe considerarse en relación con el "derecho a la ciudad", y el derecho de los pobres a organizar su futuro en la ciudad de un modo que refleje sus necesidades y preocupaciones. La erradicación de "tugurios" fue, y sigue siendo, el discurso dominante del gobierno del CNA después de 1994, que fue legitimado por el Estado porque dirigía la atención hacia la pobreza y estaba alineado con la ONU y el eslogan de la Alianza de las Ciudades de "Ciudades sin Tugurios" (Huchzermeyer 2011). Específicamente, en el caso de la provincia de KwaZulu-Natal, a la que pertenece la Municipalidad de eThekwini, el Plan Departamental de Vivienda Estratégica para 2004–2007 abrazó la aspiración de "erradicar los tugurios" en la provincia para 2010 como uno de sus primeros objetivos estratégicos (Pithouse 2009). Esto dio como resultado la aprobación de la Ley de Tugurios en KwaZulu-Natal en 2007, conocida como la *Ley de Eliminación y Prevención de la Reaparición de Tugurios* (Huchzermeyer 2011). En diciembre de 2007, el CNA resolvió extender la Ley a nivel nacional a pesar de la oposición de los movimientos de los pobladores de asentamientos y las organizaciones de derechos humanos (Pithouse 2009).

Como se comentó anteriormente, KwaZulu-Natal lideró la "guerra contra los asentamientos" (Sisulu 2004, citado en Huchzermeter 2011) con la Ley de Tugurios provincial que criminalizó los asentamientos irregulares. Abahlali usó todos los procesos reglamentarios para oponerse a la promulgación de la Ley de Tugurios (Huchzermeyer 2011), pero no fueron capaces de influir en la Legislatura Provincial, casi todas sus propuestas fueron ignoradas y la Ley fue decretada. Aun así, Abahlali utilizó de forma adecuada las audiencias reglamentarias al movilizar su membresía y preparando respuestas; esto elevó el perfil y el alcance de la organización.

Una vez que la Ley de Tugurios se aprobó, Abahlali, en asociación con aquéllos que formaron parte de su red más amplia, se dio a la tarea de iniciar un proceso contra la Ley de Tugurios a través de la Suprema Corte. Cuando la Suprema Corte desechó la solicitud de Abahlali, entonces decidieron recurrir a la Corte Constitucional. Esta acción se publicó en la prensa dando apoyo a los derechos de los habitantes de viviendas precarias (Huchzermeyer 2011). Los debates legales que siguieron durante las audiencias de la Corte Constitucional con los habitantes de asentamientos, tanto dentro como fuera del edificio de la corte, resultaron favorables. Sin embargo, la respuesta del CNA al éxito de Abahlali fue mandar, a altas horas de la noche, atacantes armados a los asentamientos, desalojando por la fuerza a la organización de sus instalaciones en el asentamiento irregular de Keneddy Road, con el resultado de 1,000 personas huyendo del asentamiento (Huchzermeyer 2011). Un ala de CNA inmediatamente se estableció dentro del distrito. Los miembros de Abahlali fueron arrestados por violencia pública y retenidos por más de dos años, hasta que el caso del Estado se vino abajo y los "12 de Kennedy" fueron absueltos. En octubre de 2008, la Corte Constitucional resolvió que la Ley de Tugurios era inconstitucional y que el gobierno no tenía el derecho de obligar a nadie a desalojar su vivienda (Costa 2009, citado en Huchzermeyer 2011). A pesar del éxito relativo de Abahlali, el Estado utilizó prácticas disciplinarias fuertes en el territorio, como se mostró en el ataque a los asentamientos y la reinstalación del ala del CNA en la comunidad.

En suma, el fracaso de los Comités Distritales y la falta de responsabilidad de los representantes políticos (consejeros) para comprometerse de forma adecuada con la sociedad civil y la comunidad en los asentamientos irregulares, para comunicar las necesidades y problemas de estos al Estado, y para cumplir las promesas de construir viviendas en terrenos cercanos a los asentamientos, condujo a la movilización social de Abahlali para pelear por sus propias condiciones de vida y por las de los habitantes de asentamientos informales en otras partes del país. El caso es extremadamente relevante ya que muestra el fracaso de un CDNE-I a nivel nacional que debería ser una herramienta central, a través de la cual la sociedad y las comunidades locales podrían involucrarse en la toma pública de decisiones sobre cuestiones de primera importancia para ellos. Así, la emergencia del movimiento social operó como un mecanismo extra institucional que después activó otros CDNE-I articulando, como en el caso anterior, mecanismos judiciales al ejercicio del control.

Gobernanza del Agua en Durban: un caso de Diálogos sobre Agua–Sudáfrica[9]

Los Diálogos sobre el Agua SA (WD-SA) tienen sus orígenes en la Conferencia Internacional sobre el Agua Potable de 2001 en Bonn. Un grupo de trabajo conformado por múltiples partes interesadas se estableció para supervisar el proceso de revisión internacional sobre agua y el sector privado. En el mundo, miles de millones de personas carecen de agua y saneamiento. Con la transformación hacia una economía neoliberal, el agua se ha mercantilizado y el sector privado se ha involucrado en el suministro de agua en muchas partes del mundo, adoptando los enfoques de mercantilización del agua. Hay desacuerdos fundamentales internacionalmente dentro del sector del agua en cuanto al involucramiento del sector privado. En 2004, el Gobierno alemán financió un taller internacional de las partes interesadas en Berlín para discutir más a fondo el potencial de una revisión. La mayoría de los participantes acordaron que una revisión realizada por las múltiples partes interesadas en el suministro de agua y el saneamiento era necesaria, declarando que

> La meta objetivo de la revisión de los múltiples actores interesados era contribuir para lograr progresos hacia la realización, para los pobres, del derecho humano de acceso asequible y sostenible al agua y saneamiento, y hacia la consecución de las metas de largo plazo de acceso universal a la misma y de erradicación de la pobreza. (Galvin 2009)

El interés de los sudafricanos en esta reunión fue notorio. En marzo de 2005, el Departamento de Asuntos del Agua y Forestal (DWAF, por sus siglas en inglés) convocó a una reunión, después de la cual se formó un Grupo de Trabajo y nacieron los Diálogos del Agua–Sudáfrica. El Grupo de Trabajo estuvo compuesto por miembros de organizaciones representativas del sector del agua en Sudáfrica, incluyendo al gobierno nacional y local, el sector privado, la sociedad civil, los sindicatos, los consejos del agua y organizaciones académicas y de investigación. El actor impulsor fue el

9 www.waterdialogues.org/south-africa.

Departamento nacional responsable por el suministro y manejo del agua. Este mecanismo de CDNE-IM fue una iniciativa única nacional Estado/sociedad para todo el país que incluyó una amplia variedad de actores de la sociedad civil. El enfoque era llevar a cabo una investigación a lo largo de Sudáfrica. Se eligieron ocho casos de estudio en municipalidades y se llevó a cabo una investigación, en cada una de ellos, con el objetivo de que la evidencia constituyera las bases para asegurar el diálogo. Los casos de estudio municipales fueron: iLembe; Bushbuckridge; Ugu; Maluti-a-Phofung; Chris Hani; uThukela; Johannesburgo y Ciudad del Cabo. Los casos de estudio fueron seleccionados a través de un abanico de enfoques institucionales, desde las concesiones al sector privado y los contratos de administración, hasta proveedores comunitarios o de pequeña escala, desde el suministro público por las municipalidades hasta un suministro multijurisdiccional.[10]

WD-SA fue un proceso sinérgico y esporádico del Estado/sociedad con una duración de cuatro años que influyó en las políticas e implementación del suministro de agua y saneamiento en Sudáfrica. Como mecanismo institucional mixto de CDNE, los WD-SA son un medio menos institucionalizado en el que el gobierno y los actores sociales se comprometen (véase el capítulo introductorio), pero a través de la participación municipal, los diálogos resultaron en la institucionalización de algunos de los resultados. El formato menos institucionalizado, usando el proceso de "diálogo confrontante" proporcionó una manera de "reconocer y confrontar las diferencias de perspectiva y convicción. Esto implicaba "encontrar maneras de moverse juntos hacia adelante" (Galvin 2009). Esto se logró a través de un "compromiso profundo a través de una amplia gama de partes interesadas en conseguir mejores servicios, especialmente para aquellos viviendo en la pobreza" (Galvin 2009). El enfoque principal del control fue el concepto de "diálogos" que se propuso como medio gracias al cual los agentes de suministro público y privado de agua y las organizaciones de la sociedad civil podrían abiertamente deliberar sobre los temas relacionados con el suministro de agua y saneamiento.[11] Los resultados del proceso de

10 www.waterdialogues.org/south-africa/downloads.

11 www.waterdialogues.org/south-africa.

investigación llevado a cabo por este grupo resultaron en transformaciones en las vidas de las personas de la Municipalidad de eThekwini a través de un cambio de políticas y un incremento en la asignación de agua potable gratuita. El proceso fue deliberativo y se insertó en las políticas estatales de una forma desarticulada a través de las partes interesadas individuales en los WD-SA y activistas comprometidos. Los resultados del proceso se insertaron en instituciones formales a través de funcionarios municipales y de maneras informales a través de las organizaciones de la sociedad civil.

Con mayor precisión, el objetivo de los WD-SA era entender qué se requería hacer para que el sector público funcionara de forma efectiva. Dentro de esta cuestión amplia, se exploró cuál era el papel, si es que existía, que el sector privado podía jugar para propiciar un suministro más efectivo del servicio. Bajo la dirección estratégica de esta mezcla de partes interesadas (públicas y privadas), que incluían a los funcionarios nacionales y municipales, dos ONGs, el sindicato municipal y otros grupos no estatales, WD-SA emprendió un *programa extensivo de investigación primaria* sobre cómo varios enfoques institucionales en Sudáfrica afectan la calidad del suministro del servicio. WD-SA estimó que el proceso nacional debería de ser más amplio que el especificado en la iniciativa global, y que el trabajo debía enfocarse en el suministro de los sectores *público y privado*, con énfasis en cómo mejorar el suministro del sector público, y particularmente en municipalidades más pequeñas y débiles.

Durante el período inicial, el Grupo de Trabajo redactó preguntas de replanteamiento, acordó una declaración del problema, y formuló un Código de conducta. La siguiente declaración del problema fue la que se acordó:

> Las Municipalidades en Sudáfrica enfrentan muchos retos para cumplir con los requerimientos institucionales para asegurar el suministro efectivo y equitativo de agua y saneamiento provisto de forma asequible para todos. Esto, tomando en cuenta el alto sesgo en la distribución de riqueza, suministro de servicios y recursos acuíferos. En los esfuerzos para enfrentar estos retos se han usado diferentes enfoques para el suministro del servicio, incluyendo el comercial y la participación del sector privado. Los Diálogos sobre el Agua–Sudáfrica crean la oportunidad de realizar un diálogo constructivo para identificar, analizar de forma crítica y evaluar estos enfoques, dando como resultado una comprensión más amplia de los modelos de suministro del servicio. Se contempla que este entendimiento dará como resultado

modelos de suministro del servicio más efectivos que contribuyan al suministro de agua y a la provisión de saneamientos seguros. (<http://www.water-dialogues.org/south-africa/downloads>)

Con la finalidad de crear un "espacio seguro" para que las partes interesadas discutieran y se comprometieran en los asuntos en discusión de forma abierta, los miembros del Grupo de Trabajo formularon y acordaron un *Código de Conducta* con un conjunto de principios que incluía: apertura y transparencia; mentes abiertas; cooperación; y respeto mutuo. Se acordó que la ONG Enviornmental Monitoring Group (EMG) serviría como organización administrativa para la financiación y el empleo. Entonces se llevó a cabo la consulta para decidir el diseño de la investigación propuesta y los casos de estudio.

La investigación se llevó a cabo como base para el diálogo entre las partes interesadas. Los *ocho casos de estudio* pusieron al descubierto los complejos y amplios retos que las municipalidades enfrentaban, resaltando que las posibles soluciones y la toma de decisiones apropiadas sólo se podían alcanzar a través de un entendimiento minucioso del contexto local. El Informe Resumen del WD-SA elaboró hallazgos y conclusiones bajo cuatro temas transversales: la participación pública en las políticas; la rendición de cuentas y la regulación; los niveles de servicios, financiamiento y asequibilidad; y los enfoques institucionales. Mientras que muchas de las conclusiones no eran nuevas, es altamente significativo que emergieran de una investigación robusta y que fueran admitidas y acordadas por las partes interesadas a lo largo del espectro de posiciones y perspectivas. La evidencia de los ocho casos de estudio sirvió como base para que las partes interesadas se comprometieran en un diálogo intenso en torno a los retos complejos que enfrentaba el sector del agua de Sudáfrica. Los diálogos se sostuvieron sobre los resultados de la investigación de cada caso de estudio, incluyendo la visita al área de estudio iLembe, un caso muy problemático.

El proceso de diálogo entre las partes interesadas fue tan importante para el WD-SA como los resultados de la investigación. El WD-SA no reflejó o promovió ninguna agenda o posición particular. Su intención no fue forzar consenso, sino más bien engendrar "diálogo confrontativo". Esto busca un mejor entendimiento entre partes interesadas con relaciones desiguales, divergencias conceptuales significativas, y un alto grado de desconfianza. Busca "hacer visible los valores e intereses divergentes y comprender e iluminar las alternativas políticas" (Abrahamsson 2004, citado en Galvin 2009). Las partes se centraron en un debate alrededor de temas relacionados con recuperación de costos, niveles de suministro de servicios y políticas contra la pobreza. El enfoque del WD-SA creó confianza y respeto, haciendo posible aceptar y explorar otras perspectivas. Supuso trabajar con integridad para identificar las causas de raíz de las diferencias y encontrar la manera de ir hacia adelante juntos, más allá de la polarización, buscando una resolución constructiva de los problemas. Esto, basados en un entendimiento y análisis compartido, y mediante maneras que no faltaran al respeto o negaran las diferencias de perspectivas. Este proceso de diálogo demostró que hay un compromiso profundo a través de la diversidad de las partes interesadas para alcanzar mejores servicios, en especial para aquellos viviendo en la pobreza. Este compromiso permitió una evaluación más honesta de qué está funcionando y qué no, construyendo una plataforma fuerte para tomar e implementar decisiones que sean inclusivas y respetadas por todos. Fue convicción de los participantes del WD-SA que este enfoque se puede usar de forma efectiva a nivel local y en el debate nacional para encontrar maneras de fortalecer los mecanismos municipales de suministro de servicios que cumpla con las necesidades de los usuarios.

Además, el WD-SA acordó diálogos locales en cinco de las áreas de los casos de estudio para compartir sus resultados de investigación con los miembros de la comunidad, los funcionarios municipales y los Consejeros, y las partes interesadas del sector privado. Estos eventos participativos abrieron un espacio para impulsar compromiso mediante el diálogo entre las partes locales interesadas para avanzar hacia el cambio y mejorar el suministro de agua y saneamiento.

En 2010 se comisionó a una ONG para echar a andar la participación de los ciudadanos en el área municipal de eThekwini. El sector de Agua y Saneamiento de eThekwini (EWS) subsecuentemente retomó la experiencia y la expandió echando a andar la "Plataforma de Voz de los Ciudadanos Usuarios", lo que resultó en la institucionalización de este proceso en la EWS "Plataforma de Usuarios". Esto evidencia cómo las iniciativas de la sociedad civil influyeron en la municipalidad y los cambios resultantes en términos del acercamiento a los ciudadanos. En este caso, los funcionarios del EWS actuaron para crear mecanismos de control vía las Plataformas de Usuarios para incrementar la participación de ciudadanos-usuarios, de modo que la municipalidad pudiera tener mejores capacidades para suministrar agua y saneamiento, comprometiéndose con los actores de la sociedad civil a nivel de base.

Como en casi todas las municipalidades de Sudáfrica, el enfoque de la Municipalidad de eThekwini fue consultar y comunicarse con sus usuarios[12] a través de formas extremadamente limitadas de consulta y de la comunicación en una sola dirección (Galvin 2009). Sin embargo, con el paso de los años los funcionarios dentro de EWS empezaron a reconocer la necesidad de una participación continua y el diálogo sobre temas sistemáticos. El compromiso de la municipalidad con los ciudadanos cambió, como resultado de sus experiencias con el proyecto inicial piloto Plataforma de Usuarios establecido en conjunto con la Universidad de KwaZulu-Natal (UKZN) (Wilson, Malakoana, y Gounden 2008; Galvin 2009; Smith 2010). De hecho, Neil Macleod, Jefe de EWS, ha declarado públicamente cómo estas interacciones cambiaron su punto de vista sobre la sociedad civil, logrando la realización de cambios significativos en su política concerniente al compromiso con la misma (Galvin 2009). Sobre la base de la experiencia positiva con la plataforma de estudio piloto de la UKZN, Macleod se acercó a una colega del WD-SA para ampliar el proyecto pionero "Voz del Ciudadano". Esto fue el punto de partida para el compromiso de EWS de reconstruir la confianza recíproca entre los Consejeros, la sociedad civil y los funcionarios. En junio de 2010, EWS había finalizado doce sesiones de entrenamiento e implementado la plataforma de usuarios en siete de las 17 zonas de la ciudad. Una de las mejoras más notables que experimentó el EWS desde esta iniciativa es que, a través de su participación en las plataformas de usuarios, los Consejeros se sintieron más confiados sobre su

12 Aquí el término "usuario" tiene una connotación neutral entre el término gubernamental "cliente" y el término de la sociedad civil "ciudadano". "Usuario" muestra la relación entre la provisión de la municipalidad y el uso del agua del ciudadano, sin indicar una relación mercantilizada basada en pago.

entendimiento del sector. Esto ha permitido que ellos sean más efectivos para traer este aprendizaje a las reuniones de los Comités Distritales (2008).

De acuerdo con el informe del WD-SA, la municipalidad identifica posibles cambios significativos basándose en lo aprendido sobre las interacciones con los ciudadanos a través de ese proyecto. Ha rediseñado sus facturas de agua a partir de la retroalimentación de los foros de usuarios, apoyado por los resultados del informe del Water Research Commission. El compromiso general con la sociedad civil descrito arriba, dio como resultado que la Municipalidad incrementara el Agua Básica Libre (FBW, por sus siglas en inglés) de 6/kl a 9kl/mes. Finalmente, la retroalimentación de los usuarios movió a la ciudad a introducir la iniciativa de amnistía de agua y asegurar un mejoramiento concomitante en las respuestas a las denuncias recibidas por los Centros de Llamado de fugas (90% de las llamadas reciben una respuesta, 10% mayor que la mejor práctica internacional).

En los ejemplos arriba expuestos, el ciudadano tiene una considerable capacidad de influir en un cambio en el enfoque y la política municipal. En el sector del agua, la Municipalidad de eThekwini se ha movido más allá de una participación superficial y está abierta al compromiso con los ciudadanos. A la inversa, los Consejeros quieren controlar sus áreas a través de los Comités Distritales y bloquear la participación real. Estos se agrupan en un sistema electoral deficiente, aunado a una cultura política que no está lo suficientemente madura o a la presencia de temor para crear y votar por partidos independientes a nivel local (Piper y Nadvi 2012). Puede ser que los Consejeros quieran obstruir los intentos de la Municipalidad de comprometerse con los ciudadanos, de modo que aquellos puedan retener el poder completo en sus distritos (Piper y Nadvi 2012). Los Consejeros argumentan que representan a los ciudadanos y sus necesidades, y que el involucramiento de la sociedad civil organizada, mediante las plataformas de usuarios, socava su papel. Así, ésta es una situación sin salida en la relación entre Consejeros y los funcionarios locales y los líderes de la sociedad civil.

El resultado de WD-SA es una rica amalgama de resultados de investigación que pasaron al dominio público a través del compromiso de las partes interesadas de los sectores público y privado, y la sociedad civil. La iniciativa generó cambios en las políticas nacionales para incrementar la asignación de agua a los pobres. También impulsó deliberaciones en el ámbito local.

En la Municipalidad de eThekwini, WD-SA activó un enfoque más participativo coordinado desde EWS para el manejo del suministro del agua, particularmente mediante la Plataformas de Usuarios para dar voz a las comunidades locales en la provisión de los servicios del agua. El valor social de los procesos institucionales mixtos del WD-SA ha sido la implementación de soluciones para mejorar el suministro de agua y saneamiento, así como el establecimiento de foros institucionales de CDNE a través de los cuales EWS se compromete y consulta a los ciudadanos/usuarios comunes y a los Consejeros. Se puede, por lo tanto, sostener como un CDNE-IM exitoso en el nivel local. Sin embargo, este proceso sólo se ha aplicado en el sector de Agua y Saneamiento y otros sectores de la Municipalidad no se han expuesto al proceso de diálogo.

Hallazgos principales

Sudáfrica es una democracia joven y en este tiempo ha experimentado un amplio proceso de reformas políticas y legislativas para instituir una democracia constitucional. Gran parte de este proceso emergió de un amplio compromiso Estado/sociedad. La constitución de Sudáfrica tiene reputación de ser una de las más progresistas a nivel global y los ciudadanos constantemente se acercan a ésta para proteger sus derechos. La concepción popular de ciudadanía en Sudáfrica remite a los derechos de todos los ciudadanos a tener acceso a los bienes socioeconómicos (vivienda y servicios).

El CNA es el partido político dominante y se potenció en la nueva Sudáfrica después de ser el movimiento social que luchó contra el Estado del *apartheid* racista y alcanzó un acuerdo pacífico negociado para que el Gobierno Nacionalista abandonara el poder y apoyara las primeras elecciones democráticas en 1994. Es importante notar que la Constitución creó una sociedad democrática no-racial que representó un cambio importante desde la sociedad clasista del *apartheid* de antes de 1994. A pesar de la legislación progresista, Sudáfrica aún sigue siendo una de las sociedades más desiguales del mundo, con pobreza e inequidad crecientes. La política nacional de desarrollo en Sudáfrica ordena la integración al crecimiento económico y también mandatos en favor de los pobres que son aplicados a nivel local a través del desarrollo e implementación del Plan de Desarrollo Integrado (IDPs). El desarrollo de estos planes y la reestructuración de las municipalidades en el "Estado de desarrollo" local desde 2000 son las herramientas del intento del Estado de crear una sociedad más equitativa y compensar las inequidades del *apartheid*. La provisión de vivienda y el suministro de servicios son áreas clave en las que se han enfocado estas políticas.

Sin embargo, el Estado local no ha sido capaz de responder a las demandas de estas necesidades sociales y desde 2000 ha habido un incremento marcado en el número de protestas sociales a nivel local. En Sudáfrica, el agente principal que protesta y se moviliza para ejercer controles democráticos sobre el Estado son colectivos, tanto los movimientos sociales más amplios que operan a escala nacional, como los numerosos grupos comunitarios pequeños de personas pobres movilizadas en contra el incumplimiento en el suministro de servicios y la falta de responsabilidad de los gobiernos locales. Los grupos más grandes tienden a ser permanentes mientras que casi todas las protestas de comunidades locales pequeñas son esporádicas. Hay también algunos movimientos sociales locales permanentes como el Abahlali. Mientras que las protestas por el suministro de servicios están encaminadas al aceleramiento de la implementación de las promesas de vivienda y el suministro de servicios en suburbios y asentamientos irregulares, muchos de los movimientos sociales más grandes y permanentes están trabajando para asegurar los derechos ciudadanos, justicia social y ambiental, derecho a la ciudad, mejoramiento de la calidad de vida, cambiar las políticas y cuestionar las políticas del Estado y sus impactos en los pobres y marginados, con éxito variado. Por otro lado, mientras que la mayoría de las protestas políticas localizadas, que han aumentado desde los años 2000 hasta el presente, están luchando por una justicia sustantiva y el mejoramiento material de sus vidas, varios movimientos sociales se comprometen en casos contra procesos municipales ineficientes, de toma de decisiones ambientales (como en el SVA) o casos de licitaciones municipales corruptas.

Algunos movimientos sociales prefieren trabajar a través de instituciones deliberativas estatales y negociar mejoras en las condiciones materiales y políticas, como, por ejemplo, la Federación Sudafricana de Personas sin

Hogar. Sin embargo, la mayoría de los movimientos sociales se comprometen tanto en los espacios "por invitación" como en los "inventados" a través de los cuales se movilizan. Esto no se puede verse en una forma simple binaria, entre procesos estatales deliberativos y procesos externos al Estado. Más bien, en diferentes momentos y lugares, los movimientos sociales trabajan en la interfaz entre el Estado y la sociedad civil, utilizando diversas estrategias para trabajar con el Estado y fuera de éste, en lo que podríamos llamar "espacios híbridos". La emergencia de las redes de gobernanza que incluyen al Estado pero que no están dominadas por éste son típicas de los nuevos tipos de espacios para deliberación en la sociedad-red (Castells 2000). Estas redes podrían, por tanto, ser llamadas redes institucionales informales donde los retos y discursos alternativos se insertan en las políticas de Estado de una forma desarticulada. Los impactos que se producen son procesales y llegan a ser sustantivos: la rendición de cuentas incrementada por parte de los políticos y funcionarios; cambios en los resultados de las decisiones; desafíos discursivos; apertura de espacios para negociación y diálogo; transparencia incrementada, y de forma sustantiva, la mejora en las condiciones de vida de las personas pobres (vivienda y suministro de servicios, agua y saneamiento, seguridad aumentada, educación y cuidado de la salud).

Encarando la oposición creciente y las protestas, el Estado dominado por el CNA se ha convertido de forma exponencial en un *Estado represor* intervencionista y controlador, desde las altas estructuras hasta los Comités Distritales en la base. El CNA declara que es "un movimiento social" y, por lo tanto, rechaza los movimientos de oposición y de resistencia al Estado. Además, está ampliamente documentado que existe corrupción generalizada y nepotismo en el Estado, por lo que no se le puede hacer responsable de cumplir con su mandato. Ha habido una refundición del partido y el Estado y muchas instituciones democráticas han sido tomadas por el CNA, tales como los Comités Distritales, bajo amenazas de violencia. Además, en un corto período de transformación, el Estado ha perdido la capacidad y los recursos para implementar de forma plena los mecanismos institucionales democráticos. A pesar de todo esto, casi todos los simpatizantes del CNA continúan apoyando a su partido debido a sus raíces simbólicas en la dirección de la lucha de liberación.

El poder Judicial independiente está plagado de controversias, sin embargo, demuestra ejercer un control poderoso sobre el Estado al reglamentar la implementación y los resultados de la política estatal. Abahlali llevó ante los tribunales la Ley de Tugurios para impugnar el derecho del Estado a definir los asentamientos irregulares como ilegales y continuar implementando políticas de erradicación de los mismos; éste es un excelente ejemplo del poder de las cortes. La Corte Constitucional es particularmente efectiva en resolver en contra de cualquier política estatal que esté en conflicto con los principios de la Constitución.

Junto a la dominación del paisaje gubernamental local por los políticos, es evidente que, en muchas burocracias, los funcionarios encargados de implementar las políticas en varios sectores tienen una fuerte "voluntad de gobernar" y constituir procesos de participación pública para incluir a los actores sociales en la toma de decisiones del Estado. Estos procesos se encuentran particularmente bien desarrollados en las evaluaciones ambientales y en los procesos de planificación. Los "espacios por invitación" del Estado permiten aportaciones del público, aunque muchos de éstos son meramente "consultivos" más que procesos de toma de decisiones conjuntas. La evaluación ambiental y los procesos de planificación sí abren la opción para que el público presente sus problemas, lo que permite en muchos casos tomar mejores decisiones.

El Departamento de Agua y Saneamiento de la Municipalidad de eThekwini es un ejemplo de una dependencia municipal que realiza el proceso participativo para evaluar tanto las experiencias de tecnologías de agua y saneamiento implementadas como el punto de vista del público. Esta innovación es liderada frecuentemente por activistas comprometidos. Los Diálogos sobre el Agua son típicos mecanismos de CDNE-IM que involucran una gran variedad de partes interesadas, quienes conjuntamente buscan procedimientos más democráticos para mejorar la toma de decisiones del Estado.

Mientras que los mecanismos electorales se implementan y funcionan en Sudáfrica, como en el caso de América Latina, "los mecanismos verticales de rendición de cuentas muestran señales de ser inefectivos" (Smulovitz y Peruzzotti 2000: 148). El caso de Sudáfrica muestra, frente a un Estado represor, el crecimiento de mecanismos extra-institucionales, y las acciones de sus miembros, enfocados en dar a conocer problemas y situarlos en la agenda mediante los medios de información; exponiendo la corrupción del gobierno y su desempeño inadecuado; o activando la operación de agencias horizontales para ejercer control vertical "de una forma diferente" (Smulovitz y Peruzzotti 2000: 150). La sociedad civil ejerce una influencia cada vez mayor en el sistema político y la burocracia, al realizar acciones legales mediante el poder judicial, al llevar a cabo movilizaciones sociales en momentos críticos y usando los medios de información como herramienta para exponer al gobierno.

Smulovitz y Peruzzotti (2000) proveen un útil concepto de rendición de cuentas social que, cuando se utiliza para analizar la operación de los CDNE en Sudáfrica, ayuda a iluminar los procesos y actores involucrados. Los autores proponen que el ejercicio de control sobre el sistema político y los funcionarios públicos puede llevarse a cabo "por demanda", pero también puede dirigirse a políticas, temas, procesos de toma de decisiones o funcionarios específicos, y que las acciones de rendición de cuentas social pueden realizar las funciones de "perro guardián" sin necesidad de contar con especiales mayorías. Basados en el derecho de tener voz, los mecanismos de control deben de tener una "voz" fuerte, y los actores a los que esta voz se dirige para controlar son los funcionarios y políticos (Smulovitz y Peruzzotti 2000: 150). El mecanismo causal del control es la pérdida de reputación y la destrucción de capital político. En consecuencia, se resalta el hecho de que los actores sociales no pueden aplicar castigos legales: sus esfuerzos son simbólicos y a menudo desatan, con la ayuda de los medios de comunicación, procedimientos de sanción en "cortes o agencias estatales de control". El reto de Abahlali, al llevar la Ley de Tugurios ante la Corte Constitucional y su resultado, fue una victoria destacada y sigue siendo un símbolo del poder de los actores no tradicionales para ejercer control sobre el Estado. En este caso, en el contexto de un Estado represivo se ha ejercido venganza. Mecanismos societales, como las acciones del SVA para prevenir el desarrollo privado de una playa pública, son muy efectivas cuando interactúan con "acciones legales y la exposición en los medios" (Smulovitz y Peruzzotti 2000: 152). Los medios juegan un papel crítico en Sudáfrica al exponer la corrupción y mantener a los gobiernos en la mira (Smulovitz y Peruzzotti 2000: 154) de cara a las acciones recientes del Estado para promulgar legislación para restringir el Acceso a la Información. Dryzek (2008) afirma que después del "imperativo de crecimiento", el "imperativo de legitimación" es crítico para el Estado para lograr establecerse como legítimo centro de poder. Muchos cuestionamientos de la "legitimidad" del Estado han producido una variedad de resultados democráticos debido a la voluntad del Estado de mantener la legitimidad y administrar los costos de reputación. Los actores extra-institucionales están jugando un papel crecientemente importante en este proceso de retar la legitimidad del Estado dominado por el CNA dentro del actual régimen de Estado represivo.

Por otra parte, las tensiones actuales dentro del CNA a nivel nacional hacen que éste esté más preocupado por sus asuntos internos y la administración de sus alianzas que por los procesos más amplios de gobernanza, y que, en el ámbito local, el amplio poder político del CNA y el activo proceso de despliegue de sus miembros en todos los niveles de la burocracia estatal, se haya combinado para limitar la capacidad de los espacios de participación. En Sudáfrica, una gran parte las bases legislativas y constitucionales están creadas, pero la manera en que el CNA opera y ejerce su poder no permite que estos procesos sean tan transformadores como deberían (Robbins 2013). De hecho, aunque el CNA respeta en alguna medida las leyes del sistema de participación que introdujo en el período post-1994, se ha vuelto cada vez más claro que como partido gobernante y dominante (y con un presidente nacional y de partido que invoca el derecho divino del partido de gobernar) asegura las decisiones fuertes del Estado en nombre del "interés de las masas".

Desde una perspectiva más general y mirando hacia el futuro próximo, Sudáfrica vive tiempos complejos en los que los ideales del ordenamiento de 1994 están en cuestión. Es notable que desde 2013 las instituciones electorales (parlamentos nacional y provinciales, y consejos locales) se han vuelto más abiertas y han llegado a permitir la expresión de conflictos entre partidos, especialmente después de que algunos sectores del electorado han dejado de apoyar el CNA en grandes centro urbanos, permitiendo el ascenso de otras fuerzas como la Alianza Democrática (Democratic Alliance) y los Luchadores por la Liberada Económica (Economic Freedom Fighers). Una creciente inconformidad ha venido acompañada del surgimiento de movimientos populistas dentro y fuera del CNA. La conflictividad acentuada en el mundo de la política y de la movilización social, e inclusive dentro de los órganos del Estado, constituyen simultáneamente amenazas y oportunidades para los CDNE, con implicaciones variables en diferentes escalas de su operación.

En los años recientes la Corte constitucional y las otras cortes del país han sido inundadas por procesos promovidos por los partidos de oposición y varias coaliciones de actores de la sociedad civil, demandando la aplicación de diversas formas de rendición de cuentas, inclusive mediante CDNE, que el CNA evita poner en funcionamiento. De hecho, las cortes se han vuelto un locus central de la disputa para cuestionar las acciones del gobierno, dejando en segundo plano la movilización social y la participación pública. Existen evidencias de que bajo estas nuevas presiones el CNA se orienta cada vez más hacia respuestas de índole autoritaria, lo que incluye mayor concentración constitucional de poderes, ataque a los el CNA jueces y cortes y movilización de las organizaciones vinculadas al partido para atacar detractores.

En todo caso, no ha habido un asalto directo contra las instituciones participativas. Los CDNE institucionales mixtos continúan en funciones para las que fueron creados, algunos con mayor efectividad que otros. Aunque sin duda se ha abierto un espacio mayor para la expresión de descontento y críticas, ya sea a través de procesos legales, apoyados en disposiciones constitucionales, o de protestas públicas, el papel de los CDNE-I e IM se ha visto afectado, e inclusive dañado, por el proceso político mayor del que el CNA es el mayor protagonista.

Bibliografía

Akkiah, Puvendra (2013). "Corporate Policy Unit, eThekwini Municipality". Entrevista. 22 abril 2013. Entrevistado por V. Sim.

Alexander, Peter (2010). "Rebellion of the poor. South Africa's service delivery protests: A preliminary analysis". *Review of African Political Economy*, 37 (123), 25–40.

Ballard, Richard (2005). "Social movements in South Africa: An Introduction". En Peris *Jones* y Kristian Stokke (eds). *Democratising Development*, pp. 77–100. Leiden: Martinus Nijhoff Publishers.

Ballard, Richard, Adam Habib y Imraan Valodia (2006). "Social movements in South Africa: Promoting crisis or creating stability?". En Vishnu Padayachee (ed.). *The Development Decade? Economic and Social Change in South Africa, 1994–2004*, pp. 397–412. Ciudad del Cabo: HSRC Press.

Barnett, Clive y Diane Scott (2007a). "The Reach of Citizenship". *Urban Forum*, 4 (18), 289–309.

—— (2007b). "Spaces of Opposition in post-apartheid environmental politics". *Environment and Planning A*, 39, 2612–31.

Beresford, Alexander (2009). "Comrades back on track?: Durability of the Tripartite Alliance in South Africa". *African Affairs*, 108 (432), 391–412.

Bond, Patrick, Ashwin Desai y Trevor Ngwane (2012). "Uneven and combined Marxism within South Africa's urban social movements". *Amandla*, 22, junio. Disponible en <http://www.amandla.org.za/analysis/1390-uneven-and-combined-marxism-within-south-africas-urban-social-movements—by-patrick-bond-ashwin-desai-and-trevor-ngwane>. Consultado el 19 de mayo de 2013.

Bouillon, Antoine (2000). "Citizenship and the city: the Durban centre-city in 2000". *Transformation*, 48, 1–37.

Buccus, Imraan y Janine Hicks (2008). "Participatory policy making in KZN". En Joelien Pretorius (ed). *African Politics: Beyond the Third Wave of Democratisation*, pp. 150–71. Ciudad del Cabo: Juta.

Castells, Manuel (2000). *The Rise of the Network Society: The information age: Economy, Society and Culture*. Vol. 1. Londres: John Wiley.

Charlton, Sarah (2009). "Housing for the nation, the city and the household: competing rationalities as a constraint to reform?". *Development Southern Africa*, 2 (26), 301–15.

Charlton, Sarah y Caroline Wanjiku Kihato (2006). "Reaching the poor? An analysis of the influences on the evolution of South Africa's housing programme". En Udesh *Pillay*, Richard *Tomlinson* y Jacques *du Toit* (eds). *Democracy and Delivery: Urban Policy in South Africa*. Ciudad del Cabo: HSRC Press.

Cohen, Tim (2011). "Zuma is the loser, despite ANC poll win". *Business Day*, 23 mayo. Disponible en <http://www.bdlive.co.za/articles/2011/05/23/monday-comment-zuma-is-the-loser-despite-anc-poll-win;jsessionid=CFFDB2DEB9151D110D5BA94F1FB4E297.present1.bdfm>. Consultado el 28 de mayo de 2013.

Comisión Electoral Independiente (IEC) (2012). "Election types". Disponible en <http://www.elections.org.za/content/Dynamic.

aspx?id=998&name=Elections&LeftMenuId=100&BreadCrumbId=220>. Consultado el 21 de mayo de 2013.

Community Agency for Social Enquiry (CASE) (2012). *Enhancing the Voices of the Poor in Urban Housing: Durban and Johannesburg.* Johannesburgo: CASE/ Fundación Ford.

Costa, W. (2009). "Transit camps no solution to the housing problem". *The Mercury*, julio.

Department of Water Affairs (DWA) (2010). "National Environmental Management Act (Act No. 107 of 1998), Environmental Impact Assessment Regulations, R. 543, 18 June 2010". Pretoria: DWA.

Department of Provincial and Local government (DPLG) (2005). "Having your say: a Handbook for Ward Committees". DPLG. Pietermaritzburg.

Democracy Development Program (2013). "Integrated Development Planning. Background". Disponible en <http://www.ddp.org.za/programme-events/local-government/integridad-development-planning/background>. Consultado el 29 de mayo de 2013.

Dryzek, John, Daid Downs, Hans-Kristian Hernes y David Schlosberg (2008). *Green States and Social Movements: Environmentalism in the United States, United Kingdome, Germany and Norway.* Oxford: Oxford University Press.

D'SA. Des 29/5/2013. Entrevista por D. Scott.

Durban Point Development Company vs Durban Paddle Ski Club (KZN High Court Case Number 8525/2009) En el asunto entre: Durban Point Development. Company (Pty) Ltd. Applicant and Durban Paddle Ski Club.

Enslin, Penny (2003). "Citizenship education in post-Apartheid South Africa". *Cambridge Journal of Education*, 1(33), 73–83.

Escobar, Arturo (1992). "Imagining a post-development era? Critical thought, development and social movements", *Third World and Post-Colonial Issues*, 31/32, 20–56.

Flores, Felipe (2012). *Fiscal Decentralisation and participatory budgeting in Ethekwini Municipality, South Africa.* Tesis de maestría. Amsterdam: Universidad de Amsterdam.

Galvin, Mary (2009). *Straight talk to Strengthen Delivery in the Water Services Sector, Water Dialogues Synthesis Report.* Pretoria: Water Dialogues.

Gounden, Teddy (2010). "eThekwini Water and Sanitation". Entrevista realizada por Mary Galvin 2010.

Hossain, Naomi (2009). *Rude accountability in the unreformed state: informal pressures on frontline bureaucrats in Bangladesh*, IDS Documento de Trabajo 319. Brighton: Institute of Development Studies.

Houtzager, Peter y Adrián Gurza Lavalle (2010). "Civil society's claim to political representation in Brazil". *Studies in Comparative International Development*, 45, 1–29.

Huchzermeyer, Marie (2006). "The new instrument for upgrading informal settlements: South Africa: contributions and constraints". En M. Huchzermeyer y A. Karam (eds). *Informal Settlements: A Perpetual Challenge?*. Ciudad del Cabo: UCT Press.

—— (2009). "The struggle for in situ upgrading of informal settlements: a reflection on cases in Gauteng". *Development Southern Africa*, 1 (26), 59–73.

—— (2011). *Cities with "Slums": from Informal Settlement Eradication to a Right to the City in Africa*. Ciudad del Cabo: Cape Town University Press.

Huchzermeyer, Marie y Aly Karam (eds) (2006). *Informal Settlements: A Perpetual Challenge*? Ciudad del Cabo: UCT Press.

Independent Electoral Commission Statistics (2011). En <http://en.wikipedia.org/wiki/South_African_municipal_election,_2011#cite_note-12>. Consultado el 23 de mayo de 2013.

Inter-parliamentary Union (2013). "South Africa National Assembly". Disponible en <http://www.ipu.org/parline/reports/2291_E.htm>. Consultado el 23 de mayo de 2013.

Joshi, Anuradha y Peter Houtzager (2012). "Widgets or watchdogs?". *Public Management Review*, 14 (2), 145–62.

Kasavel, Kathryn Joanna (2010). "Environmental Management Decision-making: The South Durban Basin Multi-Point Plan". Tesis de Maestría. Durban: Universidad de KwaZulu-Natal.

Kiel, Thomas (2010). "Supporting Constitutional Democracy in South Africa: A Study of the Effectiveness of Three "Chapter 9 Institutions". [En línea]. *Report submitted to University of Twente Centre for Studies in Technology and Sustainable Development, as part of Sustainable Development in a North-South Perspective – "As the World Turns" project, South Africa: Democracy Development Programme.* Disponible en <http://www.ddp.org.za/siteworkspace/Final%20Report%20Thomas%20Keil.pdf>. Consultado el 27 de mayo de 2013.

King, Nick y Sean O'Beirne (2007). *Improving the contribution of EIA to achieving Sustainable Development in South Africa. The case for formalised Independent Review within the EIA process.* Documento presentado en la Conferencia IAIA-SA (por sus siglas en inglés). Agosto.

KwaZulu-Natal Department of Cooperative Governance and Traditional Affaire (2008). "KwaZulu-Natal Planning and Development Act (Act No. 6 of 2008)". Pietermaritzburg: KZN DCGTA.

Lefebvre, Henri (1996). *Writings on Cities.* Cambridge: Blackwell.

Macleod, Neil (2010). "eThekwini Water and Sanitation". Entrevistado por Mary Galvin.

McDonald, David A. (ed.) (2002). *Environmental Justice in South Africa*. Ciudad del Cabo: University of Cape Town Press.

Millstein, Marianne, Sophie Oldfield y Kristian Stokke (2003). "uThani Buya Khuluma – The Grass Speaks: The political space and capacity of the South African Homeless People's Federation". *Geoforum*, 34, 457–68.

Miraftab, Faranak (2006). "Feminist praxis, citizenship and informal politics". *International Feminist Journal of Politics*, 2 (8), 194–218.

Miraftab, Faranak y Shana Wills (2005). "Insurgency and Spaces of Active Citizenship: The Story of Western Cape Anti-eviction Campaign in South Africa". *Journal of Planning Education and Research*, 25, 200–17.

Motthiar, Shauna (2013). "From Popcorn to occupy: Protest in Durban, South Africa". *Development and Change*, 3 (44), 603–19.

Municipio de Ciudad del Cabo (2012). "Cape Town Spatial Development Framework". Statutory Report. Ciudad del Cabo: Municipio de Ciudad del Cabo.

Municipio de eThekwini (s/f). "Rules Regulating the Establishment and Operation of Ward Committees". Disponible en <http://www.durban.gov.za/City_Government/mayor_council/Committees/Documents/english.pdf>. Consultado el 7 de Agosto de 2012.

—— (2004). "Making City Strategy Come Alive: Experiences from eThekwini Municipality, Durban, South Africa". Durban: Corporate Policy Unit, eThekwini Municipality.

—— (2006). "Community Participation Policy". Adoptada por el Consejo el 26 de junio de 2006.

—— (2011a). "Details about our Key Committees". Disponible en <http://www.durban.gov.za/City_Government/mayor_council/Committees/Pages/default.aspx>. Consultado el 5 de agosto de 2013.

—— (2011b). "Community Participation and Action Support". Disponible en <http://www.durban.gov.za/City_Services/Commuhnity_Participation/Pages/default.aspx>. Consultado el 6 de agosto de 2013.

—— (2012a). "Draft Process Plan for IDP Review 2013/14". *Report submitted to KwaZulu-Natal Department of Cooperative Governance and Traditional Affairs*. Durban: Municipio de eThekwini.

—— (2012b). "Report to Economic Development and Planning Committee: Draft Back of Port Interface (BOP) Draft Local Area Plan (LAP)". Durban: Municipio de eThekwini.

—— (2012c). "Ward Committee Elections". Municipality Press Release. Disponible en <http://www.durban.gov.za/media_publications/Press_Releases/Pages/Ward-Committee-Elections.aspx>. Consultado el 29 de mayo de 2013.

—— (2013). "Draft Integrated Development Plan 2013/14". Durban: Municipio de eThekwini.

Padayachee, Vishnu. (ed.) (2006). *The Development Decade? Economic and Social Change in South Africa, 1994–2004*. Ciudad del Cabo: HSRC Press.

Parker, Faranaaz (2012). "The unshakeable public protector, Thuli Madonsela". *Mail and Guardian*. Disponible en <http://mg.co.za/article/2012-10-16-00-the-unshakeable-thuli-madonsela>. Consultado el 8 de agosto de 2013.

Parlamento de la República de Sudáfrica (2007). "Report of the ad hoc committee on the Review of Chapter 9 and Associated Institutions: A Report to the National Assembly of the Parliament of South Africa". Ciudad del Cabo.

—— (2013). "Our Parliament". Disponible en <http://www.parliament.gov.za/live/content.php?Category_ID=18>. Consultado el 23 de mayo de 2013.

Parliamentary Monitoring Group (2013). "The Structure of Government". Disponible en <http://www.pmg.org.za/files/sectionA2.htm>. Consultado el 23 de mayo de 2013.

Piper, Lisa y Lubna Nadvi (2010). "Popular mobilisation, party dominance and participatory governance in South Africa". En Lisa Thompson y Chris Tapscott (eds). *Citizenship, Mobilisation and Social Movements in the South: Perspectives from the Global South*, pp. 212–38. Londres: Zed Books.

Piper, Lisa y Bettina von Lieres (2008). "Inviting Failure: Citizen Participation and Local Governance in South Africa". *Citizenship Development Research Centre*. 1 (1). Disponible en <http://fcis.oise.utoronto.ca/~daniel_sc/pipervonlieres.pdf>. Consultado el 5 de agosto de 2013.

Pithouse, Richard (2009). "A progressive policy without progressive politics: lessons from the failure to implement 'Breaking New Ground'". *Town and Regional Planning*, 54, 1–14.

Presidencia de la República de Sudáfrica (2013). "2013 Indicator Report". Pretoria: Presidencia.

Reid, Karen y Desmond D'Sa (2005). "The double edged sword: Advocacy and lobbying in the environmental sector". *Critical Dialogues*, 1 (2), 35–9.

República de Sudáfrica (1996). "South African Constitution Act, Act 108 of 1996". Pretoria: Government Printers.

—— (2000a). "Local Government: Municipal Systems Act, Act 32 of 2000". Pretoria: Government Printers.

—— (2000b). "Municipal Systems Act, Act 32 of 2000". Pretoria: Government Printers.

—— (2003). "Municipal Finance Management Act, Act 53 of 2003". Pretoria: Government Printers.

Robbins, Glen (2012). "Council still budgeting in the dark?" *Opinion piece in the Mercury*. Disponible en <http://www.iol.co.za/mercury/council-still-budgeting-in-the-dark-1.1304158#.UhkJo5WkTdk>.

Robinson, Jenny (1998). "Spaces of democracy: remapping the apartheid city". *Environment and Planning D: Society and Space*, 16, 533–48.

Runciman, Carin Ferris (2012). "*Mobilisation and insurgent citizenship of the Anti-Privatisation Forum, South Africa: An ethnographic study*". Tesis de doctorado. Glasgow: Universidad de Glasgow.

Rycroft, Alan y Dianne Scott (1998). "Environmental Mediation: A case study in participative problem solving". *South African Journal of Environmental Law*, 5, 87–97.

SA Cities Network (2006). *State of Cities Report*. Johannesburgo: SA Cities Network.

—— (2011). *State of Cities Report*. Johannesburgo: SA Cities Network.

SALGA (South African Local Government Association) (2011). "About Local Government". Disponible en <http://www.salga.org.za/pages/Municipalities/About-Municipalities>. Consultado el 27 de mayo de 2013.

Save Vetch's Association (SVA). *Constitution*. <http://www.savevetchs.co.za>.

—— *News Update*, Diciembre de 2012.

—— *News Update*, Febrero 2013.

Scott, Dianne (2003). "'Creative Destruction': Early modernist planning in the South Durban Basin, South Africa". *Journal of Southern African Studies*, 29 (1), 233–57.

Scott, Dianne y Clive Barnett (2008). "Something in the Air: Science, environment, and contentious urban politics in post-apartheid South Africa". *Geoforum*, 40 (3), 373–82.

Scott, Dianne y Catherine Oelofse (2005). "Social and Environmental Justice in South African Cities: Including 'Invisible Stakeholders' in Environmental Assessment Procedures". *Journal of Environmental Management and Planning*, 3 (48), 445–67.

—— (2008). "The Politics of Waiting: Environmental Governance in South Africa". Ensayo presentado en la Royal Geographical Society Conference. Agosto-septiembre. Londres.

Scott, Dianne, Catherine Oelofse, Kristen Scott y Jennifer Houghton (2006). "Social Impact Assessment of the Small Craft Harbour Durban Point". Commissioned by Durban Point Development Company. Durban: School of Environmental Science, University of KwaZulu-Natal.

Scott, Renee (2009). *An analysis of public participation in the legislative sector*. Tesis de maestría en administración pública. Stellenbosch: Stellenbosch University.

SDCEA (2006). *Our vision for a better future for the communities of South Durban*. Durban: South Durban Community Environmental Alliance.

Smith, Terence (2008). "The role of Ward Committees in enhancing participatory local governance and development in South Africa: Evidence from six Ward Committee case studies". Ciudad del Cabo: Community Law Centre/ University of the Western Cape.

Smith, L. (2010). "Making urban service delivery sustainable: bringing in third generational rights". Ensayo presentado en la conferencia "The Urban Experience in Africa: The Living City and its Local Policy Challenges". Woodrow Wilson Centre. 23 de agosto. Washington D.C.

Smulovitz, Catalina y Enrique Peruzzotti (2000). "Social accountability in Latin America". *Journal of Democracy*, 4 (11), 147–58.

SSI (2011). *Local Area Plans: Northern Urban Development Corridor, eThekwini Municipality: Stakeholder Engagement Report.* (Borrador). Durban: SSI.

Staeheli, Lynn A., Patricia Ehrkamp, Helga Leitner y C.aroline Nagel (2010). "Dreaming the ordinary: daily life and the complex geographies of citizenship". *Progress in Human Geography*. 5 (36), 628–44.

Statistics SA (2013). "2013 Census Results". Pretoria: Statistics SA.

Steenhuisen, John (2012). "DA calls for eThekwini ward Committee elections to be declared null and void". En John Steenhuisen (Ministro en la Sombras de Gobernanza Cooperativa y Asuntos Tradicionales). DA sitio web, 26 de agosto de 2012. Disponible en <http://www.da.org.za/newsroom.htm?action=view-news-item&id=11199>. Consultado el 7 de agosto 2013.

Stuurman, Sonwabo Happyboy (2009). *The Role of the Ward Committees as an Interface between Local Government and Community: A case study of Makana Municipality.* Tesis de maestría. Grahamstown: Rhodes University.

Sutherland, Catherine (2012). *From the marvellous to the mundane: social protest and environmental politics in sub-standard settlements in eThekwini Municipality.* Ensayo inédito. Durban: School of Built Environment and Development Studies. University of KwaZulu-Natal.

—— (2012). *Addendum of Social Issues for Summary Framework Report for the Back of Port Study.* Estudio comisionado por el ayuntamiento de eThekwini (2008–2012). Durban: School of Built Environment and Development Studies, University of KwaZulu-Natal.

Sutherland, Catherine y Dianne Scott (2010). *Social Assessment for the Back of Port Study.* Estudio comisionado por el ayuntamiento de eThekwini. Durban: School of Built Environment and Development Studies, University of KwaZulu-Natal.

Sutherland, Catherine, Dianne Scott y Glen Robbins (2013a). *Water and Sanitation discourses in eThekwini Municipality: a Spatially Differentiated Approach.* Manuscrito inédito. Durban: School of Built Environment and Development Studies, University of KwaZulu-Natal.

—— (2013b). *Durban City Report*. Reporte inédito elaborado para Chance2Sustain Research Project. Durban: School of Development Studies, University of KwaZulu-Natal.

Thomas, *Scott M.* (1996). *The Diplomacy of Liberation: the Foreign relations of the ANC since 1960s*. Londres: Taurus Academic Studies.

Tshishonga, Ndwakhulu (2012). *Citizenship, Governance and Local Government in South Africa: The case of Ward Committees at Cato Manor*. Propuesta doctoral. School of Built Environment and Development Studies. Durban: University of KwaZulu-Natal.

Turok, Ivan y Susan Parnell (2009). "Reshaping cities, rebuilding nations: the role of national urban policies". *Urban Forum*, 20, 157–74.

Universidad de Jyvaskyla (2013). *South Africa: Provincial Government*. Disponible en <http://www.jyu.fi/viesti/verkkotuotanto/kp/sa/soc_government.shtml>. Consultado el 23 de mayo de 2013.

Water-Dialogues South Africa. *Overview and Highlights*. Disponible en <http://www.waterdialigues.or/south-africa/downloads/new/Attac2-7.pdf>. Consultado el 25 de mayo de 2013.

Wilson, Zoë, Mandla Malakoana y Teddy Gounden (2008). "Trusting consumers: Involving communities in municipal water service decision making in Durban, South Africa". *Water SA*, 2 (34), 141–6.

SOLANGE CHATELARD, JUDITH AUDIN Y DANIEL SIXSMITH

6 China. La fuerza de las redes personales

El incremento de conflictos y protestas sociales derivados de la transición económica radical que ha vivido China desde finales de 1970, evidencian el creciente interés de la ciudadanía por recuperar el control sobre las decisiones que afectan su vida y sobre quienes toman estas decisiones. En este contexto, el desafío del Estado es mantener las altas tasas de crecimiento y la estabilidad social, al mismo tiempo que promueve nuevas formas de participación para dar cabida a las demandas de la población. Este capítulo plantea una revisión histórica de la participación en China para comprender los nuevos mecanismos de participación ciudadana que han surgido en la actualidad. Contrario a la opinión prevaleciente de que China tiene un régimen político estancado al tiempo que su economía despega, este estudio demuestra que tanto el régimen como la gente están respondiendo creativamente a las restricciones ideológicas y estructurales heredadas de un fuerte legado socialista. El capítulo demuestra que, a pesar de tratarse de un país autoritario gobernado por un sistema de un solo partido, en las últimas décadas se han hecho esfuerzos institucionales formales e informales para disminuir la tensión entre el Estado y la población. Sin embargo, también plantea que aún siguen prevaleciendo prácticas que obstaculizan la plena inserción de los ciudadanos en la toma de decisiones, por ejemplo, el hecho de que los canales formales de quejas y consultas públicas no están construidos como espacios reales de apertura a la crítica y al disenso.

En el primer apartado se plantean las tensiones entre el desarrollo económico y los conflictos sociales derivados, así como el consenso sobre el aumento de la participación ciudadana en todo el país y la postura del Estado al respecto. En el siguiente apartado se expone el contexto histórico que enmarca el análisis de la participación en China en tres diferentes etapas de la historia del país: pre-comunista, Mao, y en la China actual. La tercera sección describe algunos de los principales modos y canales de participación ciudadana en la China actual divididos en dos categorías: i) "participación sancionada" que incluye los canales antiguos y nuevos de participación de masas, los canales institucionales de denuncia y reparación y la participación formal en la base, y "ii) participación no sancionada" que comprende formas de protesta popular y de acción colectiva, el uso de internet como medio de denuncia y vigilancia, el contacto personal, los grupos solidarios, los comités de propietarios de viviendas, el daño autoinflingido y la "resistencia legítima". La cuarta sección se enfoca al análisis de casos de estudio: cartas y visitas (xinfang), el sistema de justicia, el programa de Desarrollo de Aldeas Pobres, los grupos solidarios, internet como una nueva forma de participación social y los contactos personales. En el quinto apartado se exponen los principales hallazgos de la investigación alrededor de los límites cambiantes de la participación ciudadana, la poca apertura de los mecanismos formales de control y las formas actuales más eficaces de participación como las peticiones, las manifestaciones, los plantones y los daños autoinflingidos, entre otras. Finalmente, el capítulo termina con una sección conclusiva en torno al internet y las nuevas tecnologías de la información, la reforma estratégica del Partido Comunista y las implicaciones domésticas de la internacionalización china.

Introducción

Desde el advenimiento de la Reforma y la Apertura a finales de 1970, muchos observadores han llamado la atención sobre la naturaleza cambiante del contacto e interacción que se han dado entre el Partido de Estado y el pueblo en las últimas décadas. Los comentaristas dentro y fuera de China han puesto de relieve la naturaleza fluida y polémica de las relaciones Estado-sociedad, al igual que la proliferación de distintas modalidades de participación que han surgido desde que el Partido reemplazó la primacía de la ideología socialista con el desarrollo económico impulsado por el mercado. Esto, al tiempo que una de las principales prioridades y desafíos del Estado es mantener altas tasas de crecimiento y estabilidad social bajo un sistema unipartidista, y otro aspecto igualmente apremiante en años recientes es cómo dar cabida a nuevas demandas ciudadanas y expandir las formas de participación que han surgido como natural causa y consecuencia de estas reformas.

La agenda de la reforma inspiró con eficacia (directa o indirecta) dos dinámicas sociales contradictorias en la China actual: por un lado, una que requiere mayores grados de autonomía y capacidad de auto sustento y, por el otro, una que reclama mayor estabilidad, integración y supervisión del Estado. Juntas, estas dos fuerzas opuestas y variables contribuyen a la base inestable, pero con dinámica social, económica y política de la China posrevolucionaria. El aumento en el activismo social en las últimas décadas no ha escapado a la atención de los dirigentes chinos que, según Lee y Hsing, han luchado desde el inicio de la reforma para lograr un equilibrio sostenible entre los requisitos duales de la "efectividad" y la "justicia" en el proceso de modernización del país (Hsing y Lee 2010).

Según Hsing y Lee, la fuerza impulsora detrás del creciente activismo social de China de las últimas décadas no es tanto política ni económica, sino fundamentalmente social. Los autores rechazan la visión imperante de que "el crecimiento del ingreso compra el consentimiento y la conformidad, pero una vez que este acuerdo se tambalea, la consecuencia probable es la rebelión". En cambio, sostienen que la amplia gama del activismo actual en China no es producto de auges y caídas cíclicos, sino que, en gran parte, radica en las preocupaciones sociales y ha experimentado un crecimiento constante en los últimos 30 años. Los tres tipos principales de demandas sociales que se identifican son la política de la redistribución (bienes materiales, acceso a beneficios y subsidios, etc.), reconocimiento (identidades étnicas y religiosas, causas sociales, etc.) y representación (la libre expresión de ideas, imágenes y símbolos).

Renacimiento de la participación: reforma y apertura de las compuertas de la contestación

Desde finales de los años 1970, la restructuración radical de la vida social y la económica bajo el socialismo, así como el énfasis en el desarrollo económico como la vía segura hacia la modernización, han creado nuevas oportunidades para cientos de millones de personas e impresionantes tasas de crecimiento de dos dígitos en China durante las últimas tres décadas. Sin embargo, los esfuerzos para liberar la presión sobre la dañada economía socialista china, después de casi tres décadas de maoísmo, creó al mismo tiempo nuevas tensiones y desigualdades dentro de una sociedad profundamente inestable y cada vez más fracturada (Goldman y Mac Farquhar 1999; Perry y Seldon 2000; Cai 2004; Pei 2006). La reorganización de las estructuras institucionales dentro del Partido y el rompimiento de las relaciones sociales anteriores, vinculadas con los métodos colectivos de producción, han generado nuevas fuentes de tensión e inseguridad que han socavado profundamente antiguos estilos de la vida.

Por ejemplo, el desmantelamiento de las unidades de trabajo colectivo (*danwei*) —la institución básica de control del Estado sobre la sociedad— y las empresas de propiedad estatal (EPE) han conducido a una gran cantidad de despidos y decenas de millones de empleados estatales forzados al desempleo. Después de la pérdida de seguridad, prestaciones y puestos de trabajo en el gobierno, la transición económica radical y la agenda de la reforma de China han generado "externalidades negativas" generalizadas tales como el crecimiento explosivo de una subclase laboral migrante y el incremento dramático de desigualdades geográficas, espaciales y de clase en todo el país (Lee 2002; Cai 2002). Estas externalidades han afinado las percepciones individuales y colectivas de inseguridad y riesgo en un ambiente de creciente incertidumbre social, política, económica y moral (Wang y Rebecca 2009; Pei 2006).

A pesar del carácter autocrático del Estado unipartidista chino, se ha experimentado un incremento generalizado de los intentos individuales y colectivos por recuperar el control sobre las decisiones (y sobre quienes toman estas decisiones) que afectan las vidas de los ciudadanos. Estos cambios radicales han generado efectivamente nuevos agravios en áreas rurales y urbanas, lo que ha provocado un aumento sin precedentes de las protestas sociales, individuales y colectivas (Perry 2002; O'Brien 2008; Perry y Selden 2000; Gries y Rosen 2004; Hsing y Lee 2010). La protesta popular, como movilización individual o colectiva, se ha convertido en una realidad cotidiana en todo el país. Cai mantiene que las protestas y "actos de resistencia colectiva" han aumentado de aproximadamente 9,000 en

1993 hasta casi 90,000 en 2005. Estos actos incluyen (pero no se limitan a) peticiones colectivas, huelgas, tomas del local laboral, manifestaciones y reuniones, bloqueos de tráfico y oficinas, ataques a dependencias gubernamentales y hasta enfrentamientos con los funcionarios públicos y la policía (Cai 2008: 163). Aunque persiste un desacuerdo profundo en la literatura sobre las especificidades y sutilezas de estos nuevos modos de participación, así como sobre el grado de su impacto y eficacia, existe un amplio consenso sobre la extensión general e intensificación de la participación que tiene lugar en diversas formas a lo largo de todo el país (Shi 1997; Jennings 1997; Cai 2004; Chen 2009; Saich 2001). Ante la ausencia de reglas y principios formales que guíen las reformas y cambio institucional, la impugnación abierta o encubierta se ha convertido en la regla, más que en la excepción, en la rápida transformación de la sociedad china.

Dependiendo de los casos concretos y sus respectivas circunstancias, los métodos, dispositivos y tácticas que usa la gente para influir en las decisiones políticas y en los funcionarios, varían enormemente. Estos van desde formas abiertas, públicas, disruptivas y controvertidas de participación (por ejemplo, peticiones, manifestaciones, huelgas, actos de daños autoinfringidos), hasta mecanismos más discretos de contacto personal estratégico, cabildeo y persuasión. Además, la participación puede darse dentro de las instituciones formales y desarrollarse según procedimientos establecidos (como apelaciones judiciales, visitas y cartas a las autoridades); o, en contraste, también pueden darse a través de mecanismos más espontáneos e informales de participación individual o colectiva (por ejemplo, grupos solidarios, redes de contactos personales y movilización estratégica —*guanxi*). Debido a la naturaleza del régimen chino y al ritmo de los cambios políticos, sociales y económicos que está experimentando el país, las fronteras entre diferentes modos de participación son borrosas y poco claras. El rasgo distintivo de los mecanismos formales e informales de participación, que incluyen las estrategias individuales, es su carácter flexible y experimental, el cual tiende a adecuarse rápidamente a las realidades y contextos cambiantes. Un examen minucioso de algunos de los modos dominantes de resistencia revela que, a menudo, la participación probablemente genera resultados más eficaces cuando se combinan diversas tácticas en un momento crítico respecto al contexto social, económico e institucional.

La paradoja de la participación

La reestructuración de las formas colectivas de organización social y económica ha desafiado efectivamente a los anteriores métodos de participación, principalmente los encabezados y promovidos por el Partido Comunista bajo Mao. Las diversas fuerzas sociales que promueven la reforma han ampliado simultáneamente la autonomía social de los actores individuales y facilitado una serie de actividades previamente limitadas o prohibidas por el partido de Estado.

La retirada aparente del Estado de espacios convencionales de la vida cotidiana ha creado un nuevo espacio para que surjan y tomen forma los intereses privados y colectivos. Las crecientes tensiones y contradicciones dentro del propio partido de Estado han abierto brechas y vacíos que desembocan en desafíos directos e indirectos por las crecientes masas de manifestantes insatisfechos y desencantados. Al tiempo que las reformas han desestabilizado la vida cotidiana de la gente, desafiando narrativas anteriores de legitimidad y provocando nuevas fuentes de ansiedades, políticas, sociales, económicas y morales, las fuerzas que se han desatado han abierto nuevos espacios de impugnación, dentro y fuera del Estado (Goldman y MacFarquhar 1999; O'Brien 2008; Perry y Selden 2000). Como afirman Goldman y MacFarquhar, "las reformas han desafiado no sólo a la economía de China sino también al propio partido de Estado" (1999: 4).

Mientras que algunos observadores identifican la incesante propagación de la protesta social como la base de una inminente reforma política, otros sostienen que la capacidad del partido de Estado para manejar eficazmente el incremento en la presión interna sin poner en duda en lo fundamental su autoridad, es prueba de su adaptación y autoridad como el órgano de poder monopólico en China. En debates actuales sobre el estado cambiante de China como sistema político e institución, algunos autores argumentan que, la habilidad del Partido para reinventar distintas facetas de sí mismo en diferentes momentos estratégicos, le han permitido sobrevivir como régimen a través de este período crucial de transición socio-económica (Rocca 2008; Kernen 2004; Shambaugh 2008).

La capacidad del partido para cambiar y adaptarse a nuevas circunstancias, en particular su capacidad para mantener su influencia sobre las nuevas instituciones y movimientos sociales emergentes, ha permitido renovar su esencia y someterse a la reorientación ideológica sin necesidad de desmantelar los cimientos de su aparato de gobierno. Este proceso en curso, de atrofia y adaptación, depende en gran parte de la capacidad de adaptación de las instituciones de gobierno para responder a nuevas formas de organización social, incluidas la protesta y la participación política, de manera constructiva y estratégica (Shambaugh 2008). En otras palabras, la participación política puede contribuir a corregir, mejorar y aumentar la autoridad y legitimidad de las instituciones existentes, en lugar de debilitarlas o desafiarlas. Esta paradoja emergente de la China Post-Mao ha sido una fuerza impulsora central detrás de las reformas y continuará moldeando y transformando el futuro del país.

Para comprender la dinámica y evaluar las implicaciones de la participación política actuales en China, y de los controles democráticos no electorales (CDNE) en particular, es importante situar nuestro análisis en el contexto específico de las instituciones que están evolucionando en China, con un énfasis especial en el cambiante rol de la participación en la historia política moderna de China. La siguiente sección proporciona un breve panorama de la participación política en tres diferentes periodos históricos: China pre comunista (antes de 1949), la era Mao (1949–1976) y la actual (desde 1976 hasta el día de hoy).

Contexto. Panorama histórico de la participación política en China

Participación en la China pre-comunista. Orden político: "todo bajo el cielo" (tian xia)

Históricamente, las conexiones del Emperador y la Corte Imperial de Beijing con el pueblo fueron débiles, con una distintiva fuerte autonomía regional y local, y una frágil fidelidad con el gobernante imperial. La legitimidad del "mandato" del Emperador para gobernar estuvo de hecho sujeta a los mismos principios de escrutinio de los ancianos locales y de los grupos solidarios regionales, ejercidos por los clanes y gremios locales. Su autoridad se basaba en su capacidad para distribuir "'bienes" como la paz, el orden, buenas cosechas y prosperidad, y si fallaba podía ser desafiado.

Por lo tanto, la protesta ocupa un papel central y decisivo en la dilatada y colorida historia de las rebeliones chinas, ya que la insurgencia, la protesta y la revolución se consideran mecanismos naturales con los que se restaura el orden legítimo (Perry 2002; Bianco 2007 [1967]). Para Perry (2002), la piedra angular de la historia imperial de China durante los últimos 2,000 años ha sido el deber de rebelarse y desafiar el "mandato del cielo" de una dinastía gobernante, cuando ésta ha perdido la capacidad para asegurar el orden entre el cielo y la tierra.

Esta vaga estructura permaneció unida sobre un vasto espacio geográfico durante siglos, gracias a una visión cosmológica generalizada del mundo que se basaba en la creencia compartida de que "todo bajo el cielo" (*tianxia*) continuaría en orden si el equilibrio correcto entre los diferentes elementos naturales y el mundo social se mantenía. El apuntalamiento cosmológico y el cimiento moral de esta visión del mundo —combinada con la falta de recursos e incentivos para extender la autoridad por todo el Imperio— no dependió de una fuerte presencia burocrática, sino que descansaba en una ideología laxa basada en el conservadurismo social de una sociedad altamente jerárquica, en la autorregulación, así como en la moralidad y disciplina de las masas.

Existieron diversos mecanismos legales e institucionalizados dentro del Estado imperial para controlar el poder arbitrario del Emperador y asegurar la vigencia de una buena gobernabilidad. Por ejemplo, según Fang (2009), el sistema de quejas y solicitudes para denunciar la conducta de funcionarios incontrolados surgió como una diversidad de instituciones de información, tan tempranamente como en la primera dinastía Han (206 a.C.—220 d.C.). Fang argumenta que, históricamente, los gobernantes chinos estuvieron profundamente influidos por el concepto confuciano de *minben* (el pueblo como el fundamento del Estado) y por las nociones de la interacción cielo-humanidad (*tianren ganying*), por lo que tendían a aceptar las interpelaciones, incluso quejas ilegales, por temor a que cualquier reclamo desatendido resultara en un castigo celestial. En este sentido,

Fang (2009) concluye que el sistema de reclamos se convirtió en una "papa caliente para los gobernantes: demasiado caliente para sostenerla, pero demasiado valiosa como para dejarla caer". Hoy, el sistema sigue existiendo bajo una forma diferente.

Participación: "El cielo está alto y el Emperador está lejos" (tiangao huangdi yuan)

Mientras existían mecanismos para contrapesar la autoridad central, el campesino promedio estaba alejado de los asuntos de la corte imperial. Las características básicas de la vida política y asociativa en China antes de la llegada del comunismo fueron la pertenencia localizada en una familia y un pueblo o clan. La autoridad tradicional se confería a los ancestros y a unos cuantos líderes seleccionados que actuaban como intermediarios clave entre la gente común y las formas más amplias de asociaciones, y sólo rara vez conectadas con el gobierno imperial. Según Townsend (1968: 19), "estos intermediarios desempeñaron la función de un muro, en lugar de un puente, en la relación del individuo con el Estado. Desde la perspectiva del gobierno central, había unidades sociales básicas; desde la perspectiva del individuo, eran los órganos de gobierno primarios. El ciudadano chino fincó su identidad social, su seguridad y sus esperanzas de progreso en sus asociaciones locales y no en la comunidad política amplia". Como resultado de esto, las disputas generalmente se resolvían localmente en vez de llevarlas directamente a los estratos superiores de los tomadores de decisiones en la capital del imperio.

Los clanes y pueblos locales eran realmente unidades agrícolas, políticas, económicas y espirituales autosuficientes. La familia, el clan, el pueblo o los gremios eran fines en sí mismos, pero también organizaciones provisionales para lograr fines específicos mediante la acción directa, como la protección de cultivos o la asociación para el crédito. "Ellos no buscaban influir en las acciones del Estado en forma positiva, sino establecer las conexiones mínimas necesarias para evitar los efectos perjudiciales del poder del Estado" (Townsen 1968: 19).

Por lo tanto, la participación existió como práctica cotidiana de rituales y ceremonias populares para defender las creencias tradicionales y garantizar que se satisficieran las necesidades de subsistencia para salvaguardar el orden entre el mundo natural y el social, en vez de un esfuerzo para contribuir o influir en los asuntos de una "polis" ampliada. Según Townsend, "la vida asociativa china no ampliaba los horizontes del individuo ni lo involucraba en comunidades mayores. En cambio, ésta lo limitaba y lo mantenía en su preocupación por sus propios intereses y asuntos particulares" (Townsend 1968: 19).

En otras palabras, el orden político chino antes de la llegada de Mao era una mezcla de instrucción ideológica laxa o propaganda imperial que enfatizaba la moralidad y el conservadurismo social en lugar de la lealtad política. La pertenencia a grupos colectivos era una actitud particularista que se limitaba al parentesco, la ubicación o el intercambio. No había una agenda nacional más amplia que ordenara la participación plena y la lealtad de sus miembros. Todo esto cambió a causa del colapso del poder imperial en 1911, del período de desorden profundo y guerra civil posterior, y la llegada del comunismo.

Participación bajo Mao: en búsqueda de la conciencia política y la línea de masas

La cultura política que Mao buscó imponer en una nación herida y dividida en 1949, una vez que llegó al poder, es lo que se conoce como la "línea de masas". El principio significa un gobierno "de las masas para las masas" y tiene una deuda doctrinal con el marxismo soviético. En teoría, se diseñó "la línea de masas" para despertar la conciencia política de una población tradicionalmente apática para desencadenar y lograr todo el potencial de la actividad política de las masas. El alto valor conferido a la movilización de masas y a la acción revolucionaria proporcionó una primacía sin precedentes a la política y la participación política, como la base de la vida cotidiana bajo el comunismo. Como sugirió Oksenberg (1968), desde la fundación de la República Popular China, el asunto no es "si" uno participó, sino "qué tanto" se participó.

El objetivo principal de la línea de masas era establecer patrones permanentes de participación popular generalizados, para persuadir a las masas hacia el proceso político. Para Mao no era suficiente ser un partidario pasivo de la revolución. La necesidad de un involucramiento activo y un compromiso personal era el valor central de esta filosofía política. Aunque la línea de masas fue prevista para combinar los beneficios de la consulta pública y la participación con el poder del férreo control centralizado, en varias ocasiones Mao dejó claro que no toleraría opiniones divergentes con la suya. A pesar de simular la apertura del sistema hacia una participación más significativa, alentando a las voces disidentes a acercarse, lo que Mao en realidad buscaba era mantener su control sobre el Partido y el país, identificando a sus principales críticos y eliminándolos regularmente mediante purgas a gran escala.

En suma, la participación era sinónimo de política partidista. La participación de las masas en realidad se manifestó como la ejecución de las políticas de Estado, difundiendo y consolidando la autoridad del Partido Comunista en todo el país. La protesta, la rebelión y la revuelta, especialmente contra los centros de poder y autoridad de antaño, subsecuentemente se convirtieron en virtudes ampliamente promovidas en todo el país para legitimar y difundir la doctrina comunista. Por tanto, la línea de masas era precondición y el mecanismo a través del cual el Partido Comunista Chino consolidó su posición como el nuevo poder legítimo que rigió a China y reorganizó la sociedad según sus propias teorías e ideologías.

La participación hoy: de la ideología a los intereses

China se caracterizó por niveles muy altos de participación en todo el país debido a la naturaleza de la participación política hasta la Reforma y la Apertura. Sin embargo, a finales de los años 1970, las facciones dentro del Partido comenzaron a proponer un nuevo énfasis en la economía más que en la ideología, como forma de reorganizar el país. Durante las reformas de mercado, las responsabilidades se canalizaron efectivamente desde las instituciones colectivas hasta los hogares. La nueva primacía de la modernización económica consecuentemente requirió que el Partido relajara su control sobre la sociedad. "Mientras que una mayor y más significativa participación es reconocida como necesaria para el desarrollo económico, han surgido graves diferencias de opinión con respecto a qué tan autónoma debe ser esta participación y cuál es el rol correcto del partido al guiar tal participación" (Saich 2001: 164).

A pesar de severas restricciones a la liberalización política del país, persistieron las demandas de más reformas dentro y fuera del Partido. Sin embargo, la dramática represión de las protestas de Tiananmen en 1989 fue una clara señal de que el futuro del país, especialmente el éxito potencial o el fracaso de su programa de reformas, dependía de una precondición clave: que el pueblo y sus demandas permanecieran apolíticas, en otras palabras, carentes de cualquier desafío a la legitimidad y a la supervivencia del Partido. Mientras que el gobierno de Mao se caracterizó por una sociedad construida políticamente sobre las clases, los sucesores de Mao cambiaron gradualmente la base del orden social desde la ideología hacia los intereses privados basados en las nuevas posibilidades ofrecidas por una economía orientada al mercado. Según Zheng (2004), esto es parte de la estrategia del Partido para transformar la "acción pública" del pueblo (demandas por reforma política) en los "intereses privados" (actividades económicas).

Lo que emergió de este proceso es un orden social basado en el interés, en el que el cambio institucional gradual es, en gran medida, distinto y ajeno a los esfuerzos para responder a las demandas sociales conflictivas, que son resultado del rápido desarrollo económico. Hoy en día, se persuade a las personas de no demandar un cambio institucional profundo, sino que se les anima a perseguir agendas individuales centradas en sus circunstancias y necesidades específicas. Aunque existen límites claros para los modos de acción permitidos, la sección siguiente muestra un panorama más profundo sobre algunas de las principales nuevas formas de participación política que han surgido en la China de hoy.

Panorama: lista de los Controles Democráticos No Electorales y la Rendición de Cuentas en China

La siguiente sección describe algunos de los principales modos y canales de participación ciudadana en la China actual. Se describirán 15 casos diferentes, laxamente agrupados en "participación sancionada" y "participación no sancionada". La primera sección presentará diversos modos de participación que el Partido ha tratado de canalizar mediante líneas más estructuradas a través de instituciones oficialmente respaldadas. El objetivo de las formas de participación sancionadas por el Estado en China es mantener su influencia sobre grupos claves al "vincularlos indirectamente con organizaciones que dependen del apoyo del régimen" (Saich 2001: 168). Históricamente la función principal de estas organizaciones no es agregar ni representar grupos de interés para tomarlos en cuenta en el proceso de toma de decisiones, sino facilitar la propagación de la política partidaria entre los grupos relevantes. Sin embargo, recientemente, en particular desde el final de los años 1980, nuevas organizaciones sociales aprobadas por el Estado han creado nuevos espacios para los ciudadanos, con la finalidad de articular sus fines políticos al apoyo de grupos que defienden sus posiciones políticas. Estas incluyen organizaciones no gubernamentales (ONG) autorizadas y ONG organizadas por el gobierno (ONGOG). Estas nuevas organizaciones sociales forman parte del nuevo esfuerzo chino por revitalizar el sector estatal a través de regenerar viejas instituciones y por medio de la integración de más expertos y voces externas en los procesos de tomas de decisiones.

Algunos de los experimentos más dinámicos se han llevado a cabo en el ámbito local, donde el gobierno introdujo un sistema de consultas públicas, así como instituciones participativas y deliberativas para reducir el descontento popular y asegurar la estabilidad política (Fei 2007). No obstante, las experiencias locales de participación están normalmente limitadas a sesiones informativas y rara vez incluyen formas deliberativas de participación que impacten directamente el contenido de las políticas públicas o su implementación. En efecto, las formas locales de participación se encuentran profundamente encajadas en una relación de codependencia con las autoridades las que, en última instancia, ayudan a fortalecer el poder estatal antes que a debilitarlo (Hidlebrandt 2013).

La segunda sección examinará formas de participación no sancionadas que han surgido paralelamente o al margen de los canales formales de control. A éstas debe considerárseles en conjunto, y no en contraste con la primera categoría de participación, ya que las fronteras entre las instituciones formales e informales y las esferas de acción en la China contemporánea son muy borrosas y cambian constantemente. Estas formas de participación difieren en forma, escala y grado de eficiencia, y varían en la acción cotidiana que incluye desde el uso del internet y la "resistencia legítima" (O'Brien y Li 2006) hasta formas más amplias de acción individual y colectiva como las protestas, manifestaciones y actos de lesiones auto infringidas (Cai 2010; O'Brien 2008; Perry y Selden 2000). Debido a que los canales formales de participación tienden a ser espacios para la deliberación manipulada o superficial y tienen impacto limitado, los ciudadanos buscan cada vez más nuevos medios para expresar sus ideas, demandas, sugerencias y recomendaciones. Por ejemplo, nuevas tecnologías como internet se han convertido cada vez más en poderosos vehículos para la articulación de los intereses ciudadanos con públicos más amplios, pero también en una plataforma efectiva que, intencionalmente o no, obtiene apoyos populares y oficiales incrementalmente mayores, debido a que agrega voces disidentes dispersas y desestructuradas. Mientras que formas establecidas de participación tienden a incluir la aceptación pasiva de políticas implementadas de arriba hacia abajo (*top-down policies*), las nuevas formas incluyen expresiones más activas de opiniones, consejos y disconformidades, así como formas más activas de monitoreo (véase Tabla 6.1). Aunque los ciudadanos no puedan elegir a sus líderes en China, ellos pueden, no obstante, fiscalizar a los servidores públicos y denunciar violaciones escandalosas de poder y de los altos cargos, mediante diversos canales institucionales de quejas y rectificaciones, tales como las cortes locales y los sistemas de visitas y cartas.

Tabla 6.1: Tipos de experiencias por forma de participación en China (n=15)

Grado de participación	*Frecuencia*	*Porcentaje*
Información	3	20%
Consulta	4	26%
Iniciativa	5	34%
Concertación	0	0
Decisión	0	0
Gestión	0	0
Vigilancia	3	20%
Total	15	100%

Fuente: elaboración propia

Participación sancionada

Canales antiguos y nuevos de la participación de masas

Organizaciones de masas

Aunque las organizaciones de masas han sufrido una reestructuración significativa en las últimas décadas, siguen siendo una parte importante del paisaje político contemporáneo de China. Al tratar de extender su organización y supervisión a la mayor parte de la población, el Partido se sostiene en las organizaciones de masas para movilizar a distintos sectores de la sociedad, contener posibles oposiciones masivas y prevenir la formación de sindicatos, federaciones o asociaciones autónomos. Oficialmente esas organizaciones están subordinadas a los dirigentes políticos del Partido y desempeñan una función de canal entre la política y las masas. Como un lugar para la participación política eficaz, son relativamente superfluas debido a su alto grado de institucionalización y su tendencia a aliarse con las directrices y programas del gobierno. Sin embargo, actualmente muchas organizaciones de masas han logrado un cierto nivel de autonomía, gestionan sus actividades y manejan sus canales de financiamiento y asuntos financieros. Hay aproximadamente 2,000 organizaciones nacionales de masas, incluyendo cerca de 200 que reciben fondos del Estado y están en el padrón administrativo nacional. La Federación Nacional de Sindicatos de China (FNSCH), la Liga Juvenil Comunista de China y la Federación de Mujeres de China son algunas de las organizaciones de masas más grandes e influyentes que gozan de un estatus político especial. A pesar de que no existen en forma aislada unas de otras, en gran medida cada organización constituye su propio sistema social compuesto por diferentes relaciones internas con diferentes niveles de toma de decisiones. La FNSCH, por ejemplo, es el sindicato más grande del mundo, con más de 134 millones de miembros en 2007, repartidos en 31 federaciones regionales y 10 sindicatos nacionales de industria.

Nuevas organizaciones sociales

En paralelo con la reactivación de las organizaciones de masas en las últimas décadas, se han desarrollado nuevas organizaciones sociales como respuesta a los cambios y las necesidades de la sociedad china contemporánea. Estas organizaciones emergieron al final de los años 1980 con el apoyo oficial y varían mucho en forma y enfoque. Varían, por ejemplo, desde entidades sociales como la Asociación de Filatelia, hasta la Asociación de Planificación Familiar de China que desempeña una gama de roles y funciones diferentes, que el Estado es incapaz o no está dispuesto a cumplir. Mientras que las nuevas organizaciones sociales se benefician del nuevo espacio para maniobrar y negociar, siguen vinculadas con el Partido y el Estado, a través de diferentes estructuras y regulaciones. Por ejemplo, la Asociación de Planificación Familiar de China fue creada por la Comisión de Planificación Familiar del gobierno, y funciona como su ONG oficial. De hecho, es una de las organizaciones no gubernamentales organizada por el gobierno (ONGOG) que han proliferado en China en las últimas décadas. La función primaria de las ONGOG es facilitar las iniciativas gubernamentales al tiempo que se incrementa la participación no estatal en el proceso de elaboración e implementación de políticas. Ellas han surgido junto con los nuevos esfuerzos de modernización de China y han ayudado a reforzar la influencia del Estado en las esferas de la sociedad nuevas o difíciles de alcanzar.

Canales institucionales de denuncia y reparación

Sistema de justicia

La retórica del Estado desde finales de los años 1980 ha alentado cada vez más a los ciudadanos para que usen el sistema legal para dirimir controversias con sus patrones o incluso llevar frente a los tribunales a funcionarios, si consideran que han cometido infracciones. Sin embargo, hay límites claros sobre quién puede ser demandado de esta manera y los funcionarios de muy alto rango, por lo general, son inmunes a dicha acción. Los reclamos colectivos ante los tribunales también se han vuelto cada vez más comunes; aunque éstos no están diseñados para actuar como foros donde se ejercen derechos públicos, en los últimos diez años los litigantes han presentado una creciente variedad de asuntos a juicio, incluyendo demandas colectivas, demandas de interés público sobre derechos ambientales y de la mujer, así como derechos constitucionales. Sin embargo, el sistema de justicia parece ser más eficaz cuando lo utilizan las autoridades para la destitución de un funcionario público. En estos casos infrecuentes, pero de alto perfil, los tribunales se utilizan como escenario para advertir y disuadir a otros funcionarios de cometer faltas graves desde su posición y poderes.

Administración de cartas y visitas (xinfang) y Peticiones

Xinfang (literalmente, *xin*, carta y *fang*, visitas) es uno de los mecanismos más antiguos y más ampliamente utilizados de participación política cotidiana en la China actual. *Xinfang* es generalmente el primer mecanismo de contacto formal con el gobierno local en un acto de protesta coordinado contra las políticas y los funcionarios. Es tanto una herramienta del gobierno para recopilar información sobre funcionarios de menor nivel y el ánimo de la gente, como un medio para que el pueblo exprese sus quejas y solicite resarcimiento, si bien no existe la obligación formal las autoridades de responder. Aunque los registros muestran que es un dispositivo altamente ineficaz para el demandante —en general, menos del 5% de las quejas son atendidas— no obstante, *xinfang* es un canal altamente valorado por el que los ciudadanos expresan sus opiniones y presentan sus reclamos. Al paso de los años *xinfang* ha evolucionado significativamente como institución convirtiéndose en un vehículo a través del cual las personas han recuperado el control sobre la definición de actos y eventos que afectan sus vidas. En los últimos años, las peticiones colectivas han aumentado rápidamente ya que se considera que son más eficaces que las denuncias individuales. Las peticiones a menudo funcionan como trampolín para tácticas más disruptivas cuando no se atiende la queja inicial. Chen (2008: 55) llega a sugerir que la "conversión institucional" ha vuelto a esta herramienta del régimen en una preocupante fuente de inquietud para el Estado, ya que la gente recurre a la movilización popular para apoyar adicionalmente sus peticiones.

Participación formal en la base

Consultas públicas, instituciones participativas y deliberativas (reuniones políticas)

Las consultas públicas o reuniones políticas en contextos formales es otro medio que tiene el sistema para aumentar la transparencia e involucrar a actores externos en el proceso de toma de decisiones. Mientras que las formas no autorizadas de asociaciones están estrictamente prohibidas en China, las autoridades estatales han comenzado a introducir un sistema de consultas públicas regulares, elecciones locales directas (una excepción, dado el contexto autoritario de China) así como instituciones participativas y deliberativas en todo el país. Una de estas iniciativas es el Plan de Desarrollo de Aldeas Pobres (véase abajo). Ellas ilustran los cambios que están ocurriendo en el sistema administrativo chino e incluyen: reuniones cívicas consultivas (*minqing ketanhui*); reuniones consultivas deliberativas (*minzhu ketanhui*), reuniones de presupuesto democrático (*minzhu licaihui*), audiencias públicas deliberativas (*minzhu tingzhenghui*) y reuniones cívicas de evaluación (*minzhu pingguhui*), entre otras. Están presentes en estas iniciativas altos funcionarios con sus subordinados y representantes populares cuidadosamente elegidos para discutir asuntos y quejas relevantes. Por supuesto que no todos tienen acceso a estas reuniones y generalmente los participantes ejercen la autocensura. Generalmente las deliberaciones públicas casi siempre están presididas por un líder político local (secretario del PCCh) quien puede decidir detener el experimento si lo considera un riesgo potencial para su carrera profesional. Sin embargo, ocasionalmente quienes expresan sus pensamientos vuelven vergonzosas estas sesiones por las fallas de los funcionarios públicos.

Dos ejemplos de procesos participativos locales sancionados formalmente

Plan de Desarrollo (participativo) de Aldeas Pobres (PDAP)

Es un mecanismo institucional creado recientemente (al inicio de los años 2000) diseñado para enfocar más eficientemente el desarrollo económico de las comunidades más pobres. Está estructurado para permitir que los aldeanos influyan en la elección de planes y el método para su implementación. En la práctica parece que las decisiones clave son tomadas por los gobiernos regionales antes de la ejecución del plan, por lo que rara vez reflejan los deseos de la gente. Existe la idea de que estos esquemas incrementan el interés de la gente ante la perspectiva de participación, aunque al no llevarse a cabo dejan una sensación de frustración y resentimiento.

Comités residenciales

En zonas urbanas, la desaparición de la *danwei* —unidad de producción colectiva— se ha compensado parcialmente con la aparición de los comités de residentes. Sus funcionarios son contratados y administrados por el gobierno local, y están a cargo de la implementación de políticas públicas como el sistema de registro de hogares, la planificación familiar y control de la natalidad, los programas de bienestar social, la organización de actividades culturales y la mediación en conflictos locales. Se alienta a los habitantes para que participen y contribuyan con su tiempo e ideas para hacer de su vecindario un lugar más pacífico y "civilizado". En teoría, se supone que los comités deben ser autónomos pero la mayoría de los vecinos se perciben como controlados por la administración local y parecen reacios a invertir su esfuerzo o confianza en ellos.

Medios (periódicos y televisión)

Los medios de información están tan controlados que la mayoría de los ciudadanos los consideran una extensión del Partido de Estado. Las cartas a los periódicos han sido otra importante fuente de información para el gobierno (*yulun jiandu* o "supervisión de la opinión pública"), pero sólo una pequeña posibilidad de reparación para sus autores. Desde los años 1990 ha surgido una pequeña cantidad de periodismo de investigación, surgido principalmente por las cartas enviadas a los editores y a los programas de televisión. Programas como *Focus Interviews* de CCTV han ayudado a descubrir y defenestrar a algunos funcionarios corruptos de nivel inferior. Sin embargo, todo esto permanece dentro de los estrictos límites que rara vez tocan a alguien que no sea funcionario de bajo nivel o descaradamente corrupto.

Formas de participación no sancionadas

Protesta popular y acción colectiva

La protesta y los actos colectivos de resistencia han aumentado exponencialmente en los últimos veinte años porque los miembros más débiles de la sociedad se han unido para luchar por lo que consideran que es legítimamente suyo. A menudo, estos actos se derivan de las peticiones colectivas que no han sido exitosas, obligando a los demandantes a explorar medios alternativos de reparación. Estos actos pueden incluir huelgas, plantones, manifestaciones y reuniones, bloqueos de tráfico y de oficinas, ataques a dependencias estatales e incluso enfrentamientos con los funcionarios y la policía. Generalmente, los participantes tienen la precaución de no extralimitarse en sus protestas, como sería expresar sus opiniones por medio de la fuerza, ya que suelen cuidarse de confrontar al régimen, expresando su respeto por el Estado mientras hacen críticas individualizadas contra determinados funcionarios o políticas. Los actos que transgreden estos límites o desembocan en violencia es muy poco probable que obtengan una respuesta positiva de las autoridades.

Internet

Los ciudadanos chinos cada vez utilizan más internet (más de 513 millones de ellos tienen acceso a esa red) para reaccionar y contribuir ante nuevas noticias y asuntos públicos. Este nuevo espacio público les ha permitido leer y escribir comentarios críticos y satíricos, de formas que no lo habían hecho antes. Por supuesto, el Estado ha hecho un gran esfuerzo para restringir el acceso a material especialmente sensible y algunos temas están claramente prohibidos (por ejemplo, el Tíbet y críticas directas al Partido de Estado). Sin embargo, internet está reemplazando cada vez más a los medios tradicionales como el espacio público físico para expresar inconformidades o para demostrar rechazo contra funcionarios corruptos. La naturaleza de internet permite a los usuarios con reclamos reunir el apoyo de un número mucho mayor de personas, de un área mucho más grande y proporciona otra plataforma de lanzamiento para la participación y la impugnación.

Contacto personal (Guanxi)

Un mecanismo crucial para hacer las cosas desde hace tiempo en China es esta práctica informal y no oficial de búsqueda de alianzas y un apoyo más fuerte a través del contacto personal directo con personas influyentes. Estas conexiones casuales permean gran parte de la sociedad china y se utilizan comúnmente junto a otras formas de participación para añadir peso a la propia causa. Inevitablemente, no todos los ciudadanos tienen acceso a personas influyentes, por lo que *guanxi* puede operar para consolidar desigualdades e injusticias, en vez de para anularlas.

Grupos solidarios

En las últimas décadas han reaparecido las organizaciones no-institucionales ancladas en el linaje y el templo, las cuales fueron virtualmente eliminadas después de la Revolución. Si estos grupos están unidos y tienen presencia a lo largo de la aldea pueden ayudar a crear un fuerte sentido de comunidad que les permita a los pobladores fortalecerse para influir claramente en las autoridades locales. Algunos estudios demuestran que aldeas que cuentan con estos tipos de organizaciones son más propensas a tener mejores provisiones de bienes públicos que otras comunidades equivalentes o incluso más pudientes pero que no cuentan estas organizaciones solidarias. Esto sugiere que los gobiernos locales pueden forjar vínculos estrechos con estos grupos y, así, es menos probable que malversen fondos y sí estén más dedicados a mejorar las condiciones de sus aldeas.

Comités de propietarios de viviendas

Estos grupos de interés privado han aparecido en las zonas urbanas desde el inicio de los años 2000, como colectivos de propietarios de viviendas para proteger su recién adquirida propiedad privada de los desarrolladores sin escrúpulos y sus aliados en la burocracia. Aunque estos grupos no están presentes en todos lados, son capaces de ejercer una influencia considerable en los lugares donde han surgido. Todavía está por verse si se convertirán en, o proporcionarán, una plataforma para un movimiento poderoso, más allá de su espacio local. Tal vez sería mejor denominar a estos comités como semi institucionalizados ya que, a pesar de estar motivados de manera privada, su origen depende del consentimiento del gobierno local.

Daño autoinfligido

El daño autoinfligido (o la amenaza de ello), como las huelgas de hambre, la auto inmolación y el suicidio individual o colectivo, ha experimentado un agudo aumento en años recientes. Históricamente, el suicidio es una bien establecida, pero muy poco estudiada, forma de protesta individual en China (Fei 2010). Generalmente se lleva a cabo con el doble objetivo de subrayar la inocencia de quien protesta y resaltar la corrupción moral de la parte acusada o el agresor. Frecuentemente, aunque no siempre, los actos de auto sacrificio se realizan en público con la intención explícita de llamar la atención sobre los problemas y preocupaciones del manifestante, con el fin de crear publicidad negativa contra la parte acusada. Ello implica enormes costos individuales que son considerados marginales en comparación con los posibles beneficios individuales y colectivos que podrían generar.

"Resistencia legítima"

Se han diseminado chistes, canciones y parodias haciendo burla de las autoridades superiores e inundan los medios de comunicación e internet, en formas que eran inconcebibles en el pasado. Son las armas más comunes de los débiles (Scott 1985) y contribuyen a erosionar las narrativas formales y la ideología dominante. Sin embargo, según O'Brien, los ciudadanos chinos han desarrollado una nueva forma de resistencia cotidiana por medio de la cual, los ciudadanos agraviados, pretenden legitimar sus causas haciendo uso de la retórica, la ideología y las políticas del Estado para formular sus propias protestas. En lugar de trabajar contra el Estado, quienes se resisten de manera legítima, estratégicamente adoptan las leyes, las políticas y los marcos institucionales existentes para presentar sus reclamos como alineados con los valores fundamentales del Estado. En otras palabras, al usar estratégicamente los canales institucionalizados de la disidencia, remarcan el hecho de que las autoridades no han podido cumplir sus propias promesas, o han desafiado las leyes o valores ampliamente aceptados (O'Brien 1996).

En contraste con las discretas formas de resistencia cotidiana tales como los chistes, las parodias y rumores, u otros medios discretos de sabotaje contra el Estado, la protesta de resistentes legítimos busca atraer la atención de los funcionarios gubernamentales y formular sus reivindicaciones de manera tan abierta y no amenazante como sea posible. Estas formas individuales y colectivas de protesta algunas veces crean nuevos espacios públicos que instauran nuevas bases para una crítica social más amplia. No es sólo el ciudadano común quien usa estas tácticas, sino también los políticos o los miembros de la clase política han ganado espacio para maniobrar, operar y buscar erosionar la autoridad y legitimidad de las autoridades que se ubican sobre ellos.

Casos de estudio

Cartas y visitas (xinfang), también conocido como Cartas y Visitas o Peticiones

Una de las formas más antiguas y populares de participación institucional en China es escribir cartas y hacer a visitas a los funcionarios del gobierno. *Xinfang* (literalmente se traduce *xin* como "cartas" y *fang* como "visitas") es el sistema administrativo para expresar y escuchar las denuncias y reclamos a las autoridades. Su función primordial es gestionar solicitudes civiles y administrativas, sugerencias y quejas de los ciudadanos comunes.[1] Es muy ineficiente, aunque es ampliamente utilizado y un canal vital de comunicación entre ciudadanos comunes y autoridades nacionales, porque se ha convertido en un espacio dinámico donde la gente recobra el control sobre la definición de sus reclamos y violaciones, aunque no se logre la sanción deseada.

La institución está organizada como Oficina Estatal de Cartas y Visitas (*guojia xinfang ju*) y es un departamento administrativo de la Secretaría General del Consejo de Estado. Hay oficinas *Xinfang* en todo el país y operan en tres niveles claves: municipal, provincial y central en Beijing. Cuando en un nivel inferior se bloquea una carta o reclamo, los ciudadanos pueden subir en la jerarquía administrativa y presentar su queja ante un órgano de gobierno superior. Funciona en paralelo a las instituciones legales

1 Según el sitio web oficial del gobierno chino, las principales responsabilidades de la oficina son: "gestionar las cartas y visitas de personas en China y en el extranjero, y mantener canales fluidos para los autores de las cartas y visitantes; reportar a las autoridades centrales las observaciones, sugerencias y problemas relevantes expresados en las cartas y visitas; analizar exhaustivamente la información contenida en las cartas y visitas, llevando a cabo investigaciones y pesquisas, y hacer sugerencias de procedimiento y de políticas; asumir las tareas asignadas por los líderes centrales relativas a las cartas y visitas, y supervisar e investigar la aplicación de las instrucciones de los líderes; asignar a los departamentos y autoridades locales tareas relacionadas con las cartas y visitas, y supervisar e investigar la gestión de cartas y visitas importantes que conciernen dos o más departamentos y localidades; coordinar la gestión de visitas de grupos a las autoridades centrales en Beijing, así como cartas y visitas inusuales e inesperadas; investigar y coordinar la entrega de cartas y visitas del Partido, gobierno y departamentos militares a nivel central, y por el Partido local y departamentos gubernamentales; proporcionar orientación sobre el manejo de cartas y visitas a nivel nacional; estudiar y desarrollar procedimientos, políticas, leyes y reglamentos relativos al manejo de cartas y visitas; revisar y difundir la experiencia obtenida por las localidades y departamentos en el manejo de cartas y visitas, y hacer comentarios y sugerencias sobre el manejo de cartas y visitas; mantener actualizados a los funcionarios responsables del manejo de cartas y visitas y organizar cursos para ellos; conducir la automatización de la oficina; publicitar el manejo de cartas y visitas y liberar la información sobre ello; y coordinar la cooperación internacional e intercambios sobre el manejo de cartas y visitas." Oficina Estatal de Cartas y Visitas. <http://english.gov.cn/2005-10/02/content_74182.htm> Consultado el 31 de mayo del 2013.

formales y canales de participación, como juzgados, fiscalías y el sistema de derecho administrativo, y dependen en gran medida de las cortesías y favores individuales, más que de un conjunto de reglas fijas. Según Minzner, mientras que el segundo basa su autoridad y decisiones "principalmente en la ley formal y en las normas jurídicas", el primero, por el contrario, "obtiene su influencia del poder político del Partido Comunista y de los funcionarios individuales" (Minzner, 2006: 105).

Tanto las prácticas peticionarias como la gestión diaria de las oficinas *xinfang* han evolucionado significativamente a lo largo de los años. Mao estableció el sistema al inicio de los años 1950, como un mecanismo para promover los valores del Partido Comunista y forjar la alineación ideológica en las bases. Históricamente *xinfang* creció ampliamente fuera de las instituciones existentes que anteriormente permitieron que la gente común comunicara sus preocupaciones a las autoridades en su distrito y provincia. Bajo Mao, el Partido instrumentalizó el sistema *xinfang* para promover la propaganda estatal y forjar un consenso nacional en torno a los ideales y principios revolucionarios. Esta fue una institución clave utilizada para recopilar información acerca de las actitudes políticas locales y supervisar la lealtad y el trabajo de los cuadros locales del Partido. Tras un período de transición en el que la institución estuvo cerrada temporalmente después del prolongado caos político y social causado durante la Revolución Cultural (1966–1976), el sistema resurgió en los años 1980 como un mecanismo popular para que los ciudadanos comunes resolvieran sus reclamos administrativos. Aunque los estudios confirman que el activismo de petición ha crecido sostenidamente en un 8% anual desde los años 1990,[2] superando por mucho el número de litigios registrados en el mismo período, una encuesta de 2004 confirmó que se contestan menos del 0.2% de las quejas y peticiones.

Aunque el sistema *xinfang* es muy ineficiente para el demandante y sólo una fracción de los casos presentados realmente se encaran debido a la combinación de la falta de personal, recursos y voluntad política, no obstante, es ampliamente aceptado como el modo más frecuente de participación

2 El número de casos registrados fue de más de 5 millones en 1998 y aumentó a más de 30 millones en 2002.

pública porque con los años ha evolucionado gradualmente para convertirse en un espacio poco común y altamente valorado de deliberación pública. En la actualidad, el mecanismo *xinfang* sigue siendo una institución clave que fomenta la comunicación entre el gobierno y las masas. Aunque mantiene el propósito de monitorear el estado de ánimo político y comportamiento locales, en años recientes el objetivo de las denuncias ha mudado de los colegas y las prácticas contrarrevolucionarias a controvertir las acciones y decisiones de los cuadros del Partido locales. Las personas presentan temas polémicos que, aunque no se encaren, sí son discutidos y anotados en los registros gubernamentales. Incluso si las personas optan por darle seguimiento al tema mediante otros canales, la presentación de una queja en la oficina de *xinfang* se considera como el primer paso en el largo, y a menudo impredecible, proceso de formular, compartir y registrar oficialmente esa queja sobre excesos burocráticos, mala gestión y corrupción (Thireau y Hua, 2010). Esto refleja los borrosos límites normativos de lo que efectivamente constituye un acto de conducta inadecuada, es decir, lo que está bien y lo que está mal. En otras palabras, aunque no necesariamente proporciona los resultados deseados, el dispositivo *xinfang* se ha convertido en un importante canal por medio del cual los ciudadanos comunes experimentan y forjan sus propias ideas, prácticas y reacciones frente a las decisiones y acciones políticas locales, las que Thireau y Hua denominan las "artimañas" de la democracia.

Sin embargo, el proceso de presentar una queja no es sencillo y a veces desemboca en diferentes formas de represalias estratégicas no oficiales por parte los cuadros locales, tales como palizas, privación de derechos y la perturbación de la vida cotidiana, con el fin de disuadir a los ciudadanos de presentar dichas quejas en su contra. Según algunos analistas, la gente opta por el sistema *xinfang*, en vez de canales legales formales, en parte por el hábito o la costumbre, pero también en parte porque es un método menos confrontador para dirimir controversias. Los ciudadanos que presentan una queja pueden encuadrar estratégicamente su caso como "víctimas" o "manifestantes" sin ser necesariamente percibidos como opositores directos y adversarios del Estado.

Según Zhang, los demandantes buscan en principio maneras de proteger sus intereses y una solución adecuada a un problema particular, en vez de enfrentarse directamente a los cuadros y así correr el riesgo de cortar vínculos con las autoridades locales, con quienes tendrán que mantener una relación a largo plazo, particularmente en las zonas rurales. Esto generalmente incluye un componente esencial de mediación que los casos de litigio no ofrecen. "La falta de mediación y el juicio público obligatorio en lo contencioso administrativo, por lo tanto, puede ser muy molesto en el caso de peticiones en conflictos poco graves, cuando su objetivo sólo es promover sus intereses y no derrocar a las autoridades transgresoras" (Zhang, 2008: 30). Por lo anterior, los ciudadanos deben ser cautelosos cuando usan el *xinfang* y con frecuencia se ven obligados a adoptar y combinar simultáneamente varias estrategias para interponer con eficacia una queja.

Sistema de justicia

Debido a que las autoridades promulgaron una constitución enmendada en 1982, las oficinas de mediación y arbitraje así como los tribunales han aumentado en número y capacidad, con la finalidad de gestionar el creciente número de disputas y como un esfuerzo por distender el conflicto (Perry y Selden 2000). En 1985, el partido declaró que "en aras de desarrollar la democracia socialista y mejorar el sistema jurídico socialista, es necesario poner la ley en manos de las masas para que sepan lo que es la ley, cumplir con la ley, adquirir un sentido de la legalidad y aprender a usar la ley como un arma contra todos los actos cometidos que violan la Constitución y la ley" (Gallagher 2005: 793). Como el derecho procesal administrativo (DPA) y el Estado alientan a la población a "usar la ley como un arma", los ciudadanos han recurrido cada vez más a los tribunales para llevar ante ellos a los funcionarios delincuentes o para procurar indemnizaciones de las recién privatizadas Empresas Paraestatales (EPE). De hecho, los conflictos laborales han aumentado cada año desde 1995; en 2004 hubo 260,000 conflictos que involucraban a 760,000 personas, y cada vez más de estos van a juicio (Gallagher 2006: 791). Este es un incremento lógico en una economía cada vez más dinámica, pero también volátil y liberalizada donde la gente se pregunta "¿Cómo funciona la ley?" y "¿Cómo puedo hacer que esta funcione?". La única manera de averiguarlo parece ser intentándolo.

Los beneficios de llevar a juicio los reclamos son múltiples. Las victorias pueden resarcir errores judiciales y fomentar una mayor autoestima. La participación en casos legales proporciona a los ciudadanos un entendimiento bastante mejor de las leyes y del sistema en general. Uno también puede ganarse el respeto y la admiración de los vecinos y colegas por haberse embarcado en una tarea tan abrumadora. Sin embargo, los casos en China no representan de manera igualitaria a los ciudadanos del campo y la ciudad. No es ninguna sorpresa que los pobladores urbanos, con mejor acceso a la educación, abogados y ayuda legal, sean casi dos veces más propensos a presentar una demanda legal que sus contrapartes rurales (Cai 2008: 97).

El caso de Du Linxiang

El caso de Du Linxiang es particularmente instructivo y muy revelador de las desventajas y beneficios del sistema. Du fue un trabajador que llevó a juicio a su empresa estatal buscando una compensación monetaria que creyó se le debía. Cuando se presentó su caso en un popular programa legal en Shanghai, informó que su teléfono no dejó de sonar durante semanas después de la transmisión; incluso que había una fila de trabajadores mayores en su puerta cuando la televisora difundió su domicilio. En los casos no relacionados que le siguieron en su centro local de ayuda legal, otros demandantes mencionaron este caso por su nombre, como para darse ánimo y confianza en su propio caso. Lamentablemente, el caso de Du Linxiang no terminó en el momento que el programa de televisión presentó el dictamen del tribunal de apelaciones en favor de Du, concediéndole una gran suma como indemnización por su despido.

Cuando se entrevistó a Du, casi un año más tarde, aún no recibía el dinero de la demanda. Su familia cayó lentamente en la pobreza y él vivía de las exiguas pensiones de sus ancianos padres. La empresa estatal privatizada que le debía el dinero se vio envuelta en un desastre de irregularidades financieras y actividades ilícitas administrativas. La indemnización de Du quedó sin pagar, pero su victoria en la televisión pervivió y creó nuevas expectativas y esperanzas para los trabajadores agraviados de la empresa estatal en todo Shanghái. Como Du dijo, debido a su demanda se convirtió en una "celebridad" cuya victoria legal, aunque pírrica, movilizó a muchos otros (Gallagher 2006: 796). Du resume el cambio en la aproximación a la ley y el activismo del ciudadano: "Antes de esto yo no sabía nada acerca de la ley laboral. Durante el tiempo de Mao, todo fue manejado para nosotros como si fuéramos niños. Yo solía pensar que sólo la gente mala presenta una demanda, ahora lo sé todo ... arbitraje, primera instancia, apelación. Soy famoso. La gente me solicitaba entrevistas. Después del programa de TV mi teléfono comenzó a sonar sin parar, y no dejó de hacerlo por una semana; todos esos viejos trabajadores querían saber sobre mi caso para resolver sus problemas. Un viejo trabajador de Bayer esperó fuera de mi casa para hablar conmigo. Le di algunos consejos y después fui su testigo en el juicio sobre la cuestión de las transferencias de trabajo en las empresas estatales. Estoy tan enojado y frustrado. No solía ser así. Mis pobres padres en casa. ¡Tienen más de 80 años de edad! Haré lo que sea para ayudar en este tipo de casos" (Gallagher2007: 808).

Como los ciudadanos tienen un mayor contacto con los tribunales cada vez son más conocedores de las reglas del juego, aprenden de sus experiencias previas y prometen volver más fuertes y más sabios para el próximo episodio. Li, un ingeniero lesionado, aprendió a no espantarse con la actitud negativa del tribunal ante su caso. Denunció que cuando proporcionó la cifra de la compensación económica por su demanda, el secretario del tribunal (*court recorder*) se burló de él, le dijo que estaba loco y que nunca obtendría tanto dinero por su lesión. Li sabía que era inadecuado que el secretario del tribunal comentara su caso de esa manera. También sospechaba que el secretario del juzgado trataba intencionalmente de que redujera el monto de su demanda, y que estuviera más dispuesto a negociar y aceptar menos. Li dijo, "si yo no hubiera llegado tan lejos ni hubiera aprendido tanto me habría amedrentado muchísimo. Pero no lo estaba" (Gallagher 2005: 801–2).

Como vimos en el caso de Du, incluso cuando un demandante "gana" puede tratarse del comienzo de sus luchas. Los gobiernos locales, especialmente en el campo, regularmente ignoran o trastocan los veredictos. Ellos fingen el cumplimiento de la sentencia, pero nunca la implementan, lo que permite que el asunto se alargue interminablemente. Un analista legal en

Hunan sugiere que "el retraso interminable es una especie de 'corrupción judicial'; realmente socava la confianza y seguridad que la gente tiene en el sistema jurídico" (O'Brien y Li 2004: 42). Después de que un aldeano impugnó con éxito una multa, el secretario municipal del Partido declaró abiertamente: "si estamos obligados a cumplir la sentencia del tribunal, les vamos a dar una lección a los aldeanos. Nunca le permitiremos que obtenga compensación alguna" (O'Brien y Li 2004: 41). En otras palabras, el logro de una forma de justicia puede conducir a la embestida de una serie de injusticias. En este último caso, el aldeano no se atrevió a exigir la aplicación de la sentencia. Un investigador chino concluyó que "incluso cuando unos cuantos campesinos saben cómo usar las demandas o presentar denuncias para proteger su intereses y derechos legales, sólo pocos obtienen resultados y a menudo esto es el inicio un largo camino en el cual enfrentan represalias, sufren muchas penalidades y finalmente lo pierden todo" (O'Brien y Li 2004: 42).

En lugar de dejar que llegue hasta un juicio, algunos funcionarios prefieren desalentar cualquier acción amenazando al demandante antes de que haya tenido la oportunidad de comparecer ante el tribunal. Un aldeano en el condado de Gongyi, provincia de Henan, quien tuvo la osadía de demandar a la Oficina de Seguridad Pública del Condado por detención ilegal, fue encarcelado y acusado de violar a su ex novia. Al aldeano se le negó comida y dormir durante 48 horas, mientras la policía trataba de obtener su confesión bajo coacción. Su ex novia admitió más tarde que la policía la había amenazado con encarcelarla durante tres años, a menos que lo acusara de violación. Finalmente, el aldeano fue liberado ante "la insistencia de departamentos concernidos en el más alto nivel", después de que sus familiares reclamaran ante funcionarios de mayor rango (O'Brien y Li 2004: 36).

A pesar de estas dificultades, las señales indican que muchos ciudadanos chinos que han pasado por el tribunal están dispuestos a regresar. De hecho, un dicho común es que las controversias implican "una audiencia y dos instancias", ya que los demandantes llevan sus casos ante instancias judiciales superiores buscando desagravio (Gallagher 2005: 72).

Programa de Desarrollo de Aldeas Pobres

Desde que en 1978 comenzaron las reformas económicas de China se han dado pasos impresionantes para reducir y paliar la pobreza rural. La población total que en 1978 vivía en la pobreza en la China rural era de 250 millones. En 1985, el total disminuyó a 125 millones, a 30 millones en 2000 y a 26 millones en 2006 (Li y Liu 2010: 325). Sin embargo, en los últimos años, como era de esperarse, la tasa de reducción ha disminuido y una gran parte de la pobreza rural persistente se concentra en áreas donde los niveles sociales, económicos y culturales son especialmente difíciles.

A lo largo de los años 1990 el Estado empleó un mecanismo de selección para determinar qué condados eran los que más necesitaban tener acceso a los Fondos para Reducir la Pobreza. En 2000 era evidente que este sistema ya no era viable, puesto que sólo le daba acceso a personas que, conforme a la definición estatal, vivían en los condados más pobres (592 en total), quienes serían, según estimaciones, aproximadamente la mitad de la población rural pobre. Para quienes vivían fuera de estos condados seleccionados por el Estado, llegó a ser virtualmente imposible tener acceso a los fondos gubernamentales para la reducción de la pobreza. Sin duda se requería un nuevo sistema por lo que se decidió que éste sería gestionado por los propios aldeanos, a través del Programa de Desarrollo de Aldeas Pobres (PDAP).

Se dice que la difusión de proyectos participativos en China se ha promovido por la influencia de las organizaciones internacionales en los años 1990. Los proyectos participativos pretenden facilitar el cambio de la planificación centralizada, permitir que se escuchen las voces de los ciudadanos comunes con mayor facilidad, así como permitir que la persona promedio desempeñe un rol más destacado en la elaboración y conformación de las decisiones que afectan sus vidas (Li y Liu 2010: 312.). Deng Xiaoping declaró en una ocasión que "La cumbre de la democracia es transferir la autoridad al nivel local y a la gente, lo que en el campo significa a los campesinos" (Yu 2008: 93). Como veremos, mientras que los objetivos establecidos pueden parecer nobles, los resultados fueron, en el mejor de los casos, mixtos. La aplicación a gran escala de ejercicios de planeación participativa en el nivel de la aldea, lanzados al inicio de los años 2000, es un típico ejemplo del Estado chino que aparentemente alienta la "participación de abajo hacia arriba" en lugar de órdenes de arriba hacia abajo. Li Xiaoyun, el arquitecto del proyecto, tenía la esperanza de mejorar la eficacia del programa al seleccionar más adecuadamente las aldeas que necesitaban más ayuda (Li y Liu 2010: 313). Para ello diseñó una nueva metodología basada en la aportación del aldeano.

El primer paso se llevó a cabo en 2002, cuando se les solicitó a los aldeanos que calificaran en orden de importancia para su aldea 8 indicadores divididos en 3 categorías.

1) Sustento básico: producción de cereal anual per cápita, ingreso en efectivo anual per cápita, proporción de hogares viviendo en casas de barro y piedra
2) Infraestructura física: agua potable para seres humanos y animales domésticos, cobertura eléctrica, cobertura vial
3) Condiciones sociales: proporción de mujeres con enfermedades crónicas y tasa de deserción escolar de las niñas de primaria y secundaria

Con este método se seleccionaron 148,000 aldeas pobres en todo el país como sujetos para la asignación de recursos en los próximos diez años (Li y Liu 2010: 315).

El proceso de creación del plan de desarrollo actual incluye 9 pasos:

1) Recopilar información básica de la aldea
2) Clasificar los hogares en diferentes categorías
3) Identificar problemas en la aldea relacionados con la reducción de la pobreza y el análisis de sus causas
4) Elaborar el plan de desarrollo de la aldea
5) Analizar las debilidades y fortalezas del proyecto, y realizar un estudio de factibilidad
6) Identificar grupos de beneficiarios y grupos participantes en el proyecto de desarrollo
7) Identificar el apoyo requerido
8) Diseñar el proceso para implementar el proyecto
9) Establecer un sistema de monitoreo y evaluación para la planeación de la reducción de la pobreza de la aldea

Mientras que el grupo de planeación del desarrollo de la aldea elabora el plan, se alienta a los aldeanos a utilizar herramientas participativas para expresar sus puntos de vista durante el proceso. Una vez hecho esto, se necesita integrar eficientemente el plan de la aldea en el del condado.

El nuevo sistema ha sido eficaz en la apertura de nuevas áreas de China para canalizar fondos para la reducción de la pobreza, y en la actualidad las aldeas pobres están esparcidas en 1,861 condados, en lugar de los 592 que eran el objetivo con anterioridad (Li y Liu 2010: 316). Como se podría esperar, es más probable que las aldeas designadas como pobres obtengan más fondos que las aldeas ordinarias. En 2005, el 49.1% de las aldeas pobres tuvieron acceso al apoyo de la mitigación de la pobreza, mientras que sólo 26.5% de aldeas no-pobres lo lograron. Las aldeas pobres también reciben más apoyo que el promedio de las aldeas ordinarias. En 2005, recibieron un fondo anual promedio de 96,000 yuanes, en comparación con los 53,000 yuanes para las aldeas no-pobres (Li y Liu 2010: 317–18).

Sin embargo, la malversación de fondos sigue siendo un problema real y como lo admite su propio diseñador, el PDAP de ninguna manera está libre de corrupción (Li y Liu 2010: 318). Mientras se crea un marco más claro de cómo deben asignarse los fondos, en teoría permite que los pueblos y hogares luchen más estratégicamente por sus propios intereses, lo cual acarrea nuevas complicaciones. En China, el desempeño personal de los funcionarios públicos en todos los niveles, es evaluado en gran medida en términos de logros de "desarrollo" en su área de responsabilidad y gestión. Obtener fondos para actividades de desarrollo es un importante criterio de desempeño que usan los superiores para evaluar a sus subordinados. Por lo tanto, los líderes locales usarán cualquier método para obtener más fondos, incluso sobornar a quienes asignan los fondos, justificándolo como un medio para obtener recursos clave para su pueblo (Li y Liu 2010: 319). Sin embargo, una vez que tienen acceso a estos fondos, rara vez se beneficia verdaderamente a la gente local.

En una sección gastaron todos los fondos en una aldea en lugar de hacerlo en varias, debido a que el gobierno del condado decidió crear un pueblo modelo con propósitos de "demostración". Como las aldeas no controlan su propia cuenta bancaria, no hay mucho que puedan hacer si los funcionarios del condado deciden alterar o redirigir su financiamiento.

Una vez que el dinero llega a los pueblos no hay ninguna garantía de que los proyectos se realizarán limpiamente. Se dice que un líder de la aldea utilizó los fondos asignados para establecer un negocio privado virtual, controlando el procedimiento para la distribución de beneficios, ayudando a familiares y amigos, aunque haciendo más difícil que otros tuvieran acceso (Li y Liu 2010: 321).

Li Xiaoyun tampoco está convencido que el PDAP haya potenciado a los pobres, ya que la toma de decisiones y el control de los recursos permanece en gran medida fuera de sus manos. Sostiene que el nuevo sistema, en lugar de descentralizar la autoridad, ha conducido a un mayor afianzamiento y expansión del poder institucional del Estado (Li y Liu 2010: 321). Los resultados de una encuesta llevada a cabo en uno de los pueblos más exitosos en la implementación del PDAP (por ejemplo, uno de los que recibió más financiamiento), indica claramente las fallas en el nivel de participación. El 84% de los pobladores entrevistados conocía el PDAP, el 42% participaron en el esquema, pero sólo el 9.7% creyó que los aldeanos fueron quienes decidieron los proyectos. El 11% sintió que los proyectos respondieron a sus necesidades, pero casi nadie supo cuál fue el procedimiento para la aprobación e implementación del proyecto (Li y Liu 2010: 321). Sólo 18% consideró que la mayoría de los hogares del proyecto eran pobres.

Li observa una paradoja en el corazón del PDAP. El gobierno dice que está descentralizando, al tiempo que promueve de manera decidida la modernización rural. Los lineamientos de la política para los programas de reducción de la pobreza rural impulsan a la agricultura moderna y el agro-negocio para generar escala en la economía rural, mientras que también requieren que los proyectos propuestos deben estar limitados en número, dejando poco margen de maniobra real para la toma de decisiones en el ámbito local (Li y Liu 2010: 322). Este tipo de política realmente incrementa la probabilidad de que se seleccionen algunos proyectos a gran escala sobre esquemas más pequeños, individualizados y urgentes. Los aldeanos generalmente cumplen con las instrucciones, aduciendo que es mejor conseguir algo en lugar de nada. En lugar de permitir que las personas decidan el futuro de su propio pueblo, este enfoque moldea a las aldeas rurales uniformemente, de la manera como quieren las autoridades centrales. En muchos sentidos, la herramienta democrática de la participación ha sido desvirtuada en un mecanismo útil para controlar y reforzar el poder del Estado, incluso ampliándolo a sitios en el interior del país previamente intocados y promoviendo su agenda de desarrollo.[3]

Grupos solidarios

En China, las instituciones democráticas formales, como las elecciones libres y competitivas, y procesos de toma de decisiones democráticos "son la excepción y no la regla" (Levitsky y Murillo 2009). En consecuencia, los ciudadanos comunes se ven forzados a buscar en otros lados con el fin de participar en la toma de decisiones local o en hacer responsables a los funcionarios de sus acciones (Tsai 2007; Chatelard, 2010). Varios académicos han sugerido que los grupos solidarios —grupos sociales basados no sólo en intereses comunes sino también en obligaciones compartidas— pueden actuar como instituciones informales de rendición de cuentas (*informal institutions of accountability*) en áreas rurales (Tsai 2007; Chen y Huhe 2013).

Al final de los años 1970 el Estado chino se involucró en un proceso de descentralización parcial, otorgando a los funcionarios locales una gran autonomía sobre la distribución y gasto de los recursos. Ahora recayó en los gobiernos de las aldeas la responsabilidad de invertir en el mantenimiento de la infraestructura y el mejoramiento de los sistemas de irrigación, puentes, caminos y escuelas, y otras obras públicas, así como la provisión

3 Al examinar 8 aldeas que participaron en el PDAP, Li enlista las prioridades respectivas del gobierno y la gente en orden descendente:

Prioridades del gobierno	*Prioridades de los aldeanos*
Construcción de caminos	Construcción de caminos
Acuerdo sobre la tierra para reasentamientos	Apoyo para construcción de viviendas
Letrina para generación de biogás	Cría de animales
Agua para humanos y animales	Subsidios educativos
Capacitación y extensión	Biogás para el desarrollo
Proyectos de cultivo y riego	Agua para humanos y animales

Fuente: elaboración propia

regular de subsidios financieros a los necesitados (Cai y Treisman 2006; Chatelard 2010).

En 1987 el gobierno central aprobó la Ley Orgánica de los Comités de Aldeas, lo que se tradujo en que los funcionarios de ese ámbito a partir de entonces deberían ser designados en elecciones locales. Es razonable suponer, puesto que las autoridades locales ahora decidirían cómo se gastan los fondos y que a su vez dependían de la población local para ser elegidos, que los representantes complacerían a la comunidad con inversión en los proyectos considerados más necesarios. Cabría esperar que esta combinación de eventos daría lugar a un aumento en la provisión de bienes públicos.

Sin embargo, Tsai sostiene que los modos formales de rendición de cuentas son claramente muy débiles para asegurar resultados en miles de aldeas a lo largo de la China rural. Para cuando el financiamiento llega a buena parte de las aldeas casi nunca es suficiente para llevar a cabo todos los proyectos que son necesarios. Las asignaciones iniciales a menudo son demasiado bajas para comenzar y se reducen aún más debido a funcionarios corruptos que toman una parte en el goteo del dinero hacia el nivel local.

Teniendo rienda suelta, relativamente pocos funcionarios locales priorizarán la provisión de bienes públicos, ya que saben que los tomadores de decisiones de las altas esferas son más propensos a juzgarlos por los niveles de desarrollo económico e industrialización en sus regiones (Tsai 2007: 145). En un país donde las relaciones interpersonales son cruciales para el éxito, incluso un breve paso por una oficina puede ser suficiente para forjar los contactos necesarios para construir una exitosa carrera futura en los negocios. Con una astuta asignación de fondos públicos, un funcionario puede ganar rápidamente aliados poderosos. Las redes *guanxi* (contactos personales) durante mucho tiempo han sido "un mecanismo de colusión de la gente para el lucro privado a través del abuso del poder otorgado a los agentes del Estado" (Tsai 2007: 147). Generalmente los bajos salarios de los funcionarios reducen sus temores a ser despedidos.

Sin embargo, con las instituciones informales adecuadas en funcionamiento, dichas redes sociales interpersonales (*guanxi*) generan mecanismos no oficiales de control mediante la presión de los pares, lo que puede funcionar como una fuerza para la participación y la rendición de cuentas. En vista de que las instituciones formales son débiles en la China rural, los campesinos tienen que "atender sus intereses regularmente con el uso de las redes informales construidas sobre vínculos personales". Por lo tanto, surge una cierta forma de clientelismo como una importante red de acción potencial para los aldeanos ordinarios, pero con un giro nuevo y positivo (Oi 1991).

Durante la era pre-comunista, las familias ampliadas (linajes) y los grupos adscritos al templo de una aldea fueron componentes fundamentales de las estructuras de poder local en una buena parte del campo. Estos actores asumieron la responsabilidad de la gobernanza de la comunidad rural y el abastecimiento de bienes y servicios públicos locales (Tsai 2007: 128). Aunque fueron sustituidos en gran medida por las estructuras formales del Estado y el Partido después de 1949, las reformas de finales de los años 1970 los vieron resurgir y aumentar su influencia. Desde los años 1990, las organizaciones civiles aparecieron en toda China, con millones registradas en el ámbito sub-distrital. Al organizar en las aldeas actividades como los rituales tradicionales de respeto para los ancestros y deidades guardianas, los eventos deportivos y la asistencia para el bienestar social, así como la mediación de conflictos, estas estructuras fomentaron un sentido de comunidad más fuerte en los pueblos. La posición de un grupo de linaje fuerte en una aldea china es análoga a la de la iglesia en muchas regiones rurales de Estados Unidos, ayudando a establecer normas de cooperación e interdependencia conforme a las cuales los aldeanos deben tratar de vivir sus vidas.

Casos específicos de estudio

Tsai observó cuatro pueblos en detalle. Alta Montaña[4] y Li son aldeas agrícolas pobres localizadas a 7 kms. de distancia en la provincia de Jiangxi. Ninguna de las aldeas ha puesto en práctica adecuadamente las reformas democráticas o instituciones burocráticas para hacer responsables de sus actos a los funcionarios locales. Alta Montaña está, al parecer, llena de corrupción y tiene un pobre suministro de bienes públicos, lo que se

4 Tsai identifica con nombres ficticios a las aldeas y pueblos de su estudio. Optamos por traducir al español aquellos nombres que la autora nombra en inglés y dejar sin traducir los nombres chinos. [N. del T.].

confirma con el camino lodoso que recorre a la mitad todo el pueblo. Los aldeanos de Alta Montaña se han quejado reiteradamente de sus funcionarios, de quienes sospechan que se han apropiado el dinero resultado de la liquidación de los activos del pueblo. Entre 50 y 100 aldeanos protestaron en las oficinas del municipio y el gobierno del condado porque consideraban que los gastos de la aldea eran unos 30,000 RMB menos de lo que afirmaban los funcionarios (Tsai 2007: 137).

Por otro lado, la aldea de Li tiene un nivel sorprendentemente alto de suministro de bienes públicos si se considera el bajo nivel de inversión. Li es tan pobre como Alta Montaña, pero tiene una carretera principal pavimentada y un gran auditorio en el centro de la aldea. Alta Montaña tiene un nuevo edificio del gobierno local. El auditorio de Li se utiliza como salón de los linajes del pueblo, de los que la mayor parte de los aldeanos forman parte. Alta Montaña no tiene un grupo solidario como éste. En 1998, seis grupos de sub-linajes en la aldea Li se unieron para formar una asociación que comprendía a todo el pueblo. Los funcionarios utilizaron sus contactos para conseguir un préstamo bancario de 90,000 RMB para pavimentar la carretera y trabajaron desde sus casas en vez de construir un edificio nuevo como el que construyeron en Alta Montaña. Los aldeanos aportaron unos 20,000 RMB en un banquete para recaudar fondos y así comenzar a pagar el préstamo, y se recaudaron otros 60,000 RMB de las empresas del municipio y la venta de madera del bosque del pueblo (Tsai 2007: 138). Li tiene un grupo de linaje que comprende a toda la ciudad y virtualmente todos los hogares participan en sus actividades. El poblado de Alta Montaña no tiene un grupo así.

Puerta Oeste y Tres Cruceros son aldeas vecinas en la provincia de Fujian, en la costa este de China. Ambas se ubican en una región acaudalada, ambas cuentan con elecciones municipales modelo, son muy industrializadas, y mucho más ricas que Li o Alta Montaña. El ingreso per cápita de 7,000 RMB de Puerta Oeste en 2000 fue casi el triple del promedio nacional. A pesar de estas similitudes, sólo Puerta Oeste disfruta de una buena gobernanza y un alto nivel de suministro de bienes públicos (Tsai 2007: 140). En 1985, un grupo de pobladores de Puerta Oeste renovó un almacén para utilizarlo como salón de los ancestros. Procedieron a organizar un Consejo Comunitario de Linaje que al pasar del tiempo se convirtió en una organización comunitaria que incluía a todos los aldeanos. Se calcula que cerca del 99% del pueblo contribuyó a la construcción del nuevo salón en 1996. Actualmente el Consejo está reconstruyendo varios templos en el pueblo. El Consejo actúa de forma totalmente transparente. Sus cuentas están disponibles para todo aquél que las quiera revisar, e incluyen información sobre donadores y el monto de sus donaciones. Esto fija el estándar al que deben ajustarse los funcionarios del pueblo y así lo han hecho (Tsai 2007: 140). Los funcionarios de la localidad y el Consejo de linaje colaboran felizmente en una serie de proyectos y se apoyan mutuamente para que las cosas se hagan. Cuando el gobierno de la aldea trató de instalar un canal de drenaje para las fábricas de la localidad que atravesaba varios campos de los pobladores se topó con una fuerte resistencia. Sólo cuando los miembros del Consejo de linaje aseguraron a los pobladores que la construcción era para el beneficio del pueblo, cesaron las protestas (Tsai 2007: 140–1). El Consejo, a su vez, impulsa al gobierno del pueblo para que lleve a cabo proyectos que los pobladores desean, como la pavimentación de carreteras. En un caso, el Consejo recaudó algunos fondos primero y luego insistió a los funcionarios que recaudaran el resto y llevaran a cabo el trabajo, lo cual hicieron. Entre ambos lograron sus metas compartidas.

En contraste, los funcionarios de Tres Cruceros no lograron organizar ningún proyecto público de ningún tipo. Uno de los problemas de Tres Cruceros es que hay fuertes tensiones debido a las divisiones de linaje. La gente del linaje Sun, una minoría del pueblo, se sienten discriminados por los funcionarios locales por lo que quieren separarse del pueblo. El templo Sun es un punto de referencia para los Sun en toda la región local, no sólo de la aldea, y, por lo general, es el grupo de linaje y no el gobierno de la ciudad, el que paga las carreteras, las reparaciones de las escuelas y los baños públicos en su región del pueblo (Tsai 2007: 143). Los conflictos entre los grupos de linaje han logrado paralizar al gobierno del pueblo y el suministro de bienes públicos es bajo. La precaria paz en Tres Cruceros muestra el efecto que pueden tener en una aldea los grupos solidarios fragmentados y en conflicto. En las circunstancias incorrectas estos grupos más que beneficiosos pueden implantar la división.

Análisis

Un grupo solidario fuerte puede ejercer un poder moral importante en una aldea, y su alcance se puede extender a los funcionarios de la localidad. Gold señala que "el Partido Comunista Chino en realidad abarca a gente con una amplia diversidad de antecedentes. La mayoría ... no trabaja en las organizaciones del Partido, sino en las unidades sociales. En algunos casos sus opiniones pueden reflejar los intereses de su unidad social, y pueden oponer resistencia a políticas que parecen amenazarla" (Gold 1990: 18–30). En consecuencia, si los funcionarios de la localidad comparten las normas morales del grupo de linaje, lo lógico es que probablemente actúen atendiendo los mejores intereses de los pobladores. Al actuar de esta manera en vez de buscar un beneficio personal, un funcionario tiene muchas más probabilidades de adquirir un prestigio moral en el pueblo y, en consecuencia, el respaldo y la lealtad de la mayoría de los pobladores.

Tsai sugiere que esto se puede observar mejor cuando un funcionario tiene que aplicar medidas poco populares, como multas impuestas a parejas que tienen muchos hijos. La autoridad moral y el respeto que se le reconoce al funcionario se traduce en que la comunidad actúe de un modo mucho más comprensivo y no culpe al funcionario de manera personal, lo que puede ser determinante para el bienestar a largo plazo y el éxito profesional del funcionario. Tsai utiliza el ejemplo del nuevo sistema de drenaje de la aldea Puerta Oeste, mencionado con anterioridad. Por el contrario, en caso de que los funcionarios no actúen en función de los intereses del pueblo, entonces un grupo solidario fuerte del pueblo podría retirar toda la cooperación y hacerle realmente la vida muy difícil.

Con base en sus datos, Tsai concluye que los pueblos con instituciones de linaje fuertes tienen más probabilidades de disfrutar mayores inversiones del gobierno local, carreteras y caminos pavimentados, escuelas nuevas y agua corriente. También sostiene que la inversión media per cápita para los pueblos con instituciones solidarias de linaje que abarcan a todo el pueblo es más del doble de la de los pueblos que no las tienen (Tsai, 2007: 132). Una salvedad importante es que la mera presencia de un grupo solidario en un pueblo no es suficiente para garantizar un efecto positivo en la participación y la rendición de cuentas. En varios casos, la rivalidad entre organizaciones de linaje y de los templos crea mayor desarmonía que unidad y propicia divisiones en todos los pueblos, mientras reduce su capacidad para defender de un modo efectivo sus propios intereses.

De acuerdo a la investigación de Chen y Huhe analizaron cinco áreas de servicios públicos clave: educación, bienestar social, infraestructura vial, salud pública e infraestructura agrícola, para determinar la calidad del suministro de bienes locales (Chen y Huhe 2013: 11). Ellos sostienen que la mera presencia de un grupo de linaje unido en un pueblo no es suficiente para que los funcionarios locales participen activamente y cooperen con dichos grupos. Cuando preguntaron directamente a los pobladores sobre el compromiso de los funcionarios, concluyeron que sólo cerca de la mitad (46%) de los 100 pueblos con grupos de linaje tenían funcionarios incorporados. La correlación entre la presencia de grupos de linaje y la calidad del suministro de bienes públicos permanecía, pero era menos convincente que los hallazgos de Tsai. Los pueblos con grupos de linaje de cualquier manera tendían a tener mejores suministros de bienes públicos, pero no en el mismo nivel que Tsai había sugerido (Chen y Huhe 2013: 11).

En general, Tsai y Chen y Huhe coinciden en que cuando los funcionarios están profundamente integrados en los grupos solidarios tienen más probabilidades de interiorizar las identidades y normas del grupo y, por lo tanto, compartir las metas que el grupo solidario tiene para la aldea. Además, se vuelve más fácil para los pobladores vigilar las acciones de los funcionarios, así como castigar y punir, pero también recompensar, sus acciones, lo que convierte a los grupos solidarios en eficientes herramientas de participación y rendición de cuentas en la China rural. Queda por verse si estas formas de participación podrían ser efectivas en una escala mayor.

Internet como una nueva forma de participación política en China

Dada la historia de restricción de la expresión en China, el ejemplo de internet como forma de participación política es muy interesante. Primero que nada, China tiene el mayor número de usuarios de internet del mundo (más de 513 millones) (Arsène 2013: 37–9). En segundo lugar, el Estado ha desempeñado un papel activo en el desarrollo de nuevas tecnologías para estimular el crecimiento económico y desarrollar a internet como una vía para incrementar el poder tenue (*soft power*) de China en el mundo. Al mismo tiempo, las autoridades centrales se encuentran en una difícil posición ya que continúan controlando y restringiendo el contenido de lo que se expresa y circula "en línea". En la actualidad hay una creciente literatura sobre internet en China, pero con frecuencia se centra en aspectos extremos, es decir, disidencia y censura. Lo que ofrecemos aquí para analizar se centra más en las prácticas ordinarias, la manera como la gente navega en internet para buscar, recuperar, escribir y compartir información, así como opiniones privadas sobre los eventos cotidianos. La gente en China utiliza cada vez más internet para leer y escribir comentarios críticos, irónicos o satíricos sobre foros virtuales, blogs personales o BBS. El número de blogueros se ha incrementado con rapidez en China. Entre ellos, el más famoso es Han Han, un joven piloto de rally profesional que se convirtió en escritor cuyo estilo cínico, directo y con humor —típico del pensamiento de la generación posterior a 1980—, lo ha convertido en el bloguero más popular del país. Estas formas particulares de espacios públicos cibernéticos son muy populares y muy dinámicas, y están contribuyendo a la formación de nuevas identidades individuales y colectivas al ofrecer a los usuarios una nueva forma de relacionarse con sus experiencias personales.

Control y subversión

Hay un sistema de tres niveles de censura de internet en China. En primer lugar, la gente no puede establecer una conexión internacional fuera de las redes oficiales, que están equipadas con un sistema de filtración de contenidos denominado "el gran cortafuegos" que hace que la conexión de Internet en China funcione como una forma de red de intranet, que excluye los sitios occidentales de internet, como YouTube o Facebook. El segundo nivel está constituido por una serie de leyes y reglas que pretenden regular el contenido de internet. Los sitios que ofrecen la posibilidad de publicar comentarios son legalmente responsables de todo lo que aparece en su sitio. Por eso tienen que emplear gente para observar los contenidos publicados e impedir que se publique cualquier idea no autorizada, como opiniones contrarias sobre temas delicados que podrían amenazar o poner en riesgo la legitimidad del régimen, como Taiwán, el Tíbet o episodios históricos delicados como la protesta de Tiananmen de 1989. La tercera dimensión es la autocensura. Cualquier suscripción a un sitio de internet exige que el usuario registre información personal, lo que les recuerda que siempre están vigilados. El control por parte de los pares también es muy eficaz; cada usuario sirve como recordatorio automático para los demás de lo que está prohibido y lo que está permitido. Cuando se transgreden los límites, las autoridades algunas veces emprenden acciones y cierran los cibercafés con el auxilio de la policía.

A pesar de los múltiples esfuerzos por controlar el contenido de internet, cada año se elabora más y más software y tecnología con el fin de eludir y escapar de la censura oficial. De hecho, el incremento del control oficial ha desencadenado otro aumento paralelo, y a menudo más intenso, de tácticas agresivas de defensa para que el usuario común eluda estos controles, como el uso de varios sobrenombres al mismo tiempo, que se cambian de forma periódica para que no se puedan rastrear, o la creación de "ciber grupos" que pueden ejercer presión sobre un sitio de internet o ayudar a un usuario disidente.

Los usuarios de internet también han descubierto que la mejor manera de escapar de las sanciones es disfrazando sus ideas. Se utilizan muchos juegos de palabras estratégicos e irónicos, metáforas o alusiones para encubrir las ideas y críticas originales. Una mascarada que con frecuencia realza la intensidad de la burla. Un ejemplo famoso de esto es el video de una canción sobre el "Grass Mud Horse"' (cǎo ní mǎ) que al instante se convirtió en una sensación en internet en 2009 entre cientos de millones de usuarios. El "Grass Mud Horse" (cǎo ní mǎ) es un juego fonético de la expresión "fuck your mother" (cào nǐ mā), que suena parecido pero tiene diferentes tonos y caracteres.[5] Se ha convertido en un meme (fenómeno) de internet que se utiliza de manera generalizada como una

5 En español la traducción textual sería "Yerba-barro-caballo" o "Caballo de yerba y barro" (un animal mítico, especie de alpaca del Desierto de Gobi ... lo que lleva a otro juego de palabras en chino, también obsceno). Aunque lo que se esconde en el juego fonético son tres caracteres que significan textualmente "Chinga-tu-madre" (en el sentido sexual del verbo "chingar") [N. del T.].

forma de desafío simbólico a la censura generalizada de internet en China y del autoritarismo del Partido en general. Es una de las muchas formas populares de disfraz humorístico e irónico que se utiliza para atacar al gobierno. Internet desempeña, de hecho, un papel muy importante en el desarrollo de la mentalidad crítica de los ciudadanos y ayuda a emplear y navegar de un modo crítico por toda la inmensa cantidad de información que fluye en China hoy en día, lo que incluye información políticamente delicada relacionada con el Partido.

Participación política en línea: desde debates generales hasta el estallido de escándalos

El acceso a internet ha fomentado el desarrollo de nuevas tecnologías de información y la comunicación en China ha conducido al surgimiento de nuevas formas de participación política. Los límites guardan relación con el grado político del reclamo. Todavía no es posible criticar al régimen político o al Estado unipartidista en China. Algunos temas como el Tíbet o Xinjiang también son muy sensibles y los usuarios de internet recurren a la autocensura en estos casos. Sin embargo, el surgimiento de los teléfonos móviles, teléfonos inteligentes y cámaras digitales ofrece la oportunidad de tomar fotografías o grabar acontecimientos públicos con mayor facilidad. La posibilidad de mostrar la realidad de un problema publicando en línea estas fotografías y grabaciones puede representar de hecho una fuerza social importante que lo no era tanto en el pasado, especialmente en casos de abuso de poder, de tratos arbitrarios, etcétera. En este contexto, los micro-blogs como Weibo[6] han demostrado ser muy eficaces para que la gente común exprese opiniones sobre las noticias, especialmente en un país donde las fuentes mediáticas "oficiales" continúan bajo vigilancia. En la sociedad actual podemos ver tres problemas sobresalientes que hacen que los ciudadanos expresen su indignación en internet. La primera es el neo-nacionalismo (Yang 2008: 129), que se ilustró por medio de una ola

6 Weibo es incluso más eficaz que el Twitter occidental para expresar ideas ya que permite un máximo de 140 caracteres por mensaje, en tanto que cualquier mensaje en Twitter tiene un límite de 140 letras.

de indignación en línea después del bombardeo de la OTAN a la embajada China en Belgrado en mayo de 1999. Además, una fuerza conservadora expresa ideas nacionalistas y a favor del Partido en internet. Por ejemplo, decenas de miles de personas son retribuidas por el Partido para que publiquen comentarios de respaldo en los foros más famosos: se les conoce como el "Partido de los 50 centavos" (esta es la remuneración que obtienen por cada comentario publicado). Un segundo asunto tiene que ver con las injusticias sociales que cometen los ricos y poderosos. Otra estrategia proactiva para algunas administraciones locales consiste en favorecer más la transparencia y publicar información sobre un problema antes de que los ciudadanos informen a toda la sociedad sobre el escándalo (Arsène 2013: 45). Esta clase de reacción muestra que las autoridades establecidas toman con mucha seriedad el poder de los debates en línea. Una tercera ola de descontento se relaciona con los derechos de los individuos vulnerables y los grupos sociales en condiciones de desventaja: en 2000 muchos ciudadanos expresaron su indignación en línea después del asesinato de un estudiante de primer año en la Universidad de Pekín y organizaron actos de duelo y manifestaciones; en 2003, el escándalo Sun Zhigang, expuesto a continuación, modificó las relaciones de poder gracias a la participación por internet.

El escándalo Sun Zhigang

En 2003, un estudiante de 27 años llamado Sun Zhigang fue arrestado en Guangzhou porque no llevaba sus documentos de identidad. Fue puesto bajo arresto en un centro de detención para migrantes ilegales. Tres días después fue encontrado muerto a causa de una golpiza. Escépticos ante la versión oficial de que Sun había muerto de un ataque cardiaco, sus amigos y familiares pensaron que había sido víctima de un trato abusivo.

Entraron en contacto con un periodista que escribió la historia en el periódico liberal *Nanfang dushibao* y en su sitio de internet. Después de la publicación de la historia, abogados reconocidos de la localidad entraron en contacto con sus padres y les ofrecieron sus servicios legales gratuitos. Las autoridades locales también fueron a ver a la familia y les pidieron que no reportaran el problema a las autoridades superiores, ofreciéndoles dinero y prometiéndoles que investigarían el caso. De hecho, la posibilidad de reclamar a las autoridades estatales superiores es una forma tradicional de participación en la política china, permitiendo a los ciudadanos comunes presionar a funcionarios de menor rango. Esta forma de participación se combina ahora con la posibilidad de que los ciudadanos activos en internet hagan público cualquier drama privado. Un número importante de gente común inmediatamente se sintió enojada y protestó en contra del maltrato. En el caso Sun Zhigang solicitaron una investigación más profunda sobre su muerte y exigieron una reforma del sistema de deportación. Siendo la víctima un universitario, se convirtió en un símbolo del abuso de poder: muchos usuarios de internet se identificaron más fácilmente con Sun, un joven migrante educado que se estaba forjando un futuro y que fue tratado como un vagabundo pobre. La movilización en línea también provocó la intervención de juristas. Así mismo, las cartas abiertas y la protesta pública ejercieron presión sobre las autoridades, no directamente, sino a través de internet. A pesar de las pocas posibilidades de éxito que tiene la tradición de las cartas públicas (de ser publicadas por los medios oficiales o leídas y respondidas por la oficina de Cartas y visitas), esta forma de participación se volvió realmente popular a comienzos del siglo XX.

A su vez, en mayo de 2003, tres jóvenes abogados decidieron presentar una petición para revisar el carácter constitucional del arresto y las medidas de repatriación (Tai 2006: 267). La petición obtuvo el respaldo de cinco expertos legales muy reconocidos, quienes exigieron una investigación oficial de la muerte de Sun y del sistema de repatriación vigente. La petición en línea fue publicada por el *Chinese Youth Daily*, uno de los periódicos de mayor influencia que mantiene contacto cercano con el Partido, seguido de otros periódicos, y se convirtió en la noticia más propagada en ese momento. Comenzó un debate entre académicos y funcionarios de niveles superiores sobre la legislación actual que finalmente condujo a la abolición de las directrices de deportación, responsables de la muerte de Sun. Este caso también ilustra con claridad la manera cómo tienen lugar las nuevas formas de participación política en línea en la China contemporánea.

Conclusión

Ya sea para criticar el Ferrari del hijo de un funcionario o denunciar el maltrato vinculado con la política de un solo hijo en el campo, internet se ha convertido en los ojos de los ciudadanos vigilantes del comportamiento de sus representantes estatales. Internet también es un lugar donde el control del Estado es cada vez más activo. Sin embargo, el caso de la participación en línea muestra que el régimen autoritario ya no tiene el monopolio en los medios (Arsène 2013: 52). Al contrario de lo que uno podría esperar, internet no sólo ofrece un espacio para luchas virtuales: las discusiones en línea están, de hecho, cada vez más relacionadas con la vida de los ciudadanos comunes, desde que son capaces de conectarse desde sus departamentos y por medio de sus teléfonos inteligentes (Yang 2008).

Contactos personales (guanxi)

El establecimiento de contactos personales en China o el principio que le subyace, *guanxi* (relaciones personales), es una práctica no oficial anclada en el tejido social utilizado para que se hagan las cosas. Es un mecanismo para expresar opiniones y ejercer influencia mediante el contacto personal directo con quienes toman las decisiones y otras partes involucradas. De acuerdo con Chen, el establecimiento de contacto personal con representantes locales es una de las cuatro formas de participación que se volvieron los actos políticos más frecuentes, particularmente desde la Reforma y la Apertura, junto con la votación en las elecciones locales, la manifestación de opiniones a los líderes y la redacción de cartas a las autoridades (Chen 2000).

En una sociedad en la que los bienes son escasos, y particularmente en una sociedad autoritaria donde la mayor parte de los bienes, recursos, empleos y oportunidades son distribuidos burocráticamente o dependen en gran medida del permiso y autorización gubernamental, las conexiones personales se convierten en puntos de acceso estratégico a recursos vitales. Si bien el control del gobierno ha decaído gradualmente desde la Reforma posterior a Mao, la gente todavía siente que necesita depender de los funcionarios del gobierno o cultivar buenas relaciones en su interior para satisfacer gran parte de sus necesidades cotidianas, tanto en las áreas urbanas como en las rurales (Chen 2004; Bian 1994; Gold 1985).

Definición

Para Bian, hay tres significados diferentes anexos a *guanxi* que se refieren a diferentes niveles de conectividad:

1) Una relación existente entre dos personas que tal vez todavía no se conozcan, pero "que comparten un grupo de estatus o que están relacionados con una persona en común".
2) Una conexión actual o contacto directo entre dos personas, por ejemplo, colegas que trabajan juntos o familiares. Sin embargo, esto no implica que la conexión o *guanxi* sea necesariamente buena.
3) Personas que uno conoce, con quien se tiene contacto directo y con quien uno espera poder contar. Esta clase de *guanxi* implica una cierta calidad de relación y generalmente es la más eficiente cuando se usa para que las cosas se hagan (Bian 1994: 974–5).

No obstante, en la práctica la gente utiliza el término de manera indistinta, lo que crea confusión en torno al significado del término tanto en el lenguaje cotidiano como en la práctica, y refleja la maleabilidad de las relaciones sociales en la sociedad china actual (Gold 1985; Kipnis 1997; Yan 1996).

Según Gold, la característica predominante de las relaciones personales en China hoy es el instrumentalismo, cuyas principales características son la interconectividad mutua o los vínculos particularistas.

> *Guanxi* se basa en la reciprocidad, el concepto tradicional de *bao* donde uno realiza favores a otros como "inversiones sociales", esperando claramente algo a cambio. No es un intercambio distante, sino que está entrelazado con *renqing* (sentimientos humanos, empatía) que lo eleva a un plano más alto y también puede basarse en cierto grado de *ganqing* (afecto). La técnica de establecer y manipular *guanxi* es *guanxixue*, literalmente, el estudio o el arte del *guanxi*. La gente existe en un *guanxiwang* o red de *guanxi*. Esos individuos o entidades con quienes mantienen una relación de oferta y demanda son *guanxihu*, literalmente hogares *guanxi*. *Guanxi* es una relación de poder al tiempo que el control de uno sobre un bien valioso o el acceso a él provee poder

> sobre los demás, pero una *guanxiwang* en sí misma está compuesta de conexiones verticales y horizontales, por lo que difiere de la relación estándar de patrón-cliente, aunque la última es un ejemplo de ella. Establecer *guanxi* requiere un gran acuerdo de disposición y disimulo para hacer el contacto inicial. Uno tiene que invitar a comer o darle un regalo (*qingke songli*) a la persona que interesa o hacer un favor intangible para demostrar sinceridad y eficacia y, con eso, sugerir beneficios futuros de tener *guanxi* con él. Uno consigue reputación (*miànzi*) o estatus mostrándole que puede hacer que las cosas se hagan, y la cantidad de prestigio es directamente proporcional al tamaño de su *guanxiwang*. Abundan las conversaciones en las que se hace alarde de la magnitud de su *guanxiwang* y los fines para los que su movilización puede servir. (Gold 1985: 659–60)

Asuntos

La gama de los asuntos involucrados en los contactos personales es extremadamente amplia y puede ir desde influir en las políticas o invalidarlas, proteger intereses locales, controlar a funcionarios públicos castigando su conducta con su destitución o el bloqueo de su ascenso, o bien haciéndolos cambiar sus decisiones y acciones. También es una fuente primaria de la que se adquiere poder, estatus y recursos (Bian 1994).

Uso

Los participantes utilizan varias estrategias para contactar. Pueden implicar contactos individuales o colectivos en varios niveles de gobierno. En algunos casos los contactos tendrán lugar con anterioridad para expresar una opinión sobre una política poco popular o que necesita ajustarse a las circunstancias locales. En otros casos los ciudadanos deben contactar a funcionarios de los niveles superiores para modificar, ajustar o controlar las políticas elaboradas por los burócratas de niveles más bajos. También pueden utilizarse para reportar abusos de poder.

El contacto personal puede involucrar a funcionarios de diversos niveles de gobierno. Según Shi

> Algunas personas eligen contactar funcionarios en el centro de trabajo; otros van a instancias gubernamentales más altas [...] Algunas personas contactan con funcionarios gubernamentales de forma conciliatoria para persuadirlos de que tomen decisiones favorables; otros optan por un estilo de confrontación para presionar a

> los funcionarios a realizar los cambios deseados. Otros más contactan con los funcionarios mediante vínculos patrón-cliente, para cambiar una relación jerárquica por otra de intercambio. Los participantes ofrecen a los burócratas determinados bienes o servicios que necesitan a cambio de recursos que controlan. Las diferentes formas contacto exigen distintos recursos y sirven a diferentes propósitos". (Shi 1997: 45–6)

Los encargados de implementar las políticas de gobierno, tanto formales como informales, a menudo las aplican y ponen en práctica con un cierto grado de autonomía. Las relaciones personales o *guanxi*, por lo tanto, actúan como mecanismos de ajuste o intermediarios que ayudan a articular y conciliar intereses distintos (Shi 1997). Ya que se espera y se exige al gobierno que haga ajustes constantes en un periodo de cambios y reformas sin precedentes durante la formación y la aplicación de las políticas públicas, *guanxi* actúa como una capa protectora intermedia que puede proteger de golpes externos inesperados e innecesarios. En consecuencia, con frecuencia se considera un recurso útil y a disposición de la gente.

Táctica

Para obtener exitosamente la ayuda deseada de los funcionarios públicos, la gente utiliza diferentes tácticas a su disposición cuando los contacta. Por ejemplo, algunas de las formas más comunes de contacto personal consisten en ofrecer regalos, suplicar, sobornar, chantajear y reclamar a funcionarios superiores en la jerarquía burocrática. Existen también formas más sofisticadas de persuasión que comprenden una combinación de distintas tácticas, reiteradas durante un periodo determinado.

Según Shi, la identificación del momento preciso y de las contradicciones dentro de la elaboración e implementación de las políticas, así como de las contradicciones entre funcionarios, son de importancia crucial para lograr un caso exitoso. Cuando la participación incluye el control o la remoción de un funcionario, el momento más efectivo para actuar es cuando la persona en cuestión está lista para un ascenso o reacomodándose dentro de la organización estatal.

Caso 1: Bloqueo del ascenso de un funcionario

Éste es el testimonio de un trabajador de la fábrica *Petroleum Machinery Manufacturing* (Manufactura de Maquinaria Petrolera) en Beijing, durante el verano de 1988:

> Odio al líder de mi unidad de trabajo. Es una persona que siempre abusa del poder. Para sacarlo de nuestra unidad, hice un plan para lograr su destitución. En primer lugar, siempre que esa persona cometía un error trivial, yo o mi amigo entrábamos en contacto con los funcionarios de nivel superior para hacer reportes. Sé que los burócratas se protegen unos a otros, pero también sé que hay contradicciones entre ellos. Toda la lógica de hacer estos reportes era erosionar su base de apoyo. Hace dos años escuché la noticia de que esta persona podría recibir un ascenso a un puesto en la Oficina de Maquinaria del Gobierno Municipal de Beijing. Sabía que era el momento de lanzar un ataque decisivo. Comencé a poner quejas en varias instancias del conjunto de la jerarquía burocrática sobre un caso menor de abuso de poder. Sabía que debía de haber otras personas que estaban en contra de ese ascenso y la idea de hacer una denuncia en ese momento era proporcionarles "municiones" para elaborar un argumento poderoso. Al elegir el momento oportuno de actuar, logré bloquear su ascenso. Algunas personas me dijeron que fui utilizado por otra facción en el interior del grupo de liderazgo. Tal vez sea cierto. Pero, ¿y qué? Prefiero pensar que fui yo quien utilizó a los funcionarios de la otra facción. De hecho, es muy difícil decir quién hizo uso de quién. En realidad, nos utilizamos mutuamente y yo obtuve lo que quería —vengarme de él. (Shi 1997: 54)

Caso 2: Obtención de una vivienda residencial de un empleador del gobierno

Un trabajador de una fábrica explica su reveladora historia sobre la manera como utilizó el contacto personal para conseguir una vivienda residencial con la ayuda de su empleador gubernamental:

> Nuestra empresa construyó un edificio y se preparó para distribuir viviendas entre los empleados. Por supuesto, todos querían un departamento. Mis compañeros eran como "los Ocho Inmortales cruzando el mar; cada uno mostraba sus mejores mañas (*baxian guohai gexian shentong*)". Algunos suplicaban a los burócratas que los ayudaran, otros "sobornaban" a sus conocidos para convencer a los líderes de que los apoyaran. Otros más enviaron regalos para sobornar a los líderes directamente. ¿Sabe cómo conseguí mi departamento? Fui con el gerente de la fábrica, le presenté

> mi caso y le pedí ayuda. El gerente sencillamente se negó a ayudarme y me dijo que rebasaba sus facultades. Me enojé mucho con su actitud y decidí darle a este bastardo algunos "regalos". Desde ese mismo día y en adelante, iba a su casa dos veces al día, una a la hora de la comida y otra en la cena. Cuando llegaba a su departamento no decía nada, sólo esperaba la comida y me reunía con ellos. Después de la comida, sacaba algún tema especial. Simulaba que estaba muy feliz y que disfrutaba estar ahí. Durante todo el tiempo deliberadamente ni siquiera mencionaba nada sobre la asignación de la vivienda para que él no me atrapara en un "punto vulnerable" (*zhuabianzi*). No podía simplemente echarme de su casa. Como usted sabe, la mayoría de la gente toma una siesta después de la comida. Las visitas del mediodía impedían que él tomara su siesta. Cuando llegaba la hora de ir a trabajar, me iba con él a la fábrica y dormía ahí. Cuando terminaba el día me iba de nuevo con él a su casa para la cena. Después de la cena me quedaba en su casa viendo la TV hasta cerca de las once de la noche. Pudo soportar esto unos días, pero no más. Dos semanas después se dio por vencido y me dijo que podía estar seguro de que obtendría mi departamento en el nuevo edificio de la unidad. Le agradecí que me ayudara para que yo tuviera mi departamento y lo elogié y le dije que era "mi mejor amigo". Puso una sonrisa torcida y no dijo nada. Después de que obtuve mi departamento le di unos verdaderos regalos que valían unos doscientos yuanes para reparar nuestra relación, ya que podría necesitar su ayuda en el futuro. (Shi 1997: 49–50)

El primer caso ilustra cómo el empleado de una fábrica se cobró "venganza" de su gerente influyendo en su proceso de promoción por medio de la búsqueda activa de contactos personales y denuncias reiteradas a las autoridades superiores en la jerarquía burocrática. Por el contrario, el segundo caso ilustra cómo un empleado utilizó distintas tácticas, sobre todo visitas informales persistentes a la oficina y a la casa de su gerente sin exigir nada directamente, para obtener lo que quería. En el primer caso, el participante quería castigar al líder que no le gustaba, en el segundo quería influir en la aplicación y regulación de una nueva decisión y política de la compañía. Además, en el primer caso el demandante rompió su relación con el líder en cuestión mientras que, en el segundo, se observa un acto de reparación realizado por el solicitante con la finalidad de preservar y armonizar su relación con el superior para renegociaciones potenciales en el futuro.

Contactos personales como corrupción

Si bien los contactos personales algunas veces pueden ser un mecanismo de control efectivo, al mismo tiempo son una fuente continua y dominante de corrupción tanto en el interior como fuera de las estructuras formales de gobierno. "Un lugar y objetivo importantes para las relaciones instrumentales es la gigantesca burocracia de China, que a menudo adopta la forma de franca corrupción [...]" (Gold 1985: 661). La pueden utilizar los individuos que quieren influir en políticas o en su aplicación, o castigar a los funcionarios que no les gustan, pero también puede instrumentalizarla el gobierno y los propios funcionarios para adquirir recursos, estatus y poder. "La corrupción de los jefes va de la persuasión a la clandestinidad (*zou houmen*) para lograr una tarea mayor o menor; va de exigir regalos y sobornos al abuso del cargo; así como convertir bienes públicos (como un automóvil) para su uso privado o a que un chofer pasee a la esposa y a los hijos por la ciudad, o reunir los mejores beneficios como la vivienda para la propia familia; hasta la perpetración de un delito, como el tráfico" (Gold 1985: 661–2). En otras palabras, lo que puede parecer participación política en un caso, también puede considerarse corrupción en otra, dependiendo de cómo y dónde se definan los cambiantes límites de la acción legítima. Gold resume este dilema al concluir que en una sociedad basada principalmente en las relaciones personales más que en instituciones estables, el delito no es hacer uso de tus contactos personales, sino que te atrapen (Gold 1985).

Conclusión

El contacto personal no es un mecanismo garantizado para interponer quejas, ya que es posible que las autoridades den cabida a intereses privados, por lo que su éxito depende en gran medida de las relaciones de poder entre los funcionarios y de las agendas privadas que persiguen, del tiempo adecuado y de la efectividad de sus tácticas. Así como es una forma cotidiana de conciliación de intereses diversos, *guanxi* también es la forma y la fuente de corrupción rampante en todo el aparato del Estado (Gold 1985; Bian 1994). En vista de que los contactos personales en sus diversas formas están incrustados en las formas cotidianas de interacción social, a menudo es difícil para las autoridades medir, controlar e impedir este tipo de participación, así como es igualmente difícil controlar el abuso de poder dentro de las instituciones formales. Siempre y cuando las demandas privadas no amenacen la autoridad del Partido Comunista Chino, el establecimiento de contactos personales es un modo de acción autorizado y legítimo para conseguir que se hagan las cosas.

Principales hallazgos

Los límites cambiantes de la participación política

La participación política en una sociedad no democrática como la China implica una reconceptualización de los límites de la participación y la política ciudadana. En vista del fin del sistema socialista y el comienzo de la Reforma a finales de la década de 1970, los parámetros de la participación política en China evolucionaron en forma importante y siguen haciéndolo en la actualidad. Durante el gobierno de Mao, la participación política característica fue la movilización masiva. El Partido apoyaba los movimientos de masas tanto para consolidar como para demostrar el respaldo público a las políticas del Partido. Sin embargo, en las décadas recientes surgieron nuevas formas de participación, además de los modos previos de participación política permitida. En la actualidad, los ciudadanos expresan una mayor diversidad de opiniones, formulan reclamos y se involucran en procesos políticos a través de una amplia variedad de vías institucionales e informales. En otras palabras, hay más canales por los cuales la gente puede participar, y lo hace, en la vida política cotidiana.

Contrario a la opinión prevaleciente de que China tiene un régimen político estancado al tiempo que su economía despega, este estudio ha demostrado que tanto el régimen como la gente están respondiendo creativamente a las restricciones ideológicas y estructurales heredadas de un fuerte legado socialista. Si bien China sigue siendo un país autoritario gobernado por un sistema de un solo partido, aparecen tanto innovaciones institucionales formales, como prácticas cotidianas informales que ayudan a mitigar las crecientes tensiones entre ciudadanos y funcionarios de gobierno, en varios niveles de la administración. Formalmente, estos cambios han tenido lugar dentro de un contexto restrictivo, pero dinámico, mediante la revitalización del sector estatal y la regeneración de formas tradicionales de participación masiva a nivel nacional, como las organizaciones de masas y las nuevas organizaciones sociales. Las formas aprobadas de participación también se han multiplicado mediante el uso activo de los canales institucionales de quejas y resarcimientos, como los tribunales públicos y el sistema *xinfang* (cartas y visitas). Por último, se han desplegado algunos de los experimentos más dinámicos de participación cotidiana a nivel local. En décadas recientes las autoridades introdujeron nuevos espacios para la deliberación pública en el ámbito rural en un esfuerzo por incluir la participación ciudadana en varios procesos políticos e incrementar la transparencia en el diseño y la aplicación de políticas. Estas iniciativas ofrecen a los ciudadanos la oportunidad de expresar sus opiniones y puntos de vista, identificar problemas y, algunas veces, sugerir posibles soluciones a los problemas existentes. Esto incluye también cierta cantidad de toma de decisiones locales, gestión, supervisión y monitoreo.

Aperturas controladas e impactos contenidos

Si bien estas transformaciones son un testimonio de los cambios institucionales graduales que están teniendo lugar en China hoy en día, los mecanismos formales de control tienen diversos grados de éxito en opinión de los ciudadanos. Todavía hay límites importantes para la influencia general que los ciudadanos tienen sobre las decisiones y políticas del gobierno, así como sobre los dirigentes que los representan. En efecto, el acceso o la membresía a algunas instituciones o la participación en deliberaciones públicas a menudo se limitan a los miembros del Partido y élites locales seleccionadas. Por lo tanto, mucha gente sigue excluida de estos procesos y sólo un segmento de la sociedad está formalmente representado. En consecuencia, los debates con frecuencia están sujetos a cierto grado de autocensura ya que los participantes elegidos a menudo expresan lo que los representantes quieren escuchar. No es raro, por ejemplo, que las decisiones en las organizaciones autorizadas por el Estado o en las sesiones de deliberaciones públicas estén pre-aprobadas antes de que los debates tengan lugar. Por lo tanto, las reuniones son la ocasión para construir consensos en torno a una determinada política más que oportunidades de oponerse a ellas.

En efecto, los canales formales de quejas y consultas públicas no están concebidos como caminos para criticar a los funcionarios locales, sino que son espacios sociales para la discusión política censurada. Las deliberaciones, con frecuencia, se limitan a asuntos políticos que no representan ninguna amenaza para las instituciones establecidas o la posición de líder de los funcionarios locales. El objetivo es encontrar una forma común de elaborar, mejorar y poner en práctica políticas y soluciones para los problemas reales, más que hacer que los funcionares locales asuman la responsabilidad de sus acciones. En consecuencia, los canales oficiales de participación a menudo se perciben como nuevos bastiones de construcción de consensos que ayudan a fortalecer al Estado en vez de hacerlo más responsable a través de conductos transparentes de participación ciudadana.

Por último, la gran mayoría de esas instituciones carece de estructuras de gobernanza formal, como por ejemplo organismos independientes que regulen la dimensión legal del proceso de participación. No hay una serie de reglas generales que regule el proceso de deliberación, por lo que cada modo de participación tiene, en cierta medida, su propio campo de acción para manejar y coordinar su experiencia particular. Por ejemplo, los experimentos de participación en los pueblos están desconectados, en gran medida, del sistema político nacional más extenso. La insistencia en que las autoridades locales manejen las demandas ciudadanas y repriman los movimientos sociales locales, protege a las autoridades centrales de las tensiones en las áreas rurales y garantiza que cualquier cambio, exceso y problema permanezca dentro del área que le interesa y el mal manejo sea responsabilidad local. En otras palabras, las nuevas formas institucionales de participación de los habitantes de las zonas rurales son mediaciones convenientes que permiten a las autoridades centrales salvaguardar su posición en la cima y preservar una buena imagen que busca luchar contra la corrupción y "poner en primer lugar a la gente" (*yi ren wei ben*). El énfasis de las autoridades locales en gestionar las demandas ciudadanas y reprimir a los movimientos sociales locales, protege a las autoridades centrales de tensiones en la base y asegura que cualquier cambio, exceso y problemas permanecen acotados al área concernida y a la responsabilidad de los líderes locales. En otras palabras, los conflictos no resueltos corresponden a la mala administración local. Debido a que esto no está regulado legalmente, el marco regulatorio que supervisa y regula las experiencias participativas, en todos los casos formales e informales, tiene la potestad de definir los niveles y grados de la participación involucrada. Esto afecta directamente la efectividad e impacto de la participación la cual no necesariamente crece o progresa en el mismo sentido y proporción que otras.

Soluciones alternativas y resultados impredecibles

Si bien muchos reclamos se hacen por los medios burocráticos, los ciudadanos cada vez con mayor frecuencia eligen otros medios para influir en el panorama sociopolítico que está a su alcance. De acuerdo con Cai, "la eficacia limitada que ofrecen los canales permitidos es una razón importante para que los ciudadanos elijan modos de acción más drásticos y no institucionalizados en la búsqueda de soluciones a sus problemas" (Cai 2010: 189). Una de las características distintiva de la participación popular en la China de hoy es su carácter flexible, discontinuo y masivo. El resultado de este estudio confirma que la gente está involucrada en el sistema de diversas maneras, a través de canales formales e informales, de manera pública y privada. Los ciudadanos rara vez recurren a una sola forma de acción para defender sus intereses, ya que normalmente combinan diferentes y variadas estrategias que a menudo hacen difícil rastrear o identificar los factores que lo hacen un caso exitoso o no. El resultado de la participación individual y colectiva se determina conjuntamente por la efectividad y la contundencia de la denuncia ciudadana, así como por el costo —en particular el económico— en el que incurre el gobierno para resolver las demandas ciudadanas (Cai 2010).

En la actualidad, las formas de participación más utilizadas, lo cual no significa que sean necesariamente las más eficaces, son las peticiones, las manifestaciones, los plantones, los daños auto-infligidos, el establecimiento de contactos personales, los grupos solidarios como los grupos de linaje y asociaciones basadas en intereses, así como internet. El surgimiento de actos individuales y colectivos de resistencia en toda China en las últimas décadas sugiere que las demandas de la gente están en efecto expresándose cada vez más a través de canales complementarios para protegerse, fortalecer y favorecer sus propios intereses. Sin embargo, el recurso a formas tradicionales de participación no ha desaparecido. Por el contrario, estadísticas conocidas confirman que Cartas y visitas a autoridades locales, así como quejas a funcionarios superiores, continúan siendo el más importante canal de expresión contra autoridades estatales incriminadas (Cai 2010). Dicho esto, debemos abstenernos de romantizar la participación popular de base como si fuera una acción individual y colectiva sin tacha. A menudo las estrategias personales incluyen medios turbios como historias fabricadas, chantaje, calumnia, violencia y soborno.

Si bien no hay una receta establecida para la participación efectiva, algunos elementos esenciales que refuerzan la eficiencia son la manera en la que los ciudadanos arman sus reclamos, los canales e interfaces a través de las cuales se relacionan con las autoridades, los actores con los que cuentan para que los apoyen y la búsqueda del momento oportuno para hacerlo. Las condiciones para que una acción disruptiva tenga éxito dependen de una combinación de factores variables, como el número de participantes involucrados, la cantidad de cobertura mediática que reciba, los funcionarios o políticas a las que se dirige, así como el grado o número de desgracias graves involucradas. Además, la posibilidad de enfrentar una pérdida económica directa, al abordar o no los motivos de queja de los ciudadanos, define de una manera muy significativa la respuesta de los gobiernos locales. Suele ser una combinación impredecible y espontánea de varios elementos lo que está detrás del éxito de un reclamo.

El surgimiento de tecnologías de información y comunicación ha contribuido de manera significativa a estimular los debates públicos sobre los problemas emergentes y ha intensificado y exacerbado de manera simultánea las contenciones de las relaciones Estado-sociedad. Si bien los ciudadanos no tienen ninguna garantía de que sus acciones se atenderán con buenos resultados, parece que un objetivo común de la mayor parte de las formas de participación es llamar la atención pública, particularmente la atención de las autoridades superiores, a fin de transformar un problema privado en un asunto público. Una vez que un asunto ha reunido una cantidad importante de atención pública ejerce más presión sobre las autoridades para que reaccionen. De manera más específica, una vez que ha despertado el interés en la gente con puestos políticos o recursos altos, tiene la posibilidad de incorporarse a la agenda del Estado.

Participación escenificada para formular demandas ¿una nueva forma de participación?

Una evolución igualmente importante de formas autónomas de participación en los años recientes revela que la disidencia popular no siempre es por necesidad conflictiva. En efecto, las posibilidades de éxito de los ciudadanos a menudo se incrementan cuando son capaces de generar el apoyo desde dentro del Estado. Mientras que la evolución histórica de los movimientos sociales en Occidente ha dado lugar a la separación del Estado y la sociedad civil, como esferas diferenciadas de acción y toma de decisiones, en China las demandas, los intereses y las soluciones a menudo se articulan y negocian dentro de un orden político existente.

Hoy en día, los ciudadanos chinos se han dado cuenta de que es más probable que las demandas sean escuchadas, reconocidas y satisfechas cuando se formulan y presentan de ciertas maneras que parecen estar en sintonía con (más que oponerse directamente, a los valores y principios centrales de) el Partido. El efecto de la acción cívica ritualizada y la disidencia es producir un sentido de orden y reducir al mínimo las relaciones antagónicas de ambas partes, entre las autoridades y el pueblo que gobiernan.

Esto ha conducido al surgimiento de una nueva forma de disidentes pacíficos, que los autores han denominado *resistencia legítima* (O'Brien 1996; O'Brien y Li 2006), que prescribe infracciones y presenta los reclamos dentro del marco de las regulaciones del gobierno central, para reforzar los casos en contra de las contravenciones locales o nacionales de las leyes del país. De acuerdo con algunos autores ésta ha sentado la base para una estabilidad turbulenta que —por el momento— funciona en gran medida en beneficio del Partido de Estado.

La participación política puede construir efectivamente una forma de protesta, mientras que al mismo tiempo también puede representar una forma de auto-censura que asegure que los límites de lo permisible se mantengan estáticos. En otro nivel, este *amansamiento* evidente de la participación política es lo que algunos autores han etiquetado como "la estatización de la sociedad", una forma de socialización colectiva a través de la relación de los actores sociales con el Estado (Chevrier 1995; 2001; Rocca 2008), que es un testimonio del complejo y mutuamente dependiente proceso de formación de un Estado y desarrollo social. Mientras la tensión, el conflicto y la resistencia impregnan casi todos los aspectos de la vida política en la China actual (Perry y Selden 2000), éstos se desarrollan en un país que hoy es más estable y goza de mayor apoyo popular que hace tres décadas, al inicio de la reforma económica. Según Walder "la situación política general en China es mucho más favorable para el régimen de lo que era durante la relativamente tumultuosa y convulsa primera década de la reforma económica" (Walder 2009).

Irónicamente, la expansión económica de China ha generado innumerables fuentes nuevas de protesta popular; sin embargo, también ha reducido en gran medida la intensidad del conflicto político, entendido como un desafío directo a la legitimidad de la autoridad del Partido Comunista Chino. La búsqueda de prosperidad económica y la rápida expansión de una arena privada dinámica en décadas recientes, ha creado, inevitablemente, una amplia variedad de motivos nuevos y complejos de protesta, al tiempo que también nuevos espacios donde es posible —y en realidad, necesario— que los ciudadanos permanezcan apolíticos. Además de no ser amenazantes al régimen, las demandas planteadas por los manifestantes están generalmente vacías de contenido político sensible. En particular, están limitadas en su crítica, sus demandas son cautelosas y tratan de ser constructivas en su enfoque. Aunque algunos autores sugieren que los procesos de autocensura sugieren el comienzo de un proceso de banalización de la política, otros en cambio asocian estos nuevos ajustes en el comportamiento y actitudes políticas a una nueva forma de participación efectiva dentro de un régimen autoritario, pero en gran medida legítimo y responsivo.

En conclusión, mientras la gente está demostrando una tendencia creciente y la aptitud social para involucrarse en asuntos locales y nacionales, sería engañosa una conclusión apresurada de que las nuevas experiencias políticas son sintomáticas de una inquieta nueva cultura política que demanda reformas institucionales. Varios autores han subrayado efectivamente el riesgo de conectar de manera inmediata las protestas populares con un descontento político generalizado. Las tendencias económicas y las estadísticas muestran que las vidas de las personas han mejorado considerablemente desde la Apertura y la Reforma, y más importante, que la gente en China cree que continuará haciéndolo. Mientras que los nuevos problemas y las nuevas necesidades seguirán ejerciendo presión sobre el gobierno para crear nuevas instituciones que sean capaces de arbitrar y resolver los conflictos emergentes, es una creencia compartida entre el pueblo y los dirigentes en el poder que un régimen fuerte y estable pero más responsable, es lo que se necesita para mantener el país en el curso de la creciente expansión de su influencia nacional y mundial. En este contexto, tanto los mecanismos formales como los informales de participación tienen el potencial de servir como una nueva fuente de poder y legitimidad de un régimen que, de momento, seguirá evolucionando por un camino prudente de respuesta autoritaria en lugar de apostar por una reforma política y electoral.

Conclusiones

En los cinco años transcurridos desde que Xi Jinping se convirtió en Secretario General del Partido Comunista (2012–2017), el país ha experimentado profundos cambios socioeconómicos y políticos. En el momento que este volumen va a la imprenta, se llevará a cabo el XIX Congreso del Partido, el evento político más importante de China, donde se tomarán importantes decisiones políticas y cambios políticos decisivos, y Xi habrá conducido al país a un nuevo rumbo para su segundo mandato (2017–2022). En estas páginas finales, consideramos las transformaciones en tres áreas clave de interés para el futuro de la participación política en China: 1) el impacto y la gobernanza de Internet y las nuevas tecnologías de la información y la comunicación; 2) la reforma estratégica del Partido Comunista Chino; y, 3) las implicaciones internas de la internacionalización de China. Acompañar el ritmo de estos procesos y la comprensión de sus solapamientos y tensiones requiere de un esfuerzo de investigación que no es el propósito de este documento. No obstante, nuestro estudio pretende ser un modesto aporte para la comprensión más profunda de los cambios contemporáneos en el horizonte sociopolítico de China.

Internet y las nuevas TICs

En 2015, el Presidente Xi anunció que China perseguiría activamente la "soberanía cibernética", el derecho a determinar cómo desarrollar y regular Internet dentro de las fronteras nacionales, enviando una señal clara de que la seguridad y el control de Internet se han elevado a prioridades nacionales. En 2017, más de la mitad (53%) de los 1,370 millones de la población china tiene conexión a Internet (731 millones) y el 95% de estos usuarios están conectados a través de un dispositivo móvil. Esta cifra extraordinaria, más del doble de usuarios de Internet de Estados Unidos (290 millones) y casi a la par con Europa (743 millones), continuará creciendo a un ritmo notable hasta que la gran mayoría de ciudadanos chinos estén conectados. Facilitado por la llegada de teléfonos inteligentes baratos y redes digitales mejoradas, esta veloz migración digital masiva sin precedentes, en la última década ha sido acompañada por una explosión de medios de comunicación social y nuevas plataformas de intercambio público en línea. Esto ha extendido y multiplicado las discusiones públicas, ampliando la conversación para incluir asuntos previamente censurados o sensibles, e incluyendo nuevas audiencias de Internet tales como jóvenes de menos de 15 años y personas de más de 50. Al mismo tiempo, esta importante revolución tecnológica ha catapultado a innumerables empresas digitales ambiciosas en nuevos mercados lucrativos y mal regulados. La mayor parte de este nuevo espacio de mercado, sin embargo, ha sido tomada por tres grandes empresas.

Hoy en día, Internet en China está formado por tres gigantes de la tecnología que proporcionan tres tipos diferentes de servicios: Baidu Inc. para funciones de búsqueda, Alibaba Group Holdings Ltd para el comercio electrónico y Tencent Holdings Ltd para los medios de comunicación social. Las tres empresas también se conocen como BAT. Individualmente, estas empresas están cerca o valen más que sus respectivas contrapartes occidentales (Google, Amazon y Facebook), en términos de usuarios diarios, tráfico de Internet y valor de mercado. Colectivamente, trabajan mano a mano con el gobierno chino para construir nuevos mercados digitales y sistemas de vigilancia masiva, transformando y moldeando rápidamente la nueva economía y sociedad chinas. Los más de 1,000 millones de dispositivos que funcionan diariamente en China producen enormes masas de datos sobre actividades económicas y sociales en tiempo real, movimientos, deseos y preferencias personales. Efectivamente aprovechados, estos datos pueden a su vez ser utilizados para gobernar los hábitos de los consumidores y la influencia y el control de las franjas de las preferencias de la población y sus valores.

En efecto, estos tres gigantes digitales, en colaboración con el Estado chino, tienen el poder de monitorear y conformar las actitudes de los consumidores y la opinión pública en todo el país de una manera sin precedentes. Por ejemplo, desde 2013, "Wechat" (propiedad de Tencent), una "super-aplicación" censurada por el gobierno que combina funciones de medios sociales, servicios bancarios cotidianos y servicios al consumidor, ahora cuenta con cerca de 1,000 millones de usuarios (938 millones) y se ha convertido en un parte indispensable de la vida cotidiana de los chinos. Los pagos de impuestos, los salarios, las transferencias de dinero, las compras cotidianas, los servicios de taxis como "Didi" (la "Uber" china), la comunicación de vídeo en vivo (como Skype) y los servicios de redes sociales como Facebook, Instagram y Whatsapp se combinan en esta única y versátil super app. Expertos de todo el mundo dicen que Wechat tiene el potencial de dar forma al futuro de la tecnología móvil, ya que sigue integrando funciones que le permiten ofrecer múltiples servicios desde una única plataforma. En resumen, Wechat ha revolucionado los hábitos de los consumidores y ha revitalizado las redes sociales, ya que las personas, los servicios y los productos están conectados de nuevas maneras. Mientras tanto, cada dato generado por Wechat es recogido, almacenado y estudiado por el estado chino.

Las conversaciones públicas y los grupos sociales han evolucionado efectivamente junto con las nuevas TIC. Las plataformas populares de microblog como Weibo y QQ en los años 2000, utilizadas principalmente por las generaciones más jóvenes, han sido reemplazadas por nuevas super-aplicaciones como Wechat, que a su vez ha introducido a cientos de millones de adultos mayores en el mundo digital. Las nuevas tecnologías de la información y la comunicación (TIC) han expuesto eficazmente a poblaciones chinas más adultas a opiniones e ideas controvertidas que divergen del discurso oficial del gobierno. Estas nuevas opiniones, leídas, compartidas y discutidas a diario, han cambiado los medios de comunicación y la conversación para millones de chinos. Para algunos, esta nueva super app está desarrollando una "esfera semipública alternativa" (Guo 2017) donde la gente puede expresar y compartir pensamientos y participar en la vida cívica en línea de una manera sin precedentes. Para otros, sigue siendo primordialmente un instrumento impulsado por el gobierno para censurar la discusión pública y ampliar su capacidad de vigilancia. Independientemente de esto, Wechat se ha convertido en una parte crítica de la vida cotidiana en China y es una señal innegable de la inminente transición de China a una economía digital.

Beijing está presionando de manera agresiva a China para que se desarrolle y cambie a una gran economía de datos, estableciendo su primer plan quinquenal a partir de 2016–2020 liderado por el Ministerio de Industria y Tecnología de la Información (MIIT). Sin embargo, el aumento del comercio electrónico y de las plataformas de medios sociales ha multiplicado las movilizaciones en línea y el surgimiento de "problemas públicos" capaces de agitar el activismo político de masas. "Dependiendo de los espacios públicos proporcionados por las TIC que operan fuera de las esferas oficiales del Estado o de la economía, los ciudadanos chinos organizan y lanzan movimientos sociales dirigidos a la política y al cambio social" (Liu 2015).

Estos acontecimientos han llevado al gobierno a intensificar su lucha contra el acceso y el uso de Internet, al tiempo que recopila el mayor tráfico de datos del mundo, que utiliza para monitorear las conexiones sociales, movimientos y estados de ánimo de la población. Empresas estatales de telecomunicaciones, como China Mobile, China Unicom y China Telecom, por ejemplo, han sufrido recientemente una creciente presión para controlar el acceso a Internet y bloquear los servicios que tradicionalmente han permitido a los usuarios eludir las reglas de censura de Internet en China. Los servicios de red privada virtual (VPN), que son populares entre usuarios individuales y comerciales, han sido objeto de ataques, y se dice que serán erradicados para el año 2018 bajo estricto control gubernamental. Temas sensibles como la Masacre de Tiananmen de 1989, la política separatista en China (por ejemplo, la noroccidental provincia de Xinjiang y Hong Kong) y tabúes sociales como la homosexualidad siguen siendo fuertemente censurados en China.

En resumen, el panorama digital de China está cambiando extremadamente rápido, abriendo nuevos espacios para poblaciones anteriormente excluidas y creando nuevos medios de comunicación para una vida moderna y de consumo. Sin embargo, el gobierno de Xi está decidido a luchar desde arriba y controlar el tráfico de Internet nacional e internacional a medida que el país cambia rápidamente a una economía digital.

Reforma estratégica del Partido Comunista de China

La principal prioridad de Xi, y el mayor reto que determinará el éxito d su gobierno y asegurar su legado político es controlar efectivamente la reforma del Partido al tiempo que consolida su autoridad. A pesar de años de reforma, China sigue siendo un revoltijo híbrido de vestigios antiguos de Mao y nuevos sistemas de mercado que es difícil de recalibrar sin un fuerte riesgo del dominio de un solo partido.

El partido heredado por Xi experimentaba un desorden interno, luchando por legitimidad pública y relevancia política. El Partido (corrupto, despilfarrador, lento, plagado de trámites burocráticos, entorpecedor de la política y, lo que es más importante, sin supervisión constitucional), estaba mal adaptado para dirigir una economía impulsada por el mercado: rápida y dinámica en la era moderna actual. Xi dejó claro que se necesitaba una revisión importante de la burocracia del Partido para liderar el país a la velocidad necesaria, y así dirigir adecuadamente a China en el siglo XXI. Según el nuevo liderazgo, el Partido debía ser más eficiente, rentable, transparente y responsable para ofrecer mejores servicios públicos, ahorrar dinero y fortalecer las instituciones que, en última instancia, preservarían la autoridad y el poder del Partido.

La principal contribución de Xi a la reforma del Partido ha sido su esfuerzo para combatir la corrupción, eliminando el clientelismo y el faccionalismo, y fortaleciendo el poder de las instituciones basadas en reglas. Dos de sus políticas distintivas han sido, por un lado, su muy divulgada campaña contra la corrupción para "cazar tigres y moscas", buscando despedir funcionarios en todos los niveles de poder dentro y fuera de China. La segunda política, es su compromiso de construir un "país de Estado de derecho" con el fin de controlar, disuadir y disciplinar a los funcionarios descontrolados, y establecer un marco sólido para gobernar un partido expansivo y disruptivo. Durante su primer mandato de cinco años (2012–2017), casi 1,2 millones de funcionarios han sido castigados por violar las normas del PCCh y del gobierno, dirigiéndose a cada escalón del Partido, desde los funcionarios del gobierno local hasta los miembros del Comité Permanente del Politburó, el más alto nivel de poder en el país.

Mientras los funcionarios afirman que la campaña contra la corrupción de Xi es parte de una agenda más amplia de reforma sistemática para corregir las deficiencias del Partido Comunista y restaurar la legitimidad del mandato del PCCh para gobernar, los críticos han llamado a esta campaña sin precedentes una cruel purga política diseñada para eliminar a los detractores de Xi y ampliar su influencia y base dentro del Partido. Aunque la campaña ha sido generalmente bien recibida por la población, que consideró que se trataba de un esfuerzo muy necesario para frenar la creciente e intolerable desigualdad y la rampante corrupción del Partido, ésta también se ha visto acompañada de mayores esfuerzos para controlar las conversaciones públicas y reprimir diversas formas de disidencia política. En los cinco años transcurridos desde que Xi llegó al poder, Internet, los medios de comunicación, escuelas, universidades, abogados, activistas, comunidades locales y ONGs han experimentado una intensa censura y duras reprimendas por criticar o no cumplir con la ideología del Partido. El Estado ha fortalecido su control sobre los pensamientos y las ideas de la gente y ha introducido nuevas medidas coercitivas para asegurar que las ideas privadas y públicas estén en línea con la ideología del Partido. Por ejemplo, en los últimos años

Xi ha lanzado una guerra ideológica y cultural contra el pensamiento y la práctica "occidentales", ordenando a las universidades y a las instituciones de educación pública que "se adhieran a la orientación política correcta". También instó a los dirigentes del Partido a "guiar a las grandes masas de maestros y estudiantes a ser creyentes firmes" de la versión china de las teorías marxistas y los valores socialistas básicos porque "las escuelas son los principales objetivos de la infiltración de fuerzas hostiles". Además, los ciudadanos extranjeros que viven en China han enfrentado una creciente presión en los últimos años para justificar su presencia, ya que las leyes de inmigración también se han endurecido. En otras palabras, la reforma del Partido se ha llevado a cabo para racionalizar las operaciones burocráticas, pero también ha permitido al Estado extender su influencia, invadir el espacio privado ganado y promover la ideología nacionalista basada en una narrativa de guerra cultural.

Es más, aunque el PCC está introduciendo una nueva serie de mecanismos participativos para ayudar a "corregir" las deficiencias del Partido (como audiencias públicas, mejores sistemas de consulta pública, presupuestos participativos, etc.) el actual grado e impacto de la reforma del Partido, particularmente en lo que respecta a una participación política justa y transparente, son limitados. Ya que Xi sostiene que el poder político sea controlado dentro de la "jaula de regulaciones", también se ha opuesto con vehemencia a cualquier posibilidad de separación de poderes y la existencia de un poder judicial independiente en China. El Presidente de la Corte Suprema Popular, Zhou Qiang, ha declarado repetidamente que la independencia judicial es una ideología occidental inadecuada e inoportuna que amenaza el liderazgo del Partido Comunista, lo que implica la democracia constitucional, el principio de la separación de poderes, y la protección de los derechos individuales y colectivos. Esto no quiere decir que no exista una tradición legal y una protección legal en China hoy en día, sólo que ésta opera en un contexto altamente volátil donde el mismo acontecimiento que se desarrolla en dos lugares diferentes puede tener resultados muy diferentes.[7] En otras palabras, al tiempo que Xi pide más

7 Véase Brandtstädter y Steinmüller 2017.

imperio de la ley y continúa liberando controles económicos en una apuesta por el sector privado para suplantar al Estado como el principal impulsor del crecimiento económico y el empleo, también está decidido a no dejar que las reformas económica y legal desafíen la autoridad del Partido.

En conclusión, en su intento de crear una organización más unida, estructurada y meritocrática para lograr una mayor eficiencia de la gobernanza, Xi ha acumulado simultáneamente cantidades sin precedentes de poder político e influencia y fortalecido aún más el control del Partido sobre vastas franjas de la sociedad china y su economía. De hecho, revivir la ideología del Partido se ha convertido en una de las principales prioridades de seguridad y Xi ha dejado claro que todos los órganos del Estado deben estar en línea con él, incluidos los organismos encargados de hacer cumplir la ley. Esto tiene consecuencias directas sobre la posibilidad de participación política, ya que cualquier esfuerzo para establecer mecanismos y soluciones para la consulta pública será, en última instancia, controlada y censurada por el Partido.

Implicaciones domésticas de la internacionalización china

A medida que la política populista de Estados Unidos y el Reino Unido potencia el proteccionismo, China está tomando medidas históricas para expandir su presencia económica global e intensificar su papel en la escena mundial. La ambición de Xi de competir con Deng Xiaoping como el mayor reformador de China se expresa en toda su claridad en la Iniciativa de Cinturón y Camino (BRI). El BRI es una propuesta épica para la reactivación de un orden económico global centrado en Asia, específicamente centrado en China. El BRI propone construir nuevas rutas terrestres y marítimas con proyectos masivos de infraestructura en tres continentes, Asia, Europa y África. Diseñado para ayudar a conectar y desarrollar regiones hambrientas de inversión, afectará a más del 60% de la población mundial y es el programa de diplomacia económica más grande de China con un costo estimado de 3 billones de dólares.

Más importante aún, el BRI demuestra que estamos experimentando un momento clave en la historia global en la que China se está afirmando como un creador de reglas y no sólo un jugador con las mismas. El BRI no es el comienzo de la internacionalización de China. Desde comienzos de los años 2000, China ya había comenzado a mostrar un renovado interés económico en regiones anteriormente desconocidas como África, América Latina y el Medio Oriente. El BRI, sin embargo, es la consolidación de la política de "salida" de China y es el irreversible anuncio oficial al mundo de que las ambiciones de China son globales. Este gigantesco proyecto es parte del reposicionamiento geopolítico y parte de la solución de problemas económicos, ya que los desequilibrios estructurales en el país están forzando a las empresas chinas a buscar beneficios en el extranjero. Esto saca al exterior la inversión china y acelerará los niveles existentes de comercio e inversión.

Al mismo tiempo, también alimentará las tendencias existentes de la migración china al resto del mundo, y mantendrá el ascenso de China como uno de los principales exportadores turísticos. En efecto, esta globalización dirigida por China tiene una dimensión humana crítica tanto en China como en el extranjero, que todavía no se ha entendido. A pesar de que China tiene una larga historia de migración al extranjero que ha sido debidamente estudiada durante décadas, académicos y expertos se enfrentan ahora con un nuevo tipo de migración que está teniendo lugar a medida que China reafirma su posición central en el mundo. Más allá de la migración económica histórica, China está experimentando un creciente número de estudiantes, turistas, inversores y profesionales que viajan y trabajan fuera de China. Hoy en día, los migrantes chinos son en su mayoría actores privados, haciéndolo totalmente por su propia cuenta sin vínculos con el gobierno chino. Sus viajes están cambiando el panorama socioeconómico y político tanto de su país de origen como de los de destino. Mientras el gobierno chino busca activamente cultivar lazos estratégicos con partes de su nueva élite cosmopolita, descuida conscientemente a la gran mayoría de sus migrantes e ignora dónde van y qué hacen en el extranjero, dejando que los países de acogida lidien con sus éxitos y fracasos.

De hecho, no se trata sólo de una cantidad creciente de poder y personas chinas alrededor del mundo, sino también de cómo gestionan los líderes locales este nuevo compromiso, aprovechan este nuevo interés y qué permiten hacer a fuerzas externas como las chinas con la influencia que logran tener. Si bien es demasiado pronto para predecir patrones claros de este nuevo desarrollo, el mayor compromiso, inversión y migración de China desafiará las relaciones existentes entre los gobiernos nacionales y su población y pondrá a prueba los sistemas políticos modernos y los liderazgos.

Por último, los impactos internos de los nuevos emprendimientos globales de China son igualmente difíciles de predecir, pero el aumento de la exposición internacional ayudará a informar gradualmente a la gente de lo que está sucediendo fuera del país y aumentar la demanda de mayor apertura con el resto del mundo. Esto puede o no influir en la participación política, pero sin duda moldeará las experiencias, los valores y las preferencias de las personas, que los gobiernos, incluso los implacablemente autoritarios, tendrán a la larga que tener en cuenta.

En conclusión, el propósito de este capítulo fue ofrecer una visión general del cambiante paisaje de la participación política china, desde Mao hasta nuestros. A medida que China se transforma en la economía más grande del mundo y adopta medidas más audaces para integrar y dar forma a un nuevo orden económico y político mundial, seguirá cambiando a un ritmo increíble, lo requerirá más investigación para seguir y comprender sus transformaciones.

Bibliografía

Arsène, Séverine (2013). "Internet en Chine". En Séverine Arsène y otros. *Internet en Asie: Chine, Corée du Sud, Japon, Inde*. Arles: P. Picquier.

Bian, Yanjie (1994). "Guanxi and the Allocatio of Urban Jobs in China". *The China Quarterly*, 140, diciembre, 971–99.

Bianco, Lucien (2007). *Les origines de la révolution chinoise: 1915–1949*. París: Gallimard.

Brandtstädter, Susanne y Hans Steinmüller (eds.) (2017). *Popular politics and the quest for justice in contemporary China*. London: Routledge.

Cai, Yongshun (2002). "The Resistance of Chinese Laid-off Workers in the Reform Period". *The China Quarterly*, 170, junio, 327–44.

—— (2004). "Managed Participation in China". *Political Science Quarterly*, 119 (3), 425–51.

—— (2008). "Disruptive collective action in the reform era". En O'Brien Kevin J. (ed.). *Popular Protest in China*, pp. 163–78. Cambridge: Harvard University Press.
—— (2010). *Collective Resistance in China: Why Popular Protests Succeed or Fail.* Stanford: Studies of the Walter H. Shorenstein Asia-Pacific Research Center.
Cai, Yongshun y Daniel Treisman (2006). "Did government decentralization cause China's economic miracle?". *World Politics*, 58 (4), julio, 505–35.
Chatelard, Solange (2010). "'Accountability' in Contemporary Rural China: Yu Lu Village Case Study". En Norman Long, Jingzhong Ye y Yihuan Wang (eds). *Rural Transformations and Development– China in Context. The Everyday Lives of Policies and People.* Cheltenham: Edward Elgare.
Chen, Feng (2000). "Subsistence Crises, Managerial Corruption and Labour Protests in China". *The China Journal*, 44, julio, 41–63.
Chen, Jie (2004). *Popular political support in urban China*. Washington, D.C.: Woodrow Wilson Center Press.
Chen, Xi (2008). "Collective petitioning and institutional conversion". En Kevin J. O'Brien (ed.). *Popular Protest in China*, pp. 54–70. Cambridge: Harvard University Press.
Chen, Xi (2009). "The Power of 'Trouble Making': Protest Tactics and Their Efficacy in China". *Comparative Politics*, 41 (4), julio, 451–71.
Chen Jie y Narisong Huhe (2013). "Informal Accountability, Socially Embedded Officials, and Public Goods Provision in Rural China: The Role of Lineage Groups". *Journal of Chinese Political Science*, 18 (2), junio, 101–16.
Chevrier, Yves (1996). "L'empire distendu". En Jean-François Bayard. *La greffe de l'Etat.* París: Karthala.
—— (2001). "De la révolution à l'Etat par le communisme". *Le Débat*, 117, noviembre-diciembre.
Fang, Qiang (2009). "Hot Potatoes: Chinese Complaint Systems from Early Times to the Late Qing". *The Journal of Asian Studies*, 68 (4), noviembre, 1105–35.
Fei, Shen (2007). *Les pratiques délibératives chinoises au regard des théories occidentales de la démocratie.* Tesis de maestría 2, París: Institut d'études politiques.
Fei, Wu (2010). *Suicide and Justice. A Chinese Perspective.* Abingdon: Routledge.
Gallagher, Mary E. (2005). "*Use the Law as Your Weapon.* Institutional Change and Legal Mobilisation in China". En: Neil Jeffrey Diamant, Stanley B. Lubman, y Kevin J. O'Brien (eds.). *Engaging the law in China: state, society, and possibilities for justice.* Stanford: Stanford University Press.
—— (2006). "Mobilizing the Law in China: 'Informed Disenchantment' and the Development of Legal Consciousness". *Law and Society Review*, 40 (4), 783–816.
Gold, Thomas B. (1985). "After Comradship: Personal Relations in China since the Cultural Revolution". *The China Quarterly*, 104, 657–75.

—— (1990). "The Resurgence of Civil Society in China". *Journal of Democracy*, 1 (1), 18–31.

Goldman, Merle y Roderick MacFarquhar (1999). *The paradox of China's post-Mao reforms*. Harvard contemporary China series 12. Cambridge: Harvard University Press.

Gries, Peter Hays y Stanley Rosen (eds) (2004). *State & society in 21st century China: crisis, contention, and legitimation*. Nueva York: Routledge Curzon.

Guo, Lei (2017). "WeChat as a Semipublic Alternative Sphere: Exploring the Use of WeChat Among Chinese Older Adults". *International Journal of Communication*, 11, 408–28.

Haski, Pierre (2008). *Internet et la Chine*. París: Presses de Sciences Po.

Hilderbrandt, T. (2013). *Social Organizations and the Authoritarian State in China*. Cambridge: Cambridge University Press.

Hsing, You-tien y Chin Kwan Lee (eds.) (2010). *Reclaiming Chinese Society. The New Social Activism*. Abingdon: Routledge.

Jennings, M. Kent. (1997) "Political Participation in the Chinese Countryside". *The American Political Science Review*, 91 (2), 361–72

Kernen, Antoine (2004). *La Chine Vers L'économie de Marché: Les Privatisations à Shenyang*. París: Karthala.

Kipnis, Andrew (1997). *Producing Guanxi: Sentiment, Self and Subculture in a North China Village*. Durham: Duke University Press.

Lee, Ching Kwan (2002). "From the Specter of Mao to the Spirit of the Law: Labor Insurgency in China". *Theory and Society*, 31 (2), 189–228.

Levitsky, Steven y María Victoria Murillo (2009). "Variation in Institutional Strength". *Annual Review of Political Science*, 12, 115–33.

Li, Xiaoyun y Xiaoqian Liu (2010). "Stalemate of Participation: participatory village development planning for poverty alleviation in China". En Ye Long y Wang (eds). *Rural Transformations and Development- China in Context: The Everyday Lives of Policies and People*. Cheltenham: Edward Elgar Publishing.

Liu, Yang (2015). "Tweeting, re-tweeting, and commenting: microblogging and social movements in China". *Asian Journal of Communication*, 25 (6), 567–83.

Minzner, Carl F. (2006). "Xinfang. An Alternative to Chinese Formal Legal Institutions". *Stanford Journal of International Law*, 42, 103–79.

O'Brien Kevin J. (1996) "Rightful Resistance". *World Politics*, 49 (1), 31–55.

—— (2006). *Rightful resistance in rural China*. Cambridge studies in contentious politics. Nueva York: Cambridge University Press.

—— (ed.) (2008). *Popular Protest in China*. Harvard Contemporary China Series 15. Cambridge: Harvard University Press.

O'Brien, Kevin J. y Lianjiang Li (2004). "Suing the Local State: Administrative Litigation in Rural China". *The China Journal*, 51, 75–96.
Oi, Jean Chun (1991). *State and peasant in contemporary China: the political economy of village government*. Berkeley: University of California Press.
Oksenberg, Michel (1968). "The Institutionalisation of the Chinese Communist Revolution: The Ladder of Success on the Eve of the Cultural Revolution". *The China Quarterly*, 36, 61–92.
Pei, Minxin (2006). *China's trapped transition: the limits of developmental autocracy*. Cambridge: Harvard University Press.
Perry, Elizabeth J. (2002). *Challenging the mandate of heaven: social protest and state power in China*. Armonk: M.E. Sharpe.
Perry, Elizabeth J. y Mark Selden (eds) (2000). *Chinese Society: Change, Conflict, and Resistance.* Cambridge: Routledge.
Rocca, Jean-Louis (ed.) (2008). *La société chinoise vue par ses sociologues: migrations, villes, classe moyenne, drogue, sida*. París: Sciences Po Les Presses.
Saich, Tony (2001). *Governance and politics of China*. Comparative government and politics. Basingstoke: Palgrave.
Scott, James C. (1985). *Weapons of the Weak: Everyday Forms of Peasant Resistance.* New Haven: Yale University Press.
Shambaugh, David L. (2008). *China's Communist Party: atrophy and adaptation.* Washington, D.C.: Woodrow Wilson Center.
Shi, Tianjian (1997). *Political participation in Beijing*. Cambridge: Harvard University Press.
Tai, Zixue (2006). *The internet in China: cyberspace and civil society*. Nueva York: Routledge.
Thireau, Isabelle y Linshan Hua (2010). *Les ruses de la démocratie: protester en Chine.* París: Seuil.
Townsend, James R. (1968). *Political participation in Communist China*. Berkeley: University of California Press.
Tsai, Lily L. (2007). *Accountability without democracy: solidary groups and public goods provision in rural China*. Nueva York: Cambridge University Press.
Walder, Andrew (2009). *Fractured Rebellion: The Beijing Red Guard Movement.* Cambridge: Harvard University Press.
Wang, Hui y E. Karl Rebecca (2009). *The end of the revolution: China and the limits of modernity*. Londres: Verso.
Yan, Yunxiang (1996). *The Flow of Gifts. Reciprocity and Social Networks in a Chinese Village*. Stanford: Stanford University Press.
Yang, Guobin (2008). "Contention in cyberspace". En: Kevin J. O'Brien (ed.). *Popular Protest in China*, pp. 126–43. Cambridge: Harvard University Press.

Yu, Keping (2008). *Globalization and changes in China's governance*. Leiden: Brill.
Zhang, Taisu (2008). "The *Xinfang* Phenomenon: Why the Chinese Public Prefer Administrative Petitioning over Litigation". New Haven: Yale Law School Legal Scholarship Repository, paper núm. 68.
Zheng, Yongnian (2004). "Interest Representation and the Transformation of the Chinese Communist Party". En: Kjeld Erik Brødsgaard y Yongnian Zheng (eds). *Bringing the Party Back In. How China is Governed*, pp. 269–97. Singapore: Marshall Cavendish International.

Colaboradores del Libro

JUDITH AUDIN es doctora en ciencias políticas (Sciences Po / Centro de Estudios e Investigaciones Internacionales), defendió en 2013 una tesis sobre las configuraciones del poder local en distritos contrastantes de Beijing en el siglo XXI. Completó un post-doctorado en el Centro para la China Moderna y Contemporánea (CECMC), donde desarrolló una sociología del trabajo para-administrativo en barrios urbanos a través del caso de los comités de residentes. Actualmente es becaria postdoctoral en CHERPA (Sciences Po Aix) y forma parte del proyecto europeo MEDIUM, centrado en la dinámica urbana de las ciudades medianas de China (Datong, Hangzhou y Zhuhai). Su nuevo proyecto se centra en sitios abandonados y ruinas urbanas en la República Popular de China.

EUZENEIA CARLOS es profesora del Programa de Posgrado del Departamento de Ciencias Sociales de la Universidad Federal de Espírito Santo (UFES, Brasil). Coordinadora del Núcleo de Participación y Democracia (NUPAD) e investigadora del Núcleo de Investigación Democracia y Acción Colectiva (NDAC) del Centro Brasileño de Análisis y Planeación (CEBRAP). Actualmente es miembro de la Red de Investigadores para la Recuperación del Rio Doce en Espírito Santo. Sus intereses de investigación contemplan los siguientes temas: movimientos sociales, sociedad civil, participación, instituciones participativas, democracia participativa y políticas públicas. Ha publicado los siguientes libros: *Movimentos sociais e instituições participativas: efeitos do engajamento institucional no contexto pós-transição* (Ed. Fino Traço, 2015), *Controle social e política redistributiva no orçamento participativo* (Ed. Edufes, 2015, 2ª ed.) y *Sociedade civil e políticas públicas: atores e instituições no Brasil contemporâneo* (coorganizado con Osmany Oliveira y Wagner Romão; Ed. Argos, 2014).

SOLANGE GUO CHATELARD es candidata a doctora por el Instituto de Estudios Políticos de París (Sciences Po). Investigadora asociada al Instituto Max Planck en Antropología Social (Alemania) y colaboradora científica en el Laboratorio de Antropología de los Mundos Contemporáneos (LAMC) en la Universidad Libre de Bruselas (Bélgica). Especialista en la formación cotidiana del Estado, migración, desarrollo internacional y globalización liderada por China. Su investigación doctoral se centra en la implicación contemporánea de China en África, basada en el estudio de caso de Zambia. Ha realizado amplias investigaciones etnográficas de largo plazo en Zambia y China desde 2006. Además de su investigación, Solange Chatelard también es cineasta y periodista ocasional. Ha producido dos documentales sobre la creciente presencia de China en África: "When China Met Africa" ["Cuando China se encontró con África"] (BBC, 2011), y "King Cobra and the Dragon" ["El rey Cobra y el Dragón"] (Al Jazeera, 2012); así mismo, ha colaborado con la BBC, France24, National Geographic y otros medios de comunicación.

MONIKA DOWBOR es profesora del Posgrado en Ciencias Sociales de la Universidad del Valle del Rio de los Sinos (UNISINOS, Rio Grade do Sul, Brasil) e investigadora del Núcleo de Investigación Democracia y Acción Colectiva (NDAC) del Centro Brasileño de Análisis y Planeación (CEBRAP). Tiene experiencia en el área de Ciencia Política y Sociología Política, e investiga la relación entre movimientos sociales y políticas públicas, salud y sociedad civil, gobernanza participativa, instituciones participativas y control social. Ha publicado artículos en diversas revistas internacionales y actualmente está concluyendo un libro sobre el movimiento de la reforma sanitarista en Brasil.

LOURDES GALLARDO es maestra en Antropología Social por el Centro de Investigaciones y Estudios Superiores en Antropología Social (CIESAS), coordinadora de proyectos de la Dirección de Investigación Aplicada y Gestión del Conocimiento de CCiudadano. Construcción y articulación de lo público. Ha trabajado temas de investigación sobre: extractivismo, movimientos sociales, género y derechos humanos. Ha colaborado como consultora independiente en la evaluación de proyectos sociales.

ESPERANZA GONZÁLEZ R. es socióloga, Especialista en Teoría y Métodos de Investigación en Sociología, Especialista en planificación social, Magister en Sociología. Se ha desempeñado como profesora en la Universidad del Valle, Universidad Javeriana (sede Cali) y Universidad Javeriana (sede Bogotá). Fue presidenta de la Fundación Foro Nacional por Colombia (2000–2012); directora de la Unidad de Programas Especiales de la Fundación Foro Nacional por Colombia (2012–2017); Directora Regional de la Asociación Latinoamericana de Organismos de Promoción, Alop (2009–2015). Actualmente se desempeña como Directora del Capítulo Región Central de Foro Nacional por Colombia. Investigadora sobre temas relacionados con participación ciudadana, planeación participativa, medio ambiente, gestión pública, política pública y conflicto (entre otros). Ha publicado 1 libro de su autoría, 3 libros en asociación con otros autores sobre temas relacionados con participación ciudadana, planeación participativa y conflicto y gestión pública; ha publicado artículos en libros y revistas nacionales e internacionales. Ha sido evaluadora de programas en Ecuador, Colombia y Chile.

HELLEN GUICHENEY es estudiante de doctorado de la Universidad de São Paulo (USP, Brasil), asistente de investigación en el Centro de Estudios de la Metrópoli (CEM) y miembro del coordinador el Núcleo de Investigación Democracia y Acción Colectiva (NDAC) del Centro Brasileño de Análisis y Planeación (CEBRAP). Sociales (RBCS).

ADRIÁN GURZA LAVALLE es profesor de la Universidad de São Paulo (USP), Brasil; investigador del Centro de Estudios de la Metrópoli (CEM) y del Centro Brasileño de Análisis y Planeación (CEBRAP); coordinador el Núcleo de Investigación Democracia y Acción Colectiva (NDAC) y Editor-Jefe de la Revista Brasileña de Ciencias Sociales (RBCS). Sus intereses de investigación se centran en los siguientes temas: asociacionismo, sociedad civil, innovación democrática, participación, teoría democrática y teorías de la representación. Sus últimos libros y número especial organizados son *Intermediation and Representation in Latin America - Actors and Roles Beyond Elections* (organizado con Gisela Zaremberg y Valeria Guarneros-Meza: Palgrave Macmillan, 2017), *El control democrático del*

Estado en Latinoamérica (organizado con Ernesto Isunza: Ciudad de México: Desacatos, 2015) y *La innovación democrática en América Latina - Participación, representación y control Social* (organizado con Ernesto Isunza, México: CIESAS/UV, 2010).

ERNESTO ISUNZA VERA es doctor en ciencias políticas y sociología (Universidad Complutense de Madrid) y posdoctorado en ciencia política (Universidad Estatal de Campinas, São Paulo). Profesor investigador del CIESAS (México) desde 1998, en donde ha sido director académico, director regional (Unidad Golfo) y director del programa especial "CCiudadano. Construcción y articulación de lo público". Miembro del Sistema Nacional de Investigadores (nivel III). Ha sido profesor o investigador invitado en la Universidad Veracruzana (México), el Colegio de la Frontera Norte (Tijuana, México), la Universidad de los Andes (Colombia), la Universidad Estatal de Campinas (Brasil), el Instituto de Estudios Políticos (Sciences-Po, Francia) y el Instituto de Gobierno y Políticas Públicas (Barcelona). Es investigador asociado del Centro de Estudios de la Metrópoli/Centro Brasileño de Análisis y Planeación (São Paulo).

VICENTE MOCTEZUMA es doctor en Antropología Social en el CIESAS-DF. Investiga los procesos recientes de renovación urbana en el Centro Histórico de la Ciudad de México analizando de forma multidimensional los fenómenos de desplazamiento y los efectos de exclusión que dicha transformación supone, pretendiendo expandir los marcos analíticos del concepto de gentrificación. Se interesa en el estudio de la desigualdad urbana, y en los procesos de exclusión, segregación, fragmentación y construcción de diferencias en el urbanismo capitalista, con énfasis en sus dimensiones simbólicas. Entre 2012 y 2013 participó como investigador en el Centro de Contraloría Social y Estudios de la Construcción Democrática del CIESAS. Actualmente está inscrito en el grupo de trabajo "Desigualdades Urbanas" de CLACSO.

IVONNE ORTUÑO es directora de Investigación Aplicada y Gestión de Conocimiento de CCiudadano. Construcción y articulación de lo público, programa espacial del Centro de Investigaciones y Estudios Superiores en Antropología Social CIESAS. Estudió el Máster "Género y Derecho" en CIESAS y el "Master of Arts in the Sociology of Law" en el Instituto Internacional de Sociología Jurídica de Oñate, País Vasco. En 2010 obtuvo la beca Renato Treves de la universidad estatal de Milán, para cursar el doctorado de investigación en el programa "Law and Society", del cual se graduó con la tesis "Maquiladores de la Ley. Los Operadores Jurídicos del Sistema de Justicia Penal y la Violencia contra las Mujeres en Ciudad Juárez". Actualmente coordina investigaciones en temas de contraloría social, participación ciudadana en la toma de decisiones públicas y mecanismos de defensa legal para la ciudadanía.

GLEN ROBBINS es Investigador Honorario de la Escuela Estudio del desarrollo y Medio Ambiente Construido de la Universidad de Kwazulu-Natal (UKZN, Durban, Sudáfrica) y profesor en tiempo parcial en la misma universidad. Es economista y se ha especializado en el desarrollo regional y local, investigando estrategias urbanas de desarrollo económico y planeación y financiamiento de políticas industriales y de comercio. Trabajó en desarrollo económico y emprendimiento urbano en la municipalidad de eThekwini (Durban) y ha desarrollado trabajo de consultoría como relator de la Alianza para la Ciudades. Ha publicado diversos artículos en revistas especializadas y capítulos de libro.

DIANNE SCOTT es Investigadora Honoraria de la Escuela Estudio del desarrollo y Medio Ambiente Construido de la Universidad de Kwazulu-Natal (UKZN, Durban, Sudáfrica) e Investigadora del Centro África para las Ciudades y las Ciencias del Medioambiente y Geográficas, en la Universidad de Ciudad del Cabo. Es geógrafa dedicada a los estudios urbanos y ha acumulado experiencia de investigación en el campo de la ecología política, el desarrollo urbano y la gobernanza ambiental en el sur global. Actualmente es investigadora principal del Proyecto Conocimento para el Cambio en el Litoral y en el Proyecto Fractal. Ha publicado diversos artículos en revistas especializadas y capítulos de libro.

DANIEL SIXSMITH es maestro en estudios rusos por la University College de Londres. Networks and Strategic Initiatives Executive de la Commonwealth Partnership for Technology Management (CPTM-Londres).

CATHERINE SUTHERLAND es profesora de la Escuela Estudio del desarrollo y Medio Ambiente Construido de la Universidad de Kwazulu-Natal (UKZN, Durban, Sudáfrica). Es geógrafa y trabaja en la interfaz entre sistemas ambientales y sociales desde la perspectiva del desarrollo sustentable. En particular, sus investigaciones enfocan la relación entre política y conflictos ambientales, espacio, medio ambiente y políticas públicas ambientales. Recientemente publicó *The Politics of Slums in the Global South. Urban informality in Brazil, India, South Africa and Peru* (co-organizado con Dupont, V., Jordhus-Lier, D., Sutherland, C., Braathen, E., Londres: Routledge, 2016).

FABIO E. VELÁSQUEZ C. es sociólogo de la Universidad Javeriana (Bogotá, Colombia), Especialista en Ordenación del Territorio, de la Universidad Politécnica (Madrid, España) y Candidato a Doctor en Ciencias Políticas de la Universidad de Lausanne (Suiza). Fue profesor de tiempo completo de la Universidad del Valle (Cali, Colombia) en el Departamento de Ciencias Sociales, entre 1978 y 2006, así como de las Universidades Javeriana (Cali), del Rosario, Santo Tomás, Los Andes y Nacional (Bogotá), y FLACSO (Sede Quito). Actualmente se desempeña como Presidente Ejecutivo de la Fundación Foro Nacional por Colombia, Editor de la Revista Foro y Coordinador del equipo de trabajo de Foro sobre las industrias extractivas en Colombia. Ha publicado seis libros de su autoría, cuatro de ellos sobre temas de participación ciudadana en Colombia, y más de 80 artículos en libros y revistas nacionales e internacionales. Ha sido consultor de entidades nacionales e internacionales sobre temas de participación ciudadana, descentralización y gestión pública, planeación, ordenamiento territorial e industrias extractivas.

Index

Sociología política para los desafíos del siglo XXI

Series Editors:

Karina Ansolabehere

Luis Daniel Vázquez Valencia

Vol.1 Ernesto Isunza Vera and Adrián Gurza Lavalle (eds): Controles democráticos no electorales y regímenes de rendición de cuentas en el Sur Global: México, Colombia, Brasil, China y Sudáfrica. 2018. ISBN 978-1-78707-364-7

www.ingramcontent.com/pod-product-compliance
Ingram Content Group UK Ltd.
Pitfield, Milton Keynes, MK11 3LW, UK
UKHW021253031026
15588UKWH00001B/424

9 781787 073647